Alexis Oscar Tirado Rivera

Historia de una ciudad: Guayama 1898- 1930

Ediciones Bayoán
Arte y Cultura

© Ediciones Bayoán: *Arte y Cultura*
© Alexis Oscar Tirado Rivera
2014: Primera edición
2018: Reimpresión
Historia de una ciudad: Guayama 1898- 1930

Library of Congress Control Number: 2018935655
ISBN: 978-0-9828623-5-3

Editora: Heyda Sánchez Zambrana
Corrección: Heida Zambrana González
Elaboración gráfica: Pasqualino Di Girolamo

Imágenes en la cubierta:
Recibimiento al gobernador George Colton. (Atilio Moscioni)
Calle frente a la Casa Alcaldía de Guayama. (Atilio Moscioni)
Plano General de la Ciudad de Guayama
Foto del autor por Heyda Sánchez Zambrana

Créditos de ilustraciones:
Archivo General de Puerto Rico, Archivo de Fotografía
Biblioteca Digital de Puerto Rico, recinto de Río Piedras, Universidad de Puerto Rico
Archivo de la Fundación Luis Muñoz Marín
John W. Barriger III National Railroad Library at U. M. S. L.
Library of Congress, Print and Photographs Division

Ediciones Bayoán: *Arte y Cultura*
Caguas, Puerto Rico
info@edicionesbayoan.com
www.edicionesbayoan.com

ÍNDICE GENERAL

PRÓLOGO

La microhistoria, como una práctica historiográfica, tomó auge en la generación de la década de los 70 que estableció nuevos modelos teóricos y metodológicos para analizar la historia de Puerto Rico. Siguiendo la influencia de la Escuela de los Annales y de otras, estos historiógrafos hicieron énfasis a los nuevos temas y, a su vez, profundizaron y analizaron las estructuras sociales y económicas del objeto de estudio. Para dicha generación la historia social fue parte fundamental del trabajo que iba a producirse. Otra de sus prioridades fue examinar, con una óptica microscópica, los acontecimientos en un lugar determinado.

Esa "nueva historia", término utilizado constantemente para hacer referencia a ese grupo de historiadores e historiadoras que se interesaron por hacer una historia económica y social, constituyó la época de oro de la historiografía puertorriqueña. Con un acercamiento renovador lograron desarrollar una historia crítica. Como la describe el historiador y uno de sus miembros más prominentes, Gervasio L. García, su interés fue hacer una historia más explicativa, examinar los acontecimientos como procesos largos y complejos, partir del estudio de la vida material, usar nuevas fuentes documentales y atender lo social sobre lo individual.

Su acercamiento se extendió, por lo tanto, a otras áreas desatendidas por la historiografía tradicional. La nueva historia le dio énfasis a los estudios sobre los esclavos, las mujeres, los trabajadores, los hacendados, los comerciantes y otros grupos marginados. Con nuevos enfoques recibidos de la escuela marxista británica, los annales, la nueva historia social de Estados Unidos, entre otras, desarrollaron una crítica interdisciplinaria que utilizó una nueva metodología de análisis cuantitativo: el cuestionamiento de las fuentes, la prosopografía y la reconstitución genealógica. En esta producción historiográfica, las nuevas fuentes documentales jugaron un papel fundamental.

Las fuentes municipales, como las actas, los registros parroquiales, los padrones de esclavos, los libros de novedades y los protocolos notariales, permitieron establecer un nuevo enfoque hacia los sectores populares y darle una mirada alterna a los centros de poder. Es sobre dicha base que muchos de los trabajos académicos que se presentaron como proyectos de tesis a nivel graduado en la disciplina histórica en diversas instituciones de educación superior se fundamentaron. Estos trabajos se insertaron así en la llamada nueva historia.

Es en esta corriente historiográfica que se enmarca el extraordinario trabajo del doctor Alexis O. Tirado Rivera, titulado *Historia de una ciudad: Guayama (1898-1930)*. Iniciando con un análisis minucioso y profundo de diversas fuentes documentales, examina el origen municipal desde las primeras décadas del siglo XVIII hasta finales del XIX. Con el apoyo documental logra precisar, desde el inicio del primer capítulo, la fecha de fundación y el establecimiento de los primeros asentamientos y su posterior desarrollo. Como todo buen historiador recurre al examen de la región de Guayama en nuestra historiografía desde los siglos XVI hasta el XIX, para mostrarnos su evolución a través de informes, memorias y relaciones de lo que posteriormente sería el municipio. Comienza con la Memoria de Melgarejo de 1582, Alejandro O'Reilly (1765), Fernando Miyares González (1775), Fray Iñigo Abbad y Lasierra (1778), André Pierre Ledrú (1797), Pedro Tomás de Córdova (1831), José Antonio Vázquez (1848) y Manuel Ubeda Delgado (1878), para presentar la transformación económica, social, política y cultural de Guayama.

Pero es con los textos del siglo XIX, como el de Pedro Tomás de Córdova, que logra describir uno de los acontecimientos de mayor impacto en Puerto Rico en la década de los 20 del siglo XIX y en la que Guayama fue uno de sus escenarios principales. Nos refiere el autor a la conspiración de esclavos en la Noche de San Miguel ocurrida en septiembre de 1822 y que tenía vínculos con los movimientos separatistas en nuestra isla desarrollados para dicha época. La relación entre el suceso del municipio y el contexto general de la revuelta de Holstein se narra con una excepcional claridad. Además, Tirado, logra utilizar el documento para extraer y presentar datos poblacionales del Guayama de principios del siglo XIX.

Por otra parte, el autor utiliza, con gran genialidad, la descripción topográfica de Guayama preparada por José Antonio Vázquez para destacar la situación política y socioeconómica del Guayama decimonónico. El texto de José Antonio Vázquez es de suma relevancia para entender la dinámica municipal precisamente porque lo prepara un residente que logra presentar aspectos relevantes sobre inmigración, composición del gobierno local, establecimiento de límites y espacios geográficos y educación. Con esta información, el doctor Tirado comienza a esbozar las características principales del desarrollo azucarero que va tomando gran fuerza en la municipalidad.

Finalmente, para completar dicho capítulo, el autor presenta la economía del territorio apoyado por estadísticas sustraídas de las fuentes documentales desde el siglo XVI al XIX. En las fuentes se refleja el estado de la agricultura, haciendas, cuerdas de terrenos sembradas, cabezas de ganado, entre otras. En su análisis, Tirado logra establecer un marcado contraste del panorama económico municipal al entrar al siglo XIX. Con una descripción detallada, el autor nos permite observar cómo Guayama se convirtió en un poderoso productor azucarero donde los extranjeros controlaban sobre treinta haciendas productoras de azúcar.

En el segundo capítulo se dedica a describir el impacto de la invasión estadounidense de 1898 en el municipio de Guayama. Nos explica el autor que, mientras se aproximaba el conflicto bélico a nuestra isla, ya el municipio comenzaba a sufrir las principales repercusiones de índole social y económica. La escasez de alimentos y el aumento de precios en los artículos de primera necesidad, unido a la falta de empleo, empeoraron la situación económica de las clases menos privilegiadas en el ayuntamiento guayamés. Para aliviar la crisis, nos comenta Tirado, el ayuntamiento "repartió entre los campesinos semillas de maíz y habichuelas".

Mientras la situación económica empeoraba, la invasión estadounidense tocó a las puertas de Guayama el 5 de agosto de 1898. Destaca el autor que, mientras por un lado se acercaba la guerra, la administración municipal intentaba aunar esfuerzos para apoyar los reclamos del régimen español vigente; otra fue la historia luego de la invasión. Aunque nuestro historiador reconoce que hubo varios enfrentamientos que se extendieron hasta el 13 de agosto del mismo año y que causaron dos muertos y quince heridos, la reacción del gobierno municipal fue de cooperación con el nuevo régimen. Demuestra que, al igual que ocurrió en otros municipios, la llegada estadounidense fortaleció al grupo autonomista contra los incondicionales que habían estado apoyando al régimen español. Sin embargo, en poco tiempo los concejales, desilusionados con los nuevos invasores, hicieron un reclamo directo de mayor autonomía administrativa para el ayuntamiento. Así iniciaba un proceso de fricciones ante la nueva realidad.

Los últimos tres capítulos siguen un orden temático, comenzando con el examen profundo de la política, la economía y la sociedad guayamesa de 1900 a 1930. En el tercer capítulo se presenta el desarrollo político y el surgimiento y formación de los principales partidos políticos en el pueblo de Guayama. Los partidos Federal y Republicano que se habían organizado a nivel nacional tuvieron su primer enfrentamiento para elegir los funcionarios municipales de Guayama el 31 de octubre de 1899. Al igual que en el resto del país, nos relata el autor que hubo incidentes y reclamos de fraude entre los partidarios de ambos bandos. Finalmente, es el Partido Federal quien termina controlando las elecciones con un estrecho margen de 18 votos, lo que provocó fuertes acusaciones de fraude por parte del bando republicano.

Con el establecimiento de la Ley Foraker en el año 1900 y de un gobierno civil, con un marcado control estadounidense, comienza un nuevo proceso político en el País. Tanto en Guayama como en el resto de la isla, las "turbas republicanas" utilizaron medios violentos para amedrentar a los partidarios del Partido Federal. Dicho método fue efectivo, no solo logrando el retraimiento electoral de los federales sino permitiendo a los republicanos tomar el control político de Guayama de 1900 a 1904. En el resto del capítulo se hace una descripción detallada del proceso político en Guayama hasta 1930. En dicho periodo se examinan lo procesos complejos en que unionistas, republicanos, socialistas y aliancistas se disputaron el poder. Un hecho interesante que se destaca en la investigación es el surgimiento de un partido local conocido como Partido Obrero Guayamés.

Por otro lado, el capítulo cuarto analiza la economía de Guayama a partir de la invasión estadounidense de 1898. Utilizando, como fuente, a Cayetano Coll y Toste logra describir la riqueza agrícola, pecuaria, urbana y el presupuesto del ayuntamiento. Un acierto de la investigación, que debemos destacar, es la descripción que hace Tirado de los esfuerzos del Consejo Municipal de Guayama por defender los intereses de diversos sectores de su municipio en contra de los estadounidenses representados por sus compañías ausentistas. Las expresiones contra el Bill Hollander, la lucha por mantener abierto el puerto de Arroyo, afectado por la construcción del puerto de la Central Aguirre y el enfrentamiento contra la Ponce and Guayama Raildroad son algunos de los acontecimientos presentados.

El examen que hace Tirado sobre la economía de Guayama en los primeros treinta años del siglo pasado demuestra que los terrenos para la agricultura se concentraban en el cultivo de la caña de azúcar, la crianza de ganado, pero también en el cultivo del café, del tabaco y de algunos frutos menores. Un tema al que le dedica merecida atención es al establecimiento de la Central Machete fundada en 1906 por la familia McCormick. El historiador analiza con detenimiento esta central ya que era de capital nativo, contrario a la de Aguirre, que era un coloso de capital estadounidense.

Finaliza el libro con un quinto capítulo sobre la situación social en Guayama en los primeros treinta años del siglo pasado. Inicia el relato con observaciones presentadas ante la visita de Henry K. Carroll a la ciudad y que aparecen en su informe posteriormente. El autor describe también la instrucción pública y las contradicciones de los intentos en la imposición del inglés en las escuelas públicas, mientras presenta evidencia de la resistencia guayamesa hacia los movimientos asimilistas. Nuevamente, las estadísticas de las que se vale el autor en su texto son un acierto en su análisis histórico del desarrollo del proceso educativo en el municipio.

Deseo señalar que el libro del doctor Tirado es una valiosa aportación a la historiografía puertorriqueña y un excelente trabajo de microhistoria. Es un trabajo riguroso, preciso y profundo que se sostiene por una variedad de fuentes documentales. Es un excelente recurso de información para entender el Guayama de principios del siglo pasado y una mirada extraordinaria para entender nuestro presente. Con la publicación del libro *Historia de una ciudad: Guayama (1898-1930)* del doctor Tirado se llena un espacio desatendido y se logra ampliar y profundizar en la historia de un municipio emblemático para el devenir de nuestra Historia de Puerto Rico.

Dr. *Félix R. Huertas González*
Decano Educación General
Universidad del Turabo, SUAGM
Presidente de HIRO (Historiadores de la
Región Oriental de Puerto Rico)
Presidente Asociación Puertorriqueña de
Historiadores (APH)

INTRODUCCIÓN

La vida de los pueblos debe ser documentada, estudiada y relatada para poder apreciar la rica y abundante historia que encierran. *Historia de una ciudad: Guayama (1898– 1930)* es la crónica de esta ciudad, del periodo que transcurre entre los años 1898 a 1930. Originalmente esta obra fue presentada como tesis para optar por el grado de Maestro en Artes, con especialidad en Historia de Puerto Rico y del Caribe, en el Centro de Estudios Avanzados de Puerto Rico y el Caribe. En aquella ocasión el Dr. Luis Manuel Díaz Soler era director y consejero del proyecto académico, cuyo título original era *Guayama: desarrollo político, económico y social (1898- 1930)*. Cuando presenté ese trabajo como proyecto de tesis final, se discutía en Puerto Rico lo relacionado a los eventos de 1898; se cumplían cien años de la invasión estadounidense a la Isla, y el debate historiográfico había dado un giro dramático en torno a los estudios y al impacto de aquel acontecimiento en Puerto Rico. Qué mejor ocasión para investigar ese impacto en un municipio de la Isla, como el de la ciudad de Guayama, que por su cercanía al vecino puerto marítimo de Arroyo, se convirtió en la segunda ciudad puertorriqueña, de gran importancia económica y social, en producirse la toma militar por parte de las fuerzas estadounidenses.

Es en esta coyuntura que en 1998 presenté aquel trabajo, aprobado por dos extraordinarios maestros: Dr. Ricardo E. Alegría, fundador y rector del Centro de Estudios Avanzados de Puerto Rico y el Caribe, y el Dr. Luis Manuel Díaz Soler. Además de ellos, aquel proyecto de tesis fue aprobado por el catedrático de la Universidad de Puerto Rico, recinto de Río Piedras, y exjefe de agencia, Lcdo. Samuel E. De La Rosa, quien leyó cuidadosamente el manuscrito haciendo excelentes recomendaciones. También fue el lector asignado del proyecto académico. Dicho trabajo despertó en el Lcdo. De La Rosa cierto interés, en especial por la figura de Francisco Meléndez Santiago "Panchito", destacado periodista y, por muchos años, editorialista para las distintas emisoras radiales de Guayama y de la zona. Los tres académicos antes mencionados contribuyeron a aquel trabajo académico y, con sus sabios consejos, fueron, sin lugar a duda, vitales para el mismo en aquella ocasión. La historia que aquí presento al público lector está basada en inquietudes sobre cómo fue el desarrollo de la ciudad de Guayama desde el año 1898 hasta el 1930. Mi interés y preocupación por conocer e interpretar la historia de esta ciudad, parte del hecho fundamental de que fue un periodo neurálgico para Puerto Rico: la transición de un poder dominador como España, a otro que recién comenzaba su predominio imperial a finales del siglo XIX. La historiografía de la ciudad de Guayama ha sido muy imprecisa en cuanto a datos y acontecimientos del periodo que aquí presento. También vale la pena destacar aquellas obras que hacen múltiples alusiones de la historia guayamesa y del recuento de los siglos anteriores. Las obras del Lcdo. Adolfo Porrata Doria, *Guayama: sus hombres, sus instituciones* (publicada hace 44 años) y la del Dr. Jalil Sued Badillo, *Guayama: notas para su historia*, (publicada hace 30 años) despertaron mi curiosidad por conocer el acontecer histórico de la ciudad y añadir nuevas visiones e interpretaciones históricas. También, el libro de Luis Felipe Dessús, *El Álbum de Guayama*, publicado en 1918, y próximo a cumplir cien años, son los que, a nuestro juicio, forman parte del catálogo historiográfico de la ciudad. En el caso de Adolfo Porrata Doria y Jalil Sued Badillo, ambos recogieron en sus respectivas historias, acontecimientos de la ciudad, en especial, los orígenes de Guayama; no obstante, sentíamos la necesidad de ampliar las bases históricas del siglo XX guayamés.

En la historiografía puertorriqueña, por lo menos hasta el año en que presenté el trabajo que dio base a este libro, los estudios históricos del siglo XX puertorriqueño, se concentraban mayormente en la documentación de la historia obrera de dicho siglo, y en la recopilación de datos sobre su historia política y económica. Sin embargo, la historiografía municipal se preocupaba mayormente en destacar los personajes pintorescos de los municipios en sus anécdotas y patrones culturales. Claro está, esto no significa que sean muy importantes para el estudio de la historia, sino más bien, complementan y enriquecen el acervo cultural de un municipio. La historia municipal estaba por escribirse, a pesar de contar con las fuentes primarias en los archivos gubernamentales y en las alcaldías. En este libro, es mi deseo, que el lector pueda conocer de primera mano, el acontecer de un pueblo; haciendo uso de una rígida metodología histórica, utilizando las herramientas de lo que los historiadores hacemos para conocer e interpretar la historia: las fuentes primarias. Guayama, con una rica y fructífera tradición cultural, carecía de una seria investigación histórica de las primeras décadas del siglo XX, a partir de las distintas fuentes documentales disponibles. Al lanzarnos a la caza de las fuentes primarias y secundarias de aquellos años que nutren este libro, me percaté de las riquezas de dicho acervo documental, y de lo poco que se habían utilizado dichas fuentes documentales para el caso de la municipalidad de Guayama. Fue un verdadero e interesante reto trabajar con las mismas ya que, de alguna manera, presuponía "hacerlas hablar".

La historiografía guayamesa carecía, precisamente, de esa búsqueda y análisis documental del periodo aquí expuesto. Las dos obras antes mencionadas son fuentes indispensables para el estudio histórico de esta ciudad; sin embargo, había la necesidad de embarcarse en la búsqueda de los documentos y analizar los acontecimientos de la ciudad, particularmente entre 1898 y 1930. Esa tarea, ardua y dura, requería largas horas de estudio para analizar la documentación, interpretarla y, finalmente, exponer al público lector dicha historia. Desde que presenté el trabajo de tesis en 1998, no lo había abordado y no fue hasta el verano del año 2012 que retomé este proyecto y amplié la versión original.

El trabajo se realizó, y al involucrarme en este proyecto, me contestó varias preguntas fundamentales. ¿Cómo era el Guayama entre los años de 1898 y 1930? ¿El cambio de soberanía de la Isla en 1898 afectó los intereses de los guayameses? ¿Cómo transcurría la vida municipal en la ciudad? ¿Cuáles eran los principales asuntos que afectaban a la municipalidad y que las autoridades locales lograron trabajar y afrontar durante ese periodo? ¿Cómo marchaba la vida política, económica y social de la ciudad entre 1898 y 1930? Estas, entre otras interrogantes, surgieron a lo largo de la investigación. La publicación de este libro nos obligaba a ampliar la temática presentada originalmente en la tesis. En el trabajo original no conté con varios recursos documentales que hoy están disponibles en el Archivo General de Puerto Rico, como la rica correspondencia de los alcaldes y funcionarios municipales, así también, de los funcionarios de la Asamblea Municipal de Guayama. Además, en esta ocasión contamos para nuestro examen, con cientos de expedientes de los distintos proyectos municipales de la ciudad, que ayudaron a ampliar la temática aquí presentada. El producto de todo ese quehacer se recoge en este libro que, de alguna manera, testifica el acontecer de la ciudad de Guayama.

Para narrar esta historia recurrimos a los libros de actas, tanto del Concejo Municipal de Guayama, como de la de su sucesor, la Asamblea Municipal de Guayama, disponibles en el Archivo General de Puerto Rico. Miles de páginas contienen esas actas donde recogen el debate de caballeros y la batalla partidista por encaminar a la ciudad. Igualmente, fue valioso contar con los informes anuales de los alcaldes de la ciudad, en distintos periodos. Ambos recursos documentales fueron muy poco utilizados por los historiadores locales y los cuales recogen valiosísima información sobre la vida institucional y social del municipio, como lo son, las listas de comerciantes- contribuyentes municipales en cuanto al pago de patentes al municipio, las concesiones de solares de los llamados "ejidos municipales", las peticiones de ciudadanos para que se les autorizara a las tomas de agua y energía eléctrica que suplía el municipio, en fin, la vida diaria del guayamés está retratado a través de esos documentos. También los informes anuales de los gobernadores de la Isla del periodo aquí expuesto, fueron fuentes documentales importantes para el estudio. Fue de particular interés examinar los censos poblaciones practicados en las primeras tres décadas del siglo XX, incluyendo el censo de 1899, realizado por las autoridades militares estadounidense en la isla de Puerto Rico.

En la búsqueda de las fuentes que ilustraran el acontecer de la ciudad, recurrimos a las diversas bibliotecas para buscar dichas fuentes documentales, entre estas estaban los periódicos de la época. En estos encontramos información valiosa que, sin duda alguna, nutrirá la historia de la ciudad. También, examinamos un sin número de libros, tesis y artículos de revistas, utilizando solo los más relevantes.

Este libro está dividido en cinco capítulos donde exponemos la vida de la ciudad y de los guayameses en aquellas décadas. Se inicia el primer capítulo, a modo de marco introductorio, exponiendo las fuentes historiográficas que cuentan los primeros cuatro siglos de la dominación y presencia española. En el mismo, nos adentramos en las fuentes documentales referentes a Guayama en los siglos XVI, XVIII y XIX, hasta observar el panorama de la ciudad al entrar el año 1890.

Los acontecimientos del año 1898 son objeto de atención especial. Es por ello que el capítulo dos se dedica a analizarlos en términos del impacto causado en la ciudad por la invasión estadounidense de aquel año. En este se presenta la reacción de la municipalidad ante esa invasión.

En el capítulo tres estudiamos la vida política de la ciudad. Examinamos las administraciones republicanas, unionistas, socialistas y aliancistas en la importante alcaldía de Guayama. Observamos los acontecimientos políticos que marcaron al Guayama de los primeros treinta años del siglo XX. Dicho capítulo lo narramos tal y cual apareció en la prensa, en las actas municipales, los informes de gobernadores y alcaldes y en la correspondencia municipal.

Los acontecimientos económicos son ilustrados en el capítulo cuatro. Partiendo de los procesos económicos que se daban en la Isla, Guayama no fue la excepción. La base económica de la ciudad residió en la agricultura y el comercio, formando parte integral de ese proceso histórico. No obstante, en este capítulo observamos también, desde la óptica municipal, los distintos presupuestos municipales. Anotamos aquí los ingresos y los egresos de la ciudad en los distintos períodos expuestos.

La parte relacionada al tema social está contenida en el capítulo cinco. Escogimos tres temas principales para este capítulo: la educación, la salubridad pública y los censos poblacionales. Estos tres temas acaparan la atención como parte de los asuntos sociales de la ciudad de Guayama.

Este libro se enriquece con ilustraciones, tablas, planos, transcripciones de documentos y de todos aquellos recursos disponibles para narrar el acontecer de la ciudad.

En la antigua Grecia, la ciudad era la polis, y la polis era donde se hacía la vida de la ciudad; era aquella donde la gente era leal a la ciudad. Por eso, Guayama tiene historia, tiene tradición, tuvo su evolución de una pequeña aldea a un "sitio grande" hasta convertirse en una ciudad. En la ciudad se vive, se goza y se llora. La historia de la ciudad de Guayama es la historia de la gente de Guayama que cuida y profesa la polis, y le es leal.

CAPÍTULO I

Desarrollo del municipio de Guayama desde su primer asentamiento hasta finales del siglo XIX según las fuentes documentales: panorama social y económico

De acuerdo a las fuentes documentales históricas, Guayama fue fundado el 29 de enero de 1736, sin embargo, a diferencia de otros pueblos y desde sus comienzos, tuvo un desarrollo social y económico sumamente lento. A partir del año 1509, la Corona española autorizó la colonización de la Isla fundándose el poblado de Caparra y, posteriormente, el de San Germán al suroeste de Puerto Rico. Ambas jurisdicciones, más adelante, se convirtieron en la sede gubernamental española en Puerto Rico cuando se dividieron en los partidos de San Germán y de Puerto Rico. De hecho, Caparra fue trasladada a la isleta de San Juan en el año 1521. Por otro lado, la jurisdicción de San Germán se convirtió en el Partido que llevaría su nombre extendiéndose por el suroeste y la zona montañosa occidental de la Isla, mientras que el Partido de Puerto Rico dominaría todo el extremo oriental, desde un corredor hacia el norte con el río Camuy como frontera y hacia el sur fijando el río Jacaguas como su división con el oeste. "Guayama, aunque en la costa sur, formó parte del [Partido] de Puerto Rico."[1]

En el año 1509 la Corona española había comenzado oficialmente la colonización de la Isla. Al iniciarse este proceso histórico, la Isla de San Juan Bautista estaba poblada por grupos indígenas identificados con el pueblo taino. La región que se conocerá como Guayama al momento de iniciarse la colonización era gobernada por el cacique Guamaní. En lengua indígena, Guayama, significa "El sitio grande", según lo señala el historiador Cayetano Coll y Toste.[2]

---

[1] Adolfo Porrata Doria, *Guayama, sus hombres, sus instituciones*. (Madrid, España: Jorge Casas, 1972), p. 28.

[2] Citado en *Ibid.*, p. 24.

1. Primer asentamiento poblacional

Mucho se ha especulado sobre el primer asentamiento primitivo del poblado llamado Guayama. De acuerdo al relato histórico, el primer poblado de la región fue originalmente establecido en las márgenes de lo que hoy se conoce como el Río Grande de Patillas. Sin embargo, hasta el presente no se ha encontrado evidencia que sostenga esa aseveración. Recordemos que en los movimientos fundacionales de pueblos los pobladores buscaban lugares cerca de los ríos, siguiendo la tradición europea, ya que los cuerpos de agua eran necesarios para las cosechas de productos agrícolas y también para cubrir las necesidades básicas de los pobladores. Ese era el caso de la región a la que llamaban "Guayama"; además, en las desembocaduras de los ríos, podían establecerse puertos con el propósito de servir tanto para la exportación como para la importación de productos. También para la entrada de nuevos pobladores.

Los ríos que identificaban a la región durante la época de la colonización y posterior a esta son: el "Agualmanil", conocido como Guamaní y el actual de río de Patillas, con el mismo nombre que lleva su poblado. Tanto el Guamaní como el río de Patillas proveyeron, en cierta medida, los abastos de agua suficientes y necesarios para la vida cotidiana.

Desde la llegada de los primeros pobladores provenientes de la Península Ibérica, estos tuvieron que enfrentarse a grupos de aborígenes de la región del Caribe, quienes eran asiduos visitantes de estas costas, atacando a sus pobladores peninsulares. Esta situación no era solo de esta región; casi todos los asentamientos de la costa sufrían el mismo inconveniente.[3]

Donde sí existe constancia del establecimiento de pobladores peninsulares durante el siglo XVI es en la parte sur, lo que hoy se conoce como el barrio Machete. Este barrio, colindante con el Mar Caribe, fue el lugar que, de acuerdo a la tradición histórica, se escogió para establecer el nuevo poblado. Sin embargo, al parecer, el lugar era atacado constantemente por los indios Caribes, relocalizándose el poblado donde está situado hoy día, es decir, más hacia el norte de lo que se cree fue el primer asentamiento de Guayama como tal.

---

[3] Para el relato de un ataque de los indios Caribes a la región, según ha llegado a nuestros días, ver *Ibid.*, pp. 31- 36.

2. Guayama en las fuentes historiográficas: siglos XVI– XVIII

A partir del siglo XVI el proceso de colonización y conquista de la Isla de San Juan Bautista fue documentado en distintos periodos. Al iniciarse la colonización a partir de 1509 encontramos que la Corona española mantenía constante comunicación con los territorios en América, ya sea por medio de cartas, órdenes reales, provenza, entre otros documentos. De esta manera el rey establecía el curso de acción que se debería seguir en sus territorios de ultramar y, a la vez, recibiría información sobre el desarrollo de sus territorios. Sin embargo, no todos los documentos ofrecían información sobre la geografía y la población de la Isla. Al menos, a principios de la colonización, este tipo de documento no se produjo, excepto en alguno que otro momento que ilustraba la situación socio-económica de la Isla. No fue hasta que la Corona Española solicitó a sus funcionarios que comenzaran a documentar el acontecer de sus localidades que ofrecieron una idea clara sobre los territorios en América.

Para el año 1582, los funcionarios del Rey Felipe II enviaron a los territorios españoles en América un cuestionario con el propósito de que los gobernadores lo contestaran suministrando ciertos datos de interés para la Corona, con el fin:

> [...] de acopiar información, casi exhaustiva, sobre las diversas regiones de América en sus aspectos geográfico, étnico, social, económico, religioso, el de la organización institucional, en fin, todas las fases de la vida del mundo americano.[4]

En ese año quien gobernaba la Isla era el capitán Juan de Melgarejo, quien encomendó a su vez la contestación a las interrogantes a dos lugareños: Juan Ponce de León García y Troche y el bachiller, Antonio de Santa Clara. El primero era el nieto del conquistador Juan Ponce de León y residía en San Juan de Puerto Rico, y el segundo, realizaba trabajos para la Iglesia y también residía en San Juan.

a. Memoria de Melgarejo, 1582

Este documento fue el primer informe que conocemos de la

---

[4] Isabel Gutiérrez del Arroyo, *Historiografía puertorriqueña: Desde la Memoria de Melgarejo (1582) hasta el Boletín histórico de Puerto Rico (1914- 1927). Ciclo de conferencias sobre historia de Puerto Rico.* 2da reimpresión. (San Juan, Puerto Rico: Instituto de Cultura Puertorriqueña, 1985), p. 5.

Región de Guayama. Se señala en el documento que en el área de Guayama, durante el siglo XVI, había una población y grandes haciendas, siendo esta la primera afirmación oficial que tengamos conocimiento. Continúa señalando que:

> Más adelante, cinco leguas, sale un río, a la mar que se dize GUA-YAMA, donde hubo grandes haciendas y se despoblaron por razón de los dichos indios (caribes) que los robaron y cautivaban.[5]

Esta afirmación, en el documento subscrito por el gobernador Melgarejo, parecería confirmar que la población original de Guayama estuvo ubicada en la zona que hoy conocemos como el Río Grande de Patillas. Es interesante la mención que se hace en esta Memoria sobre las "grandes haciendas" que aquí se establecieron. Una probanza del alcalde de San Juan, don Manuel de Illanes, del 20 de abril de 1546, señalaba que estaba implementando derechos sobre "haciendas y granjerías" en la comarca de Guayama al colono Francisco Juancho de Luyando. Este parecía ser uno de los primeros pobladores del que se tuviera conocimiento en esa región. Sin embargo, no se descarta que haya habido en otros poblados personas con igual arraigo que el hacendado en cuestión. En esa probanza instada por Luyando se les preguntó a varios testigos lo siguiente:

> Si saben que en esta ysla en la vanda del sur en el valle del humacao ay diez haziendas e un ingenio, mas abaxo quatro leguas, está el valle de Guayama donde yo tengo mys haciendas e granjerías.[6]

Uno de los testigos presentado por Francisco Juancho de Luyando fue Diego Ramos, quien dijo haber "[…] estado muchas vezes en ellas e a visto que antes [que] estuviese poblado venían a ella los caribes e podían aver dos años que ansy mysmo vinyeron e hizieron mucho daño en aquella costa."[7]

---

[5] "Memoria, y descripción de la isla de Puerto Rico. Mandada hacer por S.M. el Rey Don Felipe II en el año 1582." En: Aida R. Caro Costa, ed. *Antología de lecturas de Historia de Puerto Rico*. 2da edición. (San Juan, Puerto Rico: s. e., 1989), p. 174.

[6] Porrata Doria, *op. cit.*, p. 29. A pesar de que el historiador guayamés Lcdo. Adolfo Porrata Doria, cita este documento como uno facilitado por el Mons. Vicente Murga Sanz; lamentablemente no aparece nota alguna donde señale la procedencia del mismo. El Dr. Jalil Sued Badillo, quien ha tenido la oportunidad de investigar más afondo en el Archivo Nacional de Madrid, presenta, en su libro *Guayama: notas para su historia*, un interesante relato sobre Francisco Juancho de Luyando.

[7] Porrata Doria, *op. cit.*, p. 29.

La *Memoria de Melgarejo* coincide con la apreciación del documento que Porrata Doria presenta en su historia. Indicaba el documento que hubo "grandes haciendas" y así lo afirmaba Luyando y su testigo varios años antes que se redactara dicha memoria en el sentido de que los indios caribes saqueaban las haciendas y hacían mucho daño a estos pobladores.

Guayama era la única población que encontraba el viajero desde la región de Coamo hasta Fajardo. En el informe Melgarejo se señalaba que hay otro río, después de Guayama, "[...] por la misma costa que se llama UNABO, en lengua de indios,... está despoblado por la misma razón..."[8] que Guayama.

Es sorprendente que en el año 1582, la *Memoria* nos indica sobre la existencia de puertos en la zona conocida como Guayama. "[...] y al cabo de las isletas que corren, como tres leguas por la costa, se hace un gran puerto que llaman GUAMANY..."[9] Este puerto, según el cronista, era muy hondo para cualquier navío. El cronista no habla de uno, sino de dos puertos. Al este del de "GUAMANY" se situaba otro, "[...] más adelante por toda la costa, hasta el puerto de GUAYAMA, hay bajas y surgideros muy buenos, está el puerto de GUAYAMA al este del de GUAMANI..."[10]

En la descripción que nos ofrece el documento se indica que este último puerto era "razonable para navíos grandes" y que representaba un gran potencial económico para la región. Sin embargo, los constantes ataques de los Caribes entorpecían su desarrollo. Más adelante, casi a finales del siglo XVI y en los siguientes dos siglos, nos topamos con otros atacantes: los llamados corsarios. Estos eran de distintas nacionalidades europeas enemistadas con España. Su único interés en América,

[...] eran las mercancías y las remesas de minerales y piedras pre-

---

[8] "Memoria y descripción...", Caro Costa, *op. cit.*, p. 174. UNABO se refiere a Maunabo en el sureste de la Isla.

[9] *Ibid.*, p. 185. Podemos señalar que los documentos nos refieren estos señalamientos. Si lo llevamos al día de hoy por la descripción que se hace, cuando se refiere al "Guamany" se refiere al rio que hoy día lleva el nombre "Guamaní"; siguiendo la geografía de la región el puerto próximo a Guamaní hacia el Este de Guamaní, es el que ubica en el día de hoy en el municipio de Arroyo. No obstante, precisar el lugar del poblado original, posiblemente sea el reto más significativo que tengan los historiadores de la región de Guayama.

[10] *Ibid.*

ciosas que cargaban las naos, el éxito del sistema de flotas los llevó a preferir como punto de ataque los puertos y los centros de producción cercanos a las costas.[11]

Durante el primer siglo de presencia española en la Isla los ataques de corsarios eran también constantes; estos atacaban los puertos marítimos. Un ejemplo de estos ataques fue el realizado en el año 1520 contra el puerto de San Germán. Dicho ataque hizo que los pobladores se protegieran fortificando sus poblados y, en ocasiones, huyendo hacia el interior. Guayama fue atacada por corsarios, quienes a su vez inutilizaron su potencial de desarrollo económico en gran parte del siglo XVI.[12] Estos enemigos de España dejaban a su paso desolación y miedo. Es debido a esas constantes acciones bélicas que suponemos que la población se muda al sitio actual, desde el cual, en la ladera de una colina, se domina el Mar Caribe.

Durante el siglo XVII las noticias referentes a Guayama son escasas. A pesar de no contar con suficientes fuentes documentales que nos ilustren la situación de esta región, en el resto de Puerto Rico el desarrollo económico y social de sus pobladores fue lento. Esa lentitud se debió, entre otras razones, a causas externas, tales como los ataques a la Isla y a las enfermedades[13] que en ella había.

Podemos señalar, aunque no afirmarlo categóricamente, (nos falta documentación que lo demuestre), que el poblado de Guayama redujo dramáticamente, tanto su población como su producción económica. Como dato de interés, tenemos noticia de que para el año 1690, Guayama formaba parte del Partido de Coamo.[14]

---

[11] Fernando Picó, *Historia general de Puerto Rico.* 3ra edición revisada y aumentada. (Río Piedras, Puerto Rico: Ediciones Huracán, 1986), p. 82.

[12] *Ibid.*

[13] Blanca G. Silvestrini y María D. Luque de Sánchez, *Historia de Puerto Rico: trayectoria de un pueblo.* (San Juan, Puerto Rico: Cultural Panamericana, 1988), p. 103. Ese fue el caso del poblado del Partido de San German. Este Partido que dominó toda la región occidental de la Isla fue mudado a varios lugares primero, en la zona de Añasco, luego a la zona de lo que es hoy Guánica y posteriormente hacia las lomas de Santa Marta en el interior donde ubica geográficamente actualmente

[14] Aurelio Tió, "La fundación de villas y ciudades en Puerto Rico." *Boletín de la Academia de Artes y Ciencias de Puerto Rico.* (V), (1), (enero- marzo 1969), p. 138.

b. Guayama en la Memoria de Alejandro O'Reilly, 1765

En el año de 1765, un visitante enviado por la Corona española llegó a Puerto Rico con el propósito de realizar un estudio sobre las condiciones en que se encontraba la Isla, es decir, el estado general con énfasis específicamente en la reorganización del sistema defensivo de San Juan. Alejandro O'Reilly realizó, además de observar las condiciones militares, un censo donde, por primera vez, se documentaba la población general y su economía en los pueblos de Puerto Rico.

La *Memoria* de 1765 del Mariscal O'Reilly es un documento de vital interés para el estudio de nuestra historia. En ella se presentaba el cuadro isleño desde la perspectiva económica en el momento en que el rey era Carlos III. O'Reilly se preocupó "ante el estado de estancamiento económico, de aislamiento comercial, que sufre la Isla."[15] También hace sus particulares recomendaciones a tono con el reformismo comercial que comenzaba en ese entonces.

En esta *Memoria* su autor nos brinda datos sobre la composición poblacional guayamesa en la segunda mitad del siglo XVIII. En el censo realizado en ese momento y del cual tenemos sus datos en el documento, la población general de Puerto Rico era de 39,846 almas dividida en veintiún poblados. A estos se le sumaba una cantidad de más de cinco mil esclavos que totalizaban las cerca de 45,000 personas.

Guayama era para ese periodo uno de los pueblos con una población numerosa comparado con el resto de la Isla. Según la Memoria de O'Reilly, el poblado de Guayama ocupaba el lugar número ocho, precedido por San Germán, 5,950; San Juan, 4,506; Aguada, 4,272; Añasco, 3,398; Ponce, 3,314; Arecibo, 3,170 y Manatí, 2,475.[16] La población total de Guayama, incluida la población esclava, ascendió en 1765 a 2,204. Veamos en la siguiente tabla los números a los que hace referencia O'Reilly:

---

[15] Gutiérrez del Arroyo, *op. cit.*, pp. 10- 11.
[16] Silvestrini, *op. cit.*, p. 107.

Tabla I
Población general en Guayama para 1765 según censo
realizado por el mariscal Alejandro O'Reilly

POBLACIÓN DE BLANCOS, PARDOS Y MORENOS LIBRES			
EDADES	VARONES	HEMBRAS	TOTAL
Hasta 10 años	399	397	796
10-15 incl.	94	93	187
15-40 incl.	409	361	770
40-60 incl.	87	73	160
60 adelante	21	23	44
SUBTOTAL	1,010	947	1,957

POBLACIÓN ESCLAVA EN GUAYAMA			
	224	223	447
TOTAL GENERAL	1,234	1,170	2,204

Fuente: "Memoria de Alejandro O'Reilly, 1765." En: Aida R. Caro Costa, *Antología de lecturas de Historia de Puerto Rico*, p. 467.

Otros datos que provee O'Reilly referentes a Guayama los veremos en la parte económica de este capítulo.

En comparación con otros pueblos que se establecieron en el siglo XVIII, Guayama tuvo un crecimiento poblacional comparable con municipios como el de Manatí y Toa Alta; "Fajardo, Utuado y Pepino"[17] estaban más rezagados.

En el estudio realizado por el Dr. Jalil Sued Badillo, este encontró en los Archivos Parroquiales de la Iglesia San Antonio de Padua de Guayama el primer libro de bautismo para los años de 1746 a 1763; apenas dos años antes de que O'Reilly redactara su Memoria. "El total de personas bautizadas durante el periodo fue de 2,044. De estos, 1,602 o un 78% eran hijos legítimos y 361, o un 17%, eran hijos naturales."[18] Los datos encontrados por Sued Badillo confirman que la población en el siglo XVIII estaba en constante crecimiento. De hecho, en el siglo XVIII se observó una explosión demográfica que

---

[17] *Ibid.*, p. 108.
[18] Jalil Sued Badillo, *Guayama: notas para su historia*. (San Juan, Puerto Rico: Oficina de Asuntos Culturales de la Fortaleza, 1983), p. 43.

nunca se había advertido, inclusive si la comparamos con siglos anteriores, a pesar de los pocos datos poblacionales que tenemos. Resulta interesante anotar el movimiento esclavista en el área. Mientras O'Reilly indica la existencia de 447 esclavos Sued Badillo, en su estudio del Archivo Parroquial identificó, a mediados del siglo XVIII, 381 esclavos, es decir, 195 varones y 186 mujeres que se "identifican" como 21 de origen africano cuyos puntos de origen o etnias[19] provenían de distintas zonas de África. Lo que presenta este dato es que Guayama se convirtió en un territorio esclavista para finales del siglo XVIII.

c. Descripción de Fernando Miyares González, 1775

En el año 1775, diez años después de la *Memoria O'Reilly*, Fernando Miyares González, Capitán de Milicias, publicó *Noticias Particulares de la Ciudad e Isla de San Juan Bautista de Puerto Rico*.

Su trabajo, de contenido histórico, aportó información detallada sobre distintos aspectos de la vida isleña. Miyares González nos brindó "[...] información sobre las defensas, la organización militar, los aspectos diferentes de la Hacienda Pública, las instituciones políticas, las administrativas y las eclesiásticas."[20] Es, Miyares González, el primero en describir el poblado de Guayama, es decir, el lugar de su ubicación y sus condiciones para aquel momento.

Sobre el pueblo de Guayama el autor de *Noticias Particulares...* subrayaba que:

> Este suelo se halla dominado de un montezuelo. Es de los mejores de la isla, compuesto de cien casas que forman plaza, donde se halla la iglesia que es muy regular. Como las estancias están inmediatas, existen siempre en la población algunas familias, lo que no sucede en ninguna otra de la isla, tienen dos compañías de milicias disciplinadas de infantería.[21]

Es significativo dicho relato porque nos brinda datos sobre la existencia, no de una, sino de dos compañías de milicias disciplinadas. Alejandro O'Reilly, en el año 1765, había hecho varias reco-

---

[19] *Ibid.*, p. 44.
[20] Gutiérrez del Arroyo, *op. cit.*, p. 11.
[21] Fernando Miyares González, *Noticias particulares de la Isla y plaza de San Juan Bautista de Puerto Rico*. 2da ed. (San Juan, Puerto Rico: Ediciones de la Universidad de Puerto Rico, 1957), pp. 87- 88.

mendaciones a la Corona en el sentido de desarrollar este cuerpo de milicias en "[...] un cuerpo de vecinos pagado por el estado y con reglamento militar."[22] Tal parece que en la población de Guayama, en el lapso de diez años, se organizaron esas dos compañías de milicias mencionadas por Miyares. Podemos observar que Guayama era un fiel reflejo de la aplicación de las reformas que se implantara en la Isla.

d. Fray Iñigo Abbad y Lasierra y su descripción de Guayama, 1778

Para el 1778 se publicó la *Historia geográfica, civil y natural de la Isla de San Juan Bautista de Puerto Rico* del monje benedictino Fray Iñigo Abbad y Lasierra. Es la descripción más detallada que nos ha llegado sobre el pueblo de Guayama en su etapa dieciochesca.

Más importante aún, Abbad en su estudio "[...] rinde un balance de observaciones reveladoras del espíritu de reforma económica característica del Despotismo Ilustrado."[23] Guayama, para la década del 70 del siglo XVIII, formaba parte del Partido de Puerto Rico, encabezado por la ciudad de San Juan. En ese Partido se contabilizaron 39,350 almas en 17 parroquias, incluyendo al de San Juan.

Geográficamente, al situar el poblado de Guayama, Abbad señala que:

> En esta costa salen al mar los ríos de Candelero, Guayanés y Maunabo al oriente del Cabo de Malapascua que es el más meridional de la Isla, a su occidente el de Guayama, que desemboca en el puerto de su nombre, y es muy extenso, pero abierto sin resguardo. Toda la tierra parece mudar de aspecto al pasar el río de Guayama: la frondosidad de los bosques, la hermosura de los valles y praderías interiores, se ve trocada de repente en un arenal seco, desnudo de la yerba fresca de que está alfombrada la Isla y abrasado los ardores que la sal le imprime sin obstáculo.[24]

Esta descripción parece interesante porque, como veremos más adelante, el clima influyó en el desarrollo de esta área de la Isla. Uno de esos factores es la sequía. Por estar en zona árida y calurosa,

---

[22] Silvestrini, *op. cit.*, p. 190.

[23] Gutiérrez del Arroyo, *op. cit.*, p. 13.

[24] Fray Iñigo Abbad y Lasierra, *Historia geográfica, civil y natural de la Isla de Puerto Rico*. (Río Piedras, Puerto Rico: Editorial Edil, 1975), p. 124.

Guayama, sufre de sequías continuas que afectan la vida cotidiana. Para 1776, y a pesar de haberse fundado pueblos en varios lugares de la Isla, en especial entre Fajardo y Guayama, estos dos últimos eran los principales de la región Sureste de Puerto Rico. Una observación que nos hace Abbad era en el sentido de que las tierras estaban deshabitadas, y que muy bien pudieran ser productivas porque era "[…] muy buena tierra, regada de muchos arroyos, que en poder de colonos activos, producirían porciones considerables de los frutos que le son adaptables..."[25]

Nuevamente este cronista señala la importancia económica que tenía el poblado para el impulso de la agricultura, cuando apuntaba que:

> Este pueblo de Guayama es el primero por esta costa desde la Ciudad de Puerto Rico, que tiene sus casas congregadas; y serán hasta 200, formadas en un espacioso cuadro, dejando su iglesia y plaza en el centro;...[26]

La descripción que brindó el autor en cuanto al centro del poblado es digno de estudiarse. Durante el siglo XVI la Corona Española ordenó en las *Recopilaciones de las Leyes de Indias* la planificación de los pueblos. Es decir, el ordenamiento territorial que debían seguir los poblados que se levantaron en ese periodo de tiempo y que según dicha Ordenanza, la plaza mayor debería ser "[…] en quadros, prolongada, que por lo menos tenga de largo una vez y media de su ancho... y que las quatro esquinas (lados) mire a los quatro vientos principales..."[27] Esta observación, sobre el centro del poblado, la podemos apreciar sobre la planificación de la ciudad.

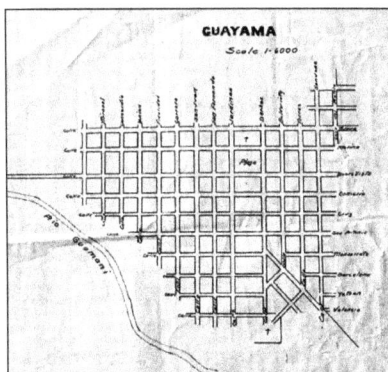

1. Plano de la ciudad de Guayama, (s.f.)

Aunque dicha planificación de la Ciudad de Guayama no co-

---

[25] *Ibid.*, p. 123.

[26] *Ibid.*, p. 125.

[27] "Ordenanza de Población, 1573". En: *Recopilación de las Leyes de Indias*, Libro IV, Título 7, Leyes IX, X y XII. Citado en Aurelio Tió, *op. cit.*, p. 133.

rresponde al siglo XVIII, al menos, se siguieron los modelos establecidos en aquella Ordenanza. Podemos decir que Guayama es una de las ciudades de Puerto Rico mejor planificada. Tiene lo que se conoce como "manzanas" con la plaza que ocupa una cuadra completa. Por la planificación de la ciudad, la forma del centro urbano es similar a un tablero de ajedrez, aunque, debemos señalar, que corresponde al siglo XIX el ensanchamiento de sus calles, dándole el aspecto que tiene hoy día. Resulta interesante el dato que ofrece Abbad, ya que la ciudad fue planificada con sumo cuidado por los pobladores guayameses. De hecho, cuando escribe Abbad y Lasierra para esta época (siglo XVIII) el poblado se situaba donde lo conocemos hoy.

Los habitantes que residían en el pueblo, de acuerdo a Abbad y Lasierra, "[…] asciende[n] a 531 familias con 4,589 almas de todas castas..."[28] Sin embargo, hay que mencionar, como modo de aclarar el registro histórico, que los números ofrecidos por Abbad en su escrito no coinciden con los datos expuestos en la tabla correspondiente al censo poblacional del año 1776. En esa tabla titulada: "Estado general de la isla de Puerto Rico que comprende el número de sus poblaciones, curatos, vecinos que tiene cada una con distinción de blancos, pardos, agregados y negros libres", se señalan otras cifras que no corresponden a las presentadas en los párrafos dedicados a la Ciudad de Guayama. En su libro, Abbad y Lasierra, informaba que el censo de 1776 reflejaba una población total de 2,589 habitantes. En comparación con lo presentado por el mariscal O'Reilly en 1765, en Guayama se había registrado una ganancia poblacional de 385 habitantes.

Ese aumento poblacional se debió, posiblemente, al desarrollo económico y social que experimentaba Puerto Rico en las postrimerías del siglo XVIII, en especial a la producción agrícola. Guayama fue un reflejo de esa experiencia socio- económica. Tanto la producción de café como la de azúcar, aparte de la crianza de ganado, tuvieron un balance favorable en la vida económica de Puerto Rico, como veremos más adelante.

Según Abbad, "[…] todos [se refiere a los pobladores] tienen algunas medianas haciendas en las faldas de los montes..."[29] El ingenio del puertorriqueño del siglo XVIII era extraordinario a juzgar

---

[28] Abbad, *op. cit.*, p. 125.
[29] *Ibid.*

por la descripción que este cronista hace sobre las viviendas de los pobladores de Guayama:

> La fábrica de casas de este pueblo y aun de toda la Isla, excepto las de la Capital, está ideada con consulta de la necesidad de materiales, del temperamento del clima y circunstancias del país. Son con poca diferencia como las que tenían los indios naturales de esta Isla, de quienes sin duda aprendieron los españoles su construcción, persuadidos por la experiencia ser adecuados al clima. Constituyen las sobre nueve o más vigas enclavadas profundamente en la tierra en tres filas; sobre ellas colocan otras viguetas para recibir las tablas, que forman el piso...[30]

Referente a las inclemencias del tiempo y a la forma de proteger sus casas Abbad y Lasierra comentaba:

> Forman estas casas elevadas sobré vigas, por la excesiva humedad que hay en toda la Isla, y por libertarse de las inundaciones que sobrevienen con las corrientes de los ríos en los meses de lluvia... los huracanes... no hacen en ellas grandes efectos, pues como los vientos hallan curso libre por entre las vigas que las sostienen, y están abiertas la mayor parte, apenas encuentra otro objeto que el techo, y suele volar a la primera ráfaga.[31]

En Guayama, según este visitante del siglo XVIII, había viviendas cubiertas de tejas, utilizando el mismo plan con que se fabricaban las otras casas en San Juan, sugiriendo la posibilidad de que estas casas pudieran corresponder a los hacendados que aquí se habían establecido en la segunda mitad del siglo XVIII.

e. Viaje de André Piérre Ledrú, 1797

La última descripción sobre Guayama de que se tenga conocimiento en el siglo XVIII fue la del botánico francés, André Pierre Ledrú. Este llegó a Puerto Rico mientras los ingleses atacaban la capital en el año de 1797.

La aportación de Ledrú a nuestra historiografía es sumamente valiosa ya que retrata las condiciones naturales de la Isla y de la población que aquí vivía. Sobre Guayama anotaba el visitante que su población era de 5,120 habitantes[32] y el centro urbano tenía alrede-

[30] *Ibid.*, p. 126.
[31] *Ibid.*
[32] André Pierre Ledrú, *Viaje a la isla de Puerto Rico*. Traducido por Julio de Vizcarrondo. 2da edición (San Juan, Puerto Rico: Ediciones del Instituto de Literatura

dor de doscientas casas.[33] Es decir, desde la cifra que ofreció Abbad y Lasierra hasta Ledrú hay otro marcado aumento poblacional. En comparación con el anterior, el mismo había sido de 531 habitantes más. Es significativo dicho dato ya que en el siglo XVIII en Puerto Rico la población fue en constante aumento. En la parte relativa a la economía veremos las anotaciones de Ledrú en cuanto a este renglón.

3. Fuentes historiográficas del siglo XIX

Al cerrar el siglo XVIII encontramos a una ciudad de Guayama en pleno crecimiento, no solo poblacional, también en lo económico. Para el siglo XIX hemos identificado al menos dos documentos relativos a Guayama y un estudio estadístico con importantes datos sobre la situación económica de la ciudad. Uno de esos documentos es la memoria suscrita en el año 1831 por el Secretario de Gobierno, Pedro Tomás de Córdova. El otro también es de gran valor ya que es el primer documento que suscribe un residente de Guayama y hacendado cañero local, José Antonio Vázquez, en el año 1848. En el mismo nos brinda una idea de la vida de los guayameses durante la primera mitad del siglo XIX.

a. Pedro Tomás de Córdova: la conspiración de esclavos en la Noche de San Miguel, el censo poblacional y las riquezas de la ciudad

Pedro Tomás de Córdova, Secretario de Gobierno, publicó sus *Memorias geográficas, históricas, económica y estadísticas de la isla de Puerto Rico* con el fin de brindar datos sobre ciertos aspectos de la vida del Puerto Rico de los primeros años del siglo XIX. Recordemos que la Isla permaneció leal a la Corona española después que la mayoría de las colonias hispanoamericanas se independizaran de España en la primera mitad de dicho siglo. De hecho, solo Cuba y Puerto Rico quedaron a merced del Rey de España y de todas las políticas implementadas por dicho reino en todo el siglo XIX.

Puertorriqueña y Universidad de Puerto Rico, 1957), p. 72.

[33] Las cifras de viviendas ofrecidas por Ledrú, concuerda con lo narrado por Abbad y Lasierra.

De acuerdo a la historiadora, Isabel Gutiérrez del Arroyo, en esta publicación "[...] hay predominio de los datos históricos y de los estadísticos, que se complementan con un repertorio de documentos de la más diversa índole: artículos de periódicos; reseña de homenajes públicos;..."[34] etc.

Dicha publicación nos brinda la oportunidad de conocer, de primera mano, los incidentes relacionados a la planificación para la revuelta de esclavos en Guayama en el año 1822, siendo Guayama, el segundo lugar en Puerto Rico donde se planificara realizar movimientos de esclavos con el propósito de alcanzar la independencia de la Isla. El primer intento de revueltas organizadas por esclavos ocurrió en el Municipio de Bayamón, hacia el año 1821.

La "conspiración de esclavos de Guayama en la Noche de San Miguel" con propósitos separatistas, narrada por el Secretario de Gobierno, ocurrió durante el mes de septiembre de 1822. El 25 de septiembre de aquel año se descubrió la puesta en marcha de una conspiración separatista de esclavos con la ayuda de un filibustero, Luis H. DuCoudray Holstein, quien había estado en la isla de Curazao en las Antillas Holandesas y en la costa este de los Estados Unidos preparando una expedición contra la posesión española de Puerto Rico. Su manifiesto llegó a nuestras costas donde tenía aliados como el negro Pedro Duboy, de nacionalidad francesa y residente en el Daguao, jurisdicción de Naguabo. Además, en la Isla había circulado un escrito donde se invitaba a sublevarse contra el régimen español, y qué mejor que el elemento esclavo para poder llevar a la realidad dicho reclamo.

A Guayama llegaron rumores de una posible conspiración de esclavos. El alcalde de Guayama, Marcelino Cintrón, enterado de dicho asunto, envió una comunicación al gobernador de Puerto Rico, general Miguel de la Torre, donde informaba sobre la posible conspiración y estallido revolucionario en el Partido de Guayama. La nota del Alcalde señalaba que el objetivo central era proclamar, desde Guayama, la República Boricua y que dicha conspiración tenía a DuCoudray Holstein como el principal cabecilla de la revuelta. Sin embargo, la misma sería desarrollada por esclavos en algunas de las principales haciendas azucareras de la ciudad.

Ni corto ni perezoso, el gobernador De la Torre, se dirigió a

---

[34] Gutiérrez del Arroyo, *op. cit.*, p. 16.

Guayama formando un Consejo de Guerra que reunido en la Casa del Rey en Guayama, ordenó juzgar al esclavo Juan Bautista Texidor, quien estaba al servicio de uno de los hacendados más prominentes de Guayama, en específico del barrio Jobos, Jacinto Texidor. Juan Bautista Texidor fue apresado en unión a otros y, de acuerdo a la acusación del Consejo de Guerra, la noche del 29 de septiembre de 1822, (Día de San Miguel Arcángel) llevarían a cabo la revuelta. Su primer objetivo sería la muerte de todos los blancos de la localidad. Al descubrirse la conspiración no se pudo llevar a cabo dicho objetivo, y, desde luego, tampoco adueñarse del país como era su intención.

El Consejo de Guerra nombrado por el Gobernador quedó constituido por el Capitán de Milicias, Vicente Andino, y otros cinco miembros. Actuó como defensor del estado el teniente Idelfonso Vasallo y como defensor de los acusados, José Colón. Este defensor, argumentó que sus defendidos eran unos "infelices" y que fueron seducidos para cometer dichos actos, además, de desconocer lo que significaba la seriedad de los actos que llevarían a cabo. Cabe señalar que los acusados, Juan Bautista Texidor y el esclavo Francisco Cubelo, admitieron que habían dialogado días antes del 29 de septiembre en el camino de Algarrobo, y Cubelo señalaba a Texidor como la persona que estaba induciéndolo a cometer los actos contra los blancos; Texidor, por su parte, negaba lo conversado ya que estaba borracho, según alegó durante el juicio público. La sentencia impuesta por el Consejo de Guerra a estos dos esclavos fue la pena de muerte. El 12 de octubre de 1822 a las 5:00 de la tarde en la Plaza de Recreo de Guayama, el Regimiento de Granada dio muerte a ambos esclavos. Durante la tarde los cadáveres de Texidor y Cubelo fueron sepultados en el cementerio de la ciudad.[35] Estuvo a cargo de dichas exequias fúnebres el cura párroco de Guayama y por el Alcalde Constitucional de Guayama. Ese mismo día, el gobernador De la Torre, colocó al Municipio de Guayama en estado de alerta ante cualquier medida de represalia de parte de DuCoudry Holstein, que podía incluir la invasión a la Isla por este aventurero, además de tramitar la expulsión del Partido de Guayama de todo aquel negro que

---

[35] Para leer más lo que nuestra historiografía ha levantado sobre esta conspiración de la Noche de San Miguel en Guayama, véase el trabajo de Guillermo A. Baralt, *Esclavos rebeldes: conspiración y sublevaciones de esclavos en Puerto Rico (1795- 1873)*. (San Juan, Puerto Rico: Ediciones Huracán, 1981), pp. 50- 56.

no pudiera demostrar su identidad a las autoridades como lo exigía la reglamentación vigente.[36] A parte de la conspiración de la noche del Día de San Miguel en Guayama también se había descubierto por las autoridades otra conspiración en el Municipio de Naguabo. Sobre la conspiración en Guayama, el Secretario de Gobierno, Pedro Tomás de Córdova, señalaba que uno de los objetivos era asesinar a los blancos, pero a diferencia de lo señalado anteriormente, los planes de los esclavos (de acuerdo a Pedro Tomás de Córdova) era el de fugarse a la isla de Santo Domingo. Al ser descubierta la conspiración se llevaron a cabo los procesos judiciales en contra de estos esclavos.[37] Claro está, hay que señalar que el Secretario de Gobierno era un funcionario de la Corona española y destacó la diligencia con que se atendió el asunto de Guayama y de Naguabo, entre otros pueblos donde se reportaban sucesos similares al de Guayama.

No es de extrañar que los esclavos fuesen los principales protagonistas de estas gestas en Puerto Rico y, mucho menos, que sucediera en momentos en que también en otras colonias españolas en América se desarrollaban las guerras de independencia. De por sí, la institución de la esclavitud era humillante y reprochable el trato que se les dispensaba a los esclavos.[38] Los esclavos tenían que trabajar de sol a sol en las más pésimas condiciones y sin gozar de libertad alguna, a menos que el dueño les hiciera algunas concesiones. Cuando los esclavos se revelaban contra sus amos, la reglamentación vigente disponía de castigos crueles. Estos podían ser la ejecución (como en el caso de Texidor y Cubelo), el presidio, ser deportados o ser vendidos.[39]

Sobre los incidentes de Guayama mencionados por el secretario de gobierno se señala que estos procesos conspirativos no alteraron la tranquilidad de los vecinos; tampoco crearon ansiedad en otros

---

[36] Véase: Luis M. Díaz Soler, *Historia de la esclavitud negra en Puerto Rico*. (San Juan, Puerto Rico: Editorial de la Universidad de Puerto Rico, 1955), pp. 213- 214.

[37] Pedro Tomás de Córdova, *Memorias geográficas, históricas, económicas y estadísticas de la isla de Puerto Rico*. 2da edición facsimilar. (San Juan, Puerto Rico: Instituto de Cultura Puertorriqueña, 1968), p. 328.

[38] Para conocer más detalles sobre la historia de la esclavitud, véase los trabajos de: Hugh Thomas, *La trata de esclavos: historia del tráfico de seres humanos de 1440 a 1870*. (Barcelona, España: Editorial Planeta, 1998); y, Luis M. Diaz Soler, *Historia de la esclavitud negra... op. cit.*

[39] Pedro Tomás de Córdova, *op. cit.*

2. Dibujo del Pueblo de Guayama, (c. 1822)

sectores susceptibles de imitarlos, aunque la correspondencia de esos días con el gobernador De la Torre, demostraba otra realidad: la alta preocupación de los residentes de la ciudad y también de los funcionarios municipales por lo que pudiera ocurrir en cuanto a las rebeliones de esclavos.

A parte del incidente de Guayama en la Noche de San Miguel, la *Memoria...* suscrita por Córdova informaba valiosos datos que no podemos pasar por alto como el número de pobladores de Guayama. De acuerdo al censo practicado en el año 1827, tanto en lo civil como en lo militar y eclesiástico, la ciudad contaba con 7,740 habitantes. [40]

Si comparamos las cifras ofrecidas para el final del siglo XVIII podemos señalar que el aumento poblacional fue de 2,620 personas. Ahora bien, ¿a qué podría deberse este aumento? Podemos atribuirlo, posiblemente, a las reformas implementadas por la Real Cédula de Gracias a partir del año 1815. Dicha medida benefició a la Isla en términos de su desarrollo económico fomentando, entre otros, el permiso para la entrada de extranjeros a Puerto Rico, tal y como

---

[40] *Ibid.*, pp. 386- 389.

había sugerido O'Reilly en su informe de 1765. Guayama, sin lugar a dudas, fue uno de los lugares en Puerto Rico que se benefició de estas reformas, ya que permitió la llegada de familias enteras que se dedicaron al fomento de la agricultura, el comercio y la industria como en otros poblados. Más adelante trataremos el tema económico de aquel siglo XIX.

b. José Antonio Vázquez: descripción topográfica de Guayama, año 1848

En el 1848, el ciudadano y hacendado guayamés, José Antonio Vázquez, redactó una de las memorias más importantes que se hayan escrito sobre el poblado durante este periodo histórico de la primera mitad del siglo XIX. Es de gran relevancia dicho escrito ya que el autor era un residente de Guayama, participaba en la vida social, política y económica de la ciudad y, además, el documento se redactó en uno de los periodos en que el pueblo de Guayama comenzaba a disfrutar de una economía robusta, mayormente basada en el cultivo de la caña de azúcar. El autor era dueño de tierras dedicadas a la producción de azúcar y dueño de trapiches donde se molía caña de azúcar. Su descripción de Guayama resulta reveladora porque, entre otras cosas, es el primer documento donde se trazaban los límites y espacios geográficos del municipio. Los cronistas, que hemos analizados anteriormente, habían establecido los límites territoriales de Guayama tomando en consideración los límites que imponían los ríos existentes.

Para el 1848 Guayama era un territorio extenso; cubría desde lo que hoy es el barrio de Aguirre en jurisdicción de Salinas hasta Arroyo, para esa época barrios de Guayama. Según el autor de esta Descripción, en el momento que escribió su documento, en ninguno de los archivos de la localidad existía evidencia sobre la fecha oficial de fundación del mismo. La parroquia de esta población fue "[...] la primera que hubo entre Coamo y Humacao, pero se supone que debió ser por los años de 1740 en adelante, una vez que la primera partida que se halla anotada en un libro viejo es del año [17]44..."[41]

---

[41] José Antonio Vázquez, "Descripción topográfica de Guayama, 1848." En: Cayetano Coll y Toste, ed. *Boletín histórico de Puerto Rico*, 14 vols. (San Juan, Puerto Rico: Tipografía Cantero Fernández & Co., 1914). Tomo 12, p. 242.

Esta es una afirmación importante de Vázquez debido a que la ciudad, según sabemos, se fundó en 1736, aunque no existe constancia del documento que así lo evidencie.

Uno de los datos que nos suple el hacendado Vázquez es en cuanto a la composición de su gobierno local, señalando que "[...] su primer ayuntamiento fue en 1812: la administración de Hacienda en mayo de 1826: la de comandancia militar local en el mismo año, y la de rentas internas en 1840."[42] Para el año en que se escribe el mismo (1848), habían llegado a la ciudad varios centros educativos. Sabemos que en 1848 la Ciudad de Guayama contaba con maestros dedicados a la enseñanza primaria. Al parecer, y de acuerdo al documento, había "[...] dos establecimientos de educación primaria, una de varones y otra de niñas, y dos particulares en Arroyo."[43]

Los esfuerzos por educar a los niños y jóvenes de esta Isla habían comenzado con antelación. Desde finales del siglo XVIII se había intentado interesar al gobierno español sobre la necesidad de crear centros dedicados a la enseñanza tanto primaria como secundaria, así como a nivel profesional. Guayama se enfrentaba con la realidad de educar a sus hijos. Tal vez, ese interés partía de una situación económica adecuada para el momento y de un grupo de hacendados que gozaban de estabilidad económica proporcionada por la industria azucarera. Sin embargo, para el régimen colonial español "la educación no se concebía como una función del Estado, sino que se delegaba a la Iglesia, a la iniciativa privada y a los municipios."[44]

En su *Memoria...* de 1765, el mariscal de campo, Alejandro O'Reilly, apuntaba hacia una deficiencia en cuanto a la educación se refiere, ya que la Isla solo contaba con dos escuelas: una en San Germán y la otra en San Juan, pero además, le preocupaba la alta tasa de analfabetismo entre los militares destacados para la defensa de la Ciudad de San Juan.

En el escrito, el hacendado Vázquez, no menciona bajo quién, en Guayama, estaba esa responsabilidad. Sin embargo, luego de examinar las *Actas del Concejo Municipal de Guayama*, de finales del siglo XIX, el municipio asumía funciones de apoyo a la educación,

---

[42] *Ibid.*, p. 243.
[43] *Ibid.*
[44] Silvestrini, *op. cit.*, p. 317.

tales como asignar fondos y hacer los nombramientos de maestros de distintas disciplinas para impartir la enseñanza.

> Desde 1820 hasta 1899, hubo un aumento de ocho escuelas... [para] un total de diez, seis de las cuales fueron establecidos en la zona urbana y las otras cuatro en el campo, todas las cuales eran entonces equipadas y sostenidas por el Ayuntamiento...[45]

Por otra parte, el siglo XIX se caracterizó por la llegada de extranjeros, como discutiéramos en el tema anterior. Algunos adoptaron la tierra del Guamaní para fijar sus residencias y negocios. José Antonio Vázquez, nos señala el movimiento de extranjeros en la ciudad. Veamos las observaciones sobre este particular:

> Al contrario de los demás pueblos, cuyo caserío se aumentó a la vez que progresa la riqueza de su término, este quedó estacionario hasta los últimos años, en que empieza a verse bastante movimiento con sus fábricas. Consiste el activo, en mi concepto, en que siendo extranjeros los principales hacendados que trabajan con la idea de ir a gozar a su país el fruto de sus afanes no entran en miras aumentar sus gastos, con una casa en el pueblo. También puede decirse que parece verse destinado a ser perseguido por sus mismos hijos, lo que en parte puede atribuirse a la distancia en que se halla de los puertos de mar.[46]

Este señalamiento nos brinda una visión particular sobre la presencia extranjera en la comarca durante las primeras décadas del siglo XIX. Como hemos mencionado anteriormente con la implementación de la Real Cédula de Gracias de 1815, esta fue pieza fundamental para que se establecieran los inmigrantes provenientes de distintos puntos de Europa y América, tanto en Guayama como en el resto de la Isla. Ciertamente, muchos de estos inmigrantes, en algún momento, regresarían a su lugar de origen, pero sus familiares permanecerían en la Isla atendiendo los negocios familiares. Dicha situación no solo se vivió en Guayama, sino también en otras partes de Puerto Rico, en particular en la zona de la montaña, ocurría lo apuntado por José Antonio Vázquez. Tal fue el caso, por ejemplo, de la familia Serrallés de Ponce. Los hijos de Juan Serrallés, permanecieron en aquella jurisdicción mientras que su patriarca regresó a su lugar de origen en tierras españolas.

---

[45] Luis Felipe Dessús, *El álbum de Guayama*. (San Juan, Puerto Rico: Tip. Cantero Fernández & Co., Inc., 1918), p. 23.

[46] Vázquez, "Descripción topográfica ..." *op. cit.*, tomo 12, p. 253.

En el estudio realizado por Elí D. Oquendo Rodríguez, este confirmó la presencia extranjera en la ciudad de Guayama después de 1815. Guayama, que en "[...] el breve lapso de 26 años comprendido entre 1816 y 1842, la población extranjera de Guayama ascendió de 25 a 5,372 individuos."[47] Es decir, más de la mitad de la población era de origen foránea. Se desglosan esos datos de la siguiente manera: europeos, 170; forasteros de América, 329; canarios, 8; franceses, 413; ingleses, 27; daneses, 458; alemanes, 22; holandeses, 77; italianos, 71; y de otras naciones, 3,797.[48]

Al parecer el elemento extranjero fue importante para el desarrollo económico de la ciudad, por lo que el cronista Vázquez advertía sobre el gran predominio de extranjeros en la ciudad; no obstante, sentía preocupación ante este asunto, ya que eran muy pocos los criollos que se atrevían a invertir en las haciendas, especialmente en la industria azucarera. No obstante, algunos criollos como el hacendado Vázquez, sí invertían sus riquezas en empresas agrícolas lucrativas para ese entonces.

Sobre el clima, nos informa de los temporales que habían azotado las costas de este litoral, "[...] donde se siente[n] todos los temporales..."[49] A través de esta descripción conocemos los huracanes que azotaron a Puerto Rico en los años de 1818, 1825 y 1827; pero el que al parecer causó más estragos fue el que azotó a Puerto Rico el 13 de agosto de 1835 arruinando el pueblo. De acuerdo a Vázquez, "[...] Rara fué la Hacienda que no tuvo que rehacer oficinas. Los gastos fueron inmensos, especialmente con los operarios, que fué preciso traer de las islas vecinas..."[50]

Sin embargo, a pesar del impacto causado por aquel fenómeno de la naturaleza en agosto de 1835, para los pobladores guayameses resultó positivo. Esto se debía a que, al parecer, la sequía había azotado de manera muy fuerte a la ciudad de Guayama y al resto de los poblados de la zona sur de Puerto Rico. La zona sur de la Isla, como sabemos, es muy propensa a sequías, las mismas destrozan el potencial agrícola de la zona por lo que nos dice Vázquez, que las lluvias

---

[47] Elí D. Oquendo Rodríguez, *Inmigración extranjera y cambio social en Guayama: 1815-1840*. Tesis de Maestría, Río Piedras, Universidad de Puerto Rico, Departamento de Historia, 1996, p. 24.
[48] *Ibid.*
[49] Vázquez, *op. cit.*, p. 251.
[50] *Ibid.*, pp. 251-252.

que acompañaron ese huracán de 1835, "[...] fueron suficientes para obtener la cosecha más grande que hasta entonces se había visto, los frutos a precios casi fabulosos, [comparados] con los de ahora."[51]

El documento de José Antonio Vázquez es de gran relevancia para la historia de la Ciudad de Guayama durante la primera mitad del siglo XIX. En ella podemos observar las anotaciones que hace sobre la presencia de inmigrantes que vinieron a residir al poblado; también sobre las grandes sequías y los temporales que azotaron estas costas del Mar Caribe y sobre los primeros centros educativos conocidos. Se observa, además, el gran crecimiento poblacional experimentado en la primera mitad del siglo XIX en comparación con los primeros siglos de dominación española. Más importante aún es la visión del hacendado Vázquez, al señalar que el predominio de extranjeros marcaba gran prominencia en el pueblo. Informaba sobre las relaciones comerciales que existieron con los Estados Unidos entre 1841 y 1845, que "[...] conduciendo a nuestro puerto los víveres y artículos de primera necesidad para el consumo, aseguró nuestra subsistencia..."[52] No deja de ser un dato relevante la relación económica entre el puerto guayamés y los marinos mercantes provenientes de aquella nación, ya que vemos que Puerto Rico era un mercado vital para los intereses comerciales de los Estados Unidos desde mucho antes de convertirse en República independiente. De hecho, la relación con aquella nación norteña data desde los tiempos de las colonias inglesas, afianzada con la guerra de independencia de aquellas colonias cuando la marina mercante colonial surcaba el Océano Atlántico y se allegaba a Puerto Rico a intercambiar productos caribeños por los norteamericanos. El Puerto de Guayama en el barrio de Arroyo, sirvió de enlace en aquella relación comercial y económica donde ambas partes salían beneficiadas.

c. Manuel Ubeda Delgado, 1878

Manuel Ubeda Delgado, en su libro titulado *Isla de Puerto Rico: Estudio histórico, geográfico y estadístico de la misma* que data del año 1878, señalaba que para esa fecha el pueblo de Guayama estaba dividido en los siguientes sectores: Pueblo, Pozo Hondo, Carite, Gua-

---

[51] *Ibid.*, p. 252.
[52] *Ibid.*, p. 253.

maní, Caimital, Algarrobos, Machete, Jobos, Palmas y Quebrada Yeguas. En la siguiente tabla veamos los datos ofrecidos por Ubeda Delgado en su estudio:

Tabla II
Población por barrios y otras anotaciones
realizadas por Manuel Ubeda Delgado en 1878

Barrios	Situación respecto al pueblo	Casas	Bohíos	Familias	Ventorrillos
Población	N	353	384	868	---
Pozo Hondo	N	9	27	37	---
Carite	N	1	149	153	3
Guamaní	N	38	186	237	2
Caimital	NE	28	75	128	1
Machete	SE	10	7	146	1
Jobos	SO	85	66	336	11
Palmas	O	44	105	149	2
Quebrada Yeguas	NO	20	103	116	---
Algarrobos	NE	33	25	68	---

Fuente: Manuel Ubeda Delgado, *Isla de Puerto Rico: Estudio histórico geográfico y estadístico de la misma*. (San Juan, Puerto Rico: Establecimiento Tipográfico del Boletín, 1878), p. 249.

Como podemos observar, las cifras que nos brinda el autor del estudio son reveladoras en cuanto a la situación social en los barrios que componían la ciudad de Guayama para ese año. Como dato de interés cabe destacar el hecho del poblamiento del centro de la ciudad para aquel periodo histórico. Un total de 868 familias habitaban el centro de la ciudad de Guayama y, además, Jobos tenía una gran concentración de familias comparadas con los otros barrios de la ciudad.

A parte de las anotaciones poblacionales de la ciudad, también el autor de este estudio comenta sobre el sistema educativo en Guayama. Decía que: "Existen en el territorio ocho escuelas, en esta forma: una superior y una particular de varones, una elemental completa dos particulares de niñas en la población; y tres incompletas de varones en los barrios de Carite, Palmas y Guamaní."[53] En comparación al documento de José Antonio Vázquez de 1848, treinta años después había, al parecer, un progreso en cuanto a la existencia de escuelas públicas en la localidad.

Sobre el sistema de justicia, de acuerdo al autor del estudio, Guayama contaba "[...] con un juzgado de entrada,... de un juez de primera instancia, un promotor fiscal, dos abogados, un anotador de hipotecas, escribanos, alguaciles y dos procuradores."[54] Podemos añadir que, para ese periodo, en Guayama se atendían diversas causas legales por lo que mantuvo a gran parte de las instituciones legales existentes al momento en la Isla, bajo la dominación española.[55]

4. Economía de Guayama desde las primeras crónicas hasta el siglo XIX

Todo pueblo que se establecía tenía que, necesariamente, buscar sus formas de desarrollar su economía. Desde las primeras noticias que suplió la Memoria de Melgarejo, hasta el siglo XIX, sabemos que el Partido de Guayama contaba con buenas posibilidades de desarrollo económico.

La comarca guayamesa, desde los albores de su formación, se sabía que era propicia para producir en sus fértiles tierras buenos frutos, esto a pesar de sufrir intensas sequías durante varios períodos prolongados de tiempo. Tal fue el caso de las sequías que azotaron al poblado durante los años de 1794 a 1796. A lo largo del siglo XIX y buena parte del siglo XX, también hubo sequías que afectaron la vida económica de la región. No solo los frutos sembrados se vieron afectados, sino también la producción ganadera sufrió el impacto de estos fenómenos de la naturaleza. De hecho, la ganadería fue un renglón económico de gran importancia en Guayama, y en determinados periodos entre los siglos XVIII y XIX fue un factor clave para la subsistencia de los pobladores y, sobre todo, para mantener el contrabando con las islas vecinas del Caribe.

---

[53] Manuel Ubeda Delgado, *Isla de Puerto Rico: Estudio histórico geográfico y estadístico de la misma*. (San Juan, Puerto Rico: Establecimiento Tipográfico del Boletín, 1878), p. 248.

[54] *Ibid.*

[55] *Ibid.*

En cuanto a su economía, Guayama se caracterizó en los primeros siglos, por contar con muchas haciendas de caña de azúcar, en especial a partir de las primeras décadas del siglo XIX. Los dueños de muchas de estas haciendas eran extranjeros que, como hemos anotado, llegaron a las costas sureñas después de la aprobación en 1815 de la Real Cédula de Gracias.

Pero ¿de qué vivió la gente de este litoral desde las primeras noticias que tenemos de este Partido en 1582? Veamos. La única referencia al siglo XVI que contamos, la *Memoria de Melgarejo*, nos advierte de la existencia de "[...] grandes haciendas y [que] se despoblaron por la razón de los dichos indios..."[56] en referencia a los indios caribes que vieron enfrentarse con los pobladores de esta comarca. La hacienda de Francisco Juancho de Luyando, que al parecer se dedicaba al cultivo de la caña de azúcar fue abandonada a finales del siglo XVI por motivos de dichos ataques, como hemos discutido en la primera parte de este capítulo.

Durante el siglo XVII, Puerto Rico sufrió una crisis económica que no le permitió promover el deseado poblamiento de nuevos asentamientos en distintos puntos de la Isla, excepto uno que otro, y el desarrollo de aquellos que ya estaban establecidos. Todo parecía centralizarse en la construcción de las fortificaciones para la defensa de la isleta de San Juan.

En ese mismo siglo la economía isleña apuntaba diversas fuentes de riquezas, desde la siembra de caña de azúcar y pastos dedicados a la ganadería, todo esto al parecer destinado a la subsistencia, a sostener el contrabando y cumplir con el requerimiento del llamado abasto forzoso de carnes para San Juan.

No fue hasta el año 1765 donde el documento del mariscal Alejandro O'Reilly ofrecía un cuadro de la realidad económica guayamesa. Del mismo se desprende que el producto agrícola principal del poblado era el tabaco con un importe calculado en 3,749 pesos. También se conocían las extracciones de este fruto para beneficio de los extranjeros que llegaban a las costas guayamesas. Le seguía en importancia la pimienta de tabasco con un importe de 3,000 pesos; además la siembra caña de azúcar, el arroz, el maíz y el café fueron productos que se cultivaban en Guayama.

La tabla que sigue, recoge otros renglones en la economía del

---

[56] "Memoria del Melgarejo, 1582." En: Caro Costa, *op. cit.*, p. 174.

Partido de Guayama hasta el año de 1765. Según la Tabla III, obtenida del documento de O'Reilly, Guayama era el segundo productor agrícola de importancia en la Isla, antecedido solo por Coamo, en el renglón de "Frutos, ganado y madera que extraen anualmente los extranjeros." Veamos:

Tabla III
Importe de frutos, ganado y maderas calculadas por un quinquenio preparado por Alejandro O'Reilly en 1765 para Guayama

Frutos, ganado y maderas que extraen anualmente los extranjeros en Guayama	Total del importe en pesos
Mulas	5,340
Caballos	675
Burros	Idem
Reses vacunas	1,000
Tabaco	3,749
Café	1,866
Cueros	208
Pimienta de tabasco	3,000
Palo de mora	7,580
Guayacán	2,812
Ucar	Idem
Caña de azúcar	Idem
Arroz	Idem
Maíz	Idem
Plátanos y otras verduras	687
Carneros	70
Cerdos	1,165
Aves	500
Naranjas dulces y limones	Idem
Conchas de carey- tortugas	1,100
TOTAL	[42,175]

Fuente: "Memoria de Alejandro O'Reilly, 1765". En: Aida R. Caro Costa, *Antología de Lecturas de Historia de Puerto Rico*. 2da edición. (San Juan, Puerto Rico: s.e., 1989), p. 472.

La tabla siguiente se refiere al renglón de ganado, caballos, carros con bueyes, cabras y cerdos que hay en esta Isla, Guayama ocupaba el segundo lugar en la Isla.

Tabla IV

Resumen sobre el número de carros con bueyes, caballos, yeguas, mulas, ganado mayor, carneros, cabras y cerdos que se informa sobre el Partido de Guayama, 1765

Renglón	Total informado
Carros con bueyes	1
Caballos y yeguas	1,048
Mulas	158
Burros	183
Bueyes, vacas y novillos	3,292
Carneros	237
Cabras	82
Cerdos	5,102
TOTAL	10,103

Fuente: "Memoria de Alejandro O'Reilly, 1765". En: Aida R. Caro Costa, *Antología de Lecturas de Historia de Puerto Rico.* 2da edición. (San Juan, Puerto Rico: s.e., 1989), p. 468.

O'Reilly, aunque no lo incluyó como parte de las tablas que presentó en su informe, hizo una observación en el texto de su documento, relacionado con la presencia en la zona de varios salitrales. "He visto en las inmediaciones de Guayama, salitre. Hay salinas suficientes para el consumo; infinitas yerbas, raíces y gomas medicinales, que podrían formar considerable renglón de comercio."[57] Con esa observación, el funcionario de la corona española, entendía que esta región podía muy bien ser objeto de un futuro desarrollo económico del cual podría beneficiarse la administración colonial en esta Isla. A pesar de los problemas de abandono institucional que consecuentemente manifestaba la corona española hacia su colonia, en opinión de O'Reilly, los habitantes de esta Isla eran los más pobres de toda América, pero a su vez los más fieles a los postulados del Rey y a sus causas.

Hacia el año de 1776, Fray Iñigo Abbad y Lasierra hizo varias observaciones en torno a la economía del poblado guayamés. Este cronista, nos señala lo siguiente:

---

[57] "Memoria de Alejandro O'Reilly, 1765." En: Aida R. Caro Costa, *Antología de Lecturas de Historia de Puerto Rico.* 2da edición. (San Juan, Puerto Rico: s.e., 1989), p. 454.

[...] se cultiva últimamente café, tabaco, maíz y otros frutos, siendo los que más se aprovechan de la pimienta y maderas de los bosques para venderla furtivamente a los extranjeros, con el ganado que crían en la montaña, que igualmente pasa a las islas.[58]

Dicho comentario nos deja saber la importancia económica del comercio de ganado vendido a los comerciantes de algunas islas del Caribe, suponemos que por medio del contrabando. Este fue el modo de vida de mucha gente en el siglo XVIII, debido a la falta de comercio oficial por parte de la corona española. Guayama, por ser un pueblo costero, debió en ese siglo ser un lugar donde se practicaba el contrabando sin mayores contratiempos.

Ya casi a finales del siglo XVIII, cuando Abbad y Lasierra escribió esta relación, se apuntaba igualmente el modo en que se efectuaba la tala de árboles en el litoral guayamés. Aunque parte de las maderas producidas en dicha tala se utilizaban para hacer carbón, las maderas buenas servían a los artesanos para la fabricación de muebles para los ricos terratenientes o comerciantes.

Sin embargo, la caña de azúcar no fue el producto principal capaz de dejar ganancias a los pobladores de Guayama hacia el último tercio del siglo XVIII. Al parecer la siembra de café predominaba en la economía agrícola con la siembra de 162,695 árboles que producían 5,200 arrobas de café, según Abbad. Diez años antes, las cifras que ofrecía O'Reilly colocaban al café como el tercer producto de importancia. En una década, al parecer, despegó su producción debido a que era un fruto que podía sembrarse en las montañas, en especial al norte de la población, que eran las más aptas para la producción de café y que no requería de grandes mantenimientos. Los barrios de Carite, Guamaní y Carmen eran los lugares idóneos por sus condiciones climáticas para la siembra de dicho producto.

Otro renglón económico que aportaba a la subsistencia de los pobladores guayameses era el ganado. El mismo Abbad informa la existencia de 2,752 cabezas de ganado vacuno y 4,230 cabezas de ganado menor. Todo esto proveía para una población estimada en 5,120 personas para el 1770. Se informaba, además, de 9 hatos y 209 estancias. La siguiente tabla nos muestra otros reglones agrícolas que formaba parte de la riqueza agropecuaria de la población para el año de 1776.

---

[58] Abbad y Lasierra, *op. cit.*, p. 215.

Tabla V
Estado de la agricultura en Guayama, que comprende el número de haciendas,
siembras estables, cabezas de ganado, cantidades que produce cada especie en
años regulares, etc., 1776

HACIENDAS	
Estancias: 209	Hatos: 9
SIEMBRAS ESTABLES	
Cuerdas de cañas	100
Cuerdas de plátanos	474
Palos de café	162,695
Palos de algodón	287
CABEZAS DE GANADO	
Vacuno	2,752
Mular	238
Caballar	877
Menor	4,230
PRODUCTO ANUAL EN AÑOS REGULARES	
Arrobas de azúcar	50
Idem de algodón	40
Idem de café	5,200
Idem de maíz	1,000
Idem de tabaco	3,000
Idem de arroz	2,000
Botijas de Melao	2,900
GANADO	
Vacuno	200
Caballar	50
Mular	25
Menor	800

Fuente: Fray Iñigo Abbad y Lasierra, *Historia geográfica, civil y natural de la isla de
la isla de Puerto Rico*. (Río Piedras, Puerto Rico: Editorial Edil, 1975).

Otro de los cronistas que aportó información valiosa sobre la
situación económica, tanto en Puerto Rico como en Guayama durante el siglo XVIII, fue Fernando Miyares González. Este apuntaba, en la misma década que Abbad y la Sierra, sobre la abundancia
de productos agrícolas en Guayama como el café, la malagueta y
la pimienta de tabasco en sus *Noticias particulares de la ciudad e isla*

de San Juan Bautista.[59] Al finalizar dicho siglo el botánico francés, Piérre André Ledrú, confirmaba las observaciones tanto de Abbad como de Miyares, en el sentido de que los renglones agrícolas como el café, el maíz, el arroz y la malagueta constituían la fuente principal de riqueza económica[60] de la población, pero añadía, además, el contrabando. De acuerdo a este, Guayama era uno de los puertos preferidos para el contrabando, principalmente con los Estados Unidos, ya que "abastecen de harinas" al poblado. Además, los estadounidenses extraían productos agrícolas de la población guayamesa.

Como podemos observar, la economía de Guayama a finales del siglo XVIII giró, principalmente, en torno a productos agrícolas como el café y la pimienta de tabasco. La caña de azúcar comenzó a desarrollarse nuevamente durante esos años, pero la misma no tuvo un desempeño principal en la economía local. Suponemos que, tal vez, haya sido por la falta de interés y por la escasez de recursos económicos necesarios para mantener una hacienda azucarera como en otras regiones de la Isla.

Sin embargo, el panorama económico durante el siglo XIX fue distinto a los siglos anteriores. La economía azucarera de Guayama sufrió una encomiable transformación. A mediados de dicho siglo, y gracias a la información brindada por José Antonio Vázquez, en su documento de 1848, sabemos que la principal fuente de riqueza económica de los guayameses era la caña de azúcar. Esto, a pesar, según la observación de Vázquez, de que los "[...] pobres se dedicaban a la siembra de frutos menores, que no siempre obtienen por la causa de la[s] frecuentes sequías."[61]

Notamos que los productos agrícolas que a finales del siglo anterior- el XVIII- eran sumamente importantes para los pobladores guayameses dejaron de serlo. Para Vázquez, entre otras, la cosecha de tabaco que había sido de "muy buena calidad", resultaba "bastante inferior"; además, había comenzado en la década del 40 del siglo XIX el acaparamiento de tierras para ser dedicadas al cultivo de la caña de azúcar, que ahora utilizaban los mejores terrenos disponibles. El ganado también quedó relegado. El pueblo, que en ocasiones vivió de la producción ganadera, ahora (según Vázquez),

---

[59] Miyares González, *op. cit.*, p. 87.
[60] Ledrú, *op. cit.*, p. 72.
[61] Vázquez, *op. cit.*, p. 243.

tenía que abastecerse de los pueblos vecinos. La tala de árboles que se realizó con mucha fuerza a finales del siglo XVIII, se dejó sentir en cuanto a la escasez de buenas maderas. Señalaba, no obstante, que "[...] sin que nadie se ocupe de su conservación y plantación..."[62] Los árboles que José Antonio Vázquez identificaba en su descripción como los que abundaban en la localidad lo eran el úcar, el algarrobo, el capá, la cogoba, el tachudo, el bariaco, la mora, la moca, el ausubo, la tea, la haya, el almendrón, la pimienta, la malagueta, entre otros.

La forma indiscriminada de desmonte ocasionaba que las tierras sufrieran daños que en ocasiones era irreversible además, provocaba que las sequías fuesen prolongadas y, por consiguiente, no ayudaba a que se generaran la actividad de precipitación pluvial necesaria para las siembras y las actividades cotidianas propicias del ser humano. A pesar del desmonte llevado a cabo, la producción de caña de azúcar estaba destinada a sacar del estancamiento económico a la población. A partir de la primera mitad del siglo XIX "[...] Guayama fue una de las tres principales regiones de la Isla en producción azucarera."[63] Dicho producto fue de exportación para el cual los hacendados utilizaban el puerto de Arroyo convirtiendo el mismo en uno de los más activos del país.[64]

a. Las haciendas azucareras del siglo XIX en Guayama

La población de Guayama, como hemos mencionado, se nutrió de un sinnúmero de inmigrantes llegados después de 1815. Estos comenzaron un proceso rápido de acaparamiento de terrenos dado lo fértil y lo propicio que eran en particular para la siembra de la caña de azúcar. Entre los años de 1825 y 1865 se han identificado más de treinta haciendas azucareras en Guayama cuyos dueños, en su mayoría, eran de origen extranjero. Como parte de la conversión de miles de cuerdas de terrenos sembradas de caña de azúcar, muchas de estas haciendas vieron crecer su unidad, de ser pequeños ingenios movidos por fuerza animal o humana, a ser movidos por vapor o por el viento como el caso de la Hacienda La Esperanza o

---

[62] *Ibid.*

[63] Sued Badillo, *op. cit.*, p. 71.

[64] Arroyo era un barrio de Guayama hasta 1855, su puerto fue el principal de la región. Su influencia se extendió hasta principios de siglo XX.

Vives, como también se conoció. La transformación tecnológica de muchas de estas haciendas fue motivada en parte por los avances de la industria, que hacía que los dueños de aquellos pequeños ingenios también se vieran forzados a entrar en gastos económicos adicionales para mejorar el grado de obtención de azúcares y mieles, de tal manera, que pudieran competir en los mercados internacionales.

De las primeras haciendas azucareras en establecerse en Guayama, fue la Hacienda La Josefa, cuyo dueño era Jacinto Texidor II, oriundo de Cataluña, y que poseía alrededor de 570 cuerdas en el barrio Jobos de Guayama. Texidor poseía la Hacienda Puerto, en las cercanías del Puerto de Jobos. Dicha hacienda pudo haber sido importante por su localización cerca de la Bahía de Jobos con el propósito de mercadear hacia el exterior su producción. Otras de las haciendas pertenecientes a la familia Texidor era la Hacienda La Gregoria, administrada por Jesús María Texidor. La Gregoria, hacia

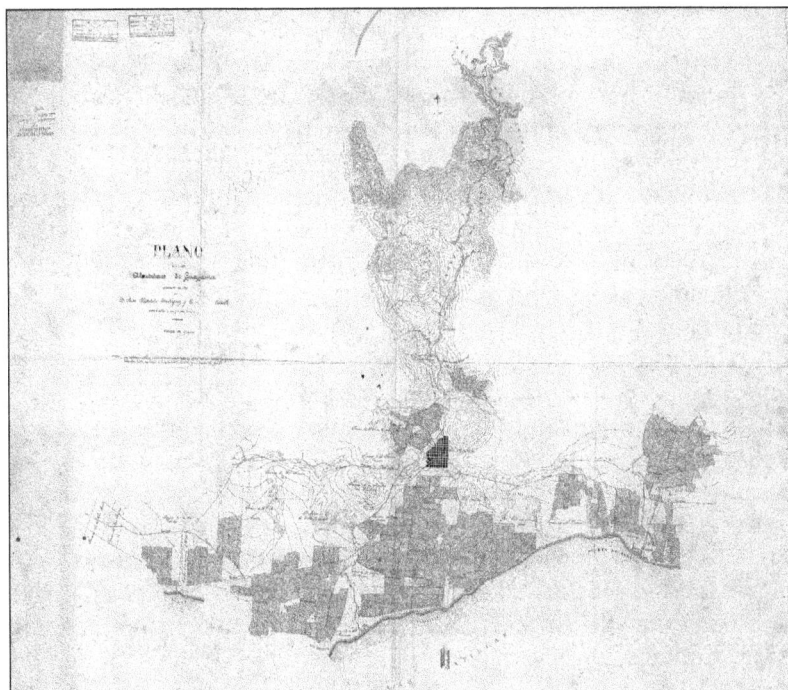

3. Plano de los alrededores de Guayama, (1884)

el año de 1872, se había convertido en la quinta más productiva de Guayama.

La familia Curet, emigrantes venezolanos, erigieron la Hacienda Santa Elena de la cual se derivó la Sociedad Agrícola Hermanos Curet. El catalán José Gual y Frías estableció la Hacienda La Reunión, convirtiéndose en la tercera hacienda más productiva de Guayama y tecnológicamente de avanzada. En cuanto a los terrenos acaparados por la hacienda sumaban sobre 700 cuerdas, produciendo anualmente cerca de 500 bocoyes de azúcar moscabada. En el barrio Jobos también se estableció la Hacienda Jesús, María y José, cuyo dueño era Manuel Monserrate de origen venezolano; también en el dicho barrio Jobos, se estableció la Hacienda Cayures de los catalanes Francisco Rivera y José Gual, poseyendo un total de 140 cuerdas de terreno. Hacia el año 1866 contaba con 40 esclavos al servicio de la hacienda. El criollo José Antonio Rivera, estableció en 210 cuerdas en el barrio Jobos, la Hacienda Del Rosario, que operaba con una fuerza laboral de 27 esclavos.

También en el barrio Jobos se ubicó la Hacienda La Adela, cuyo dueño era el francés Simón Monet. Poseía sobre 631 cuerdas de terreno y, aparentemente, la hacienda estaba compartida su producción con una hacienda azucarera en el término municipal de Patillas. Utilizaba al parecer una rueda hidráulica, utilizando las aguas cercanas para su movimiento. Llegó a producir hacia el año 1883 la cantidad de 209,880 libras de azúcar. Otro francés, Víctor Delanoy, era dueño de la Hacienda La Amalia que estaba localizada en el barrio Jobos.

La hacendada criolla, Ana María Ortiz, estableció la Hacienda La Ana, en el barrio Jobos. Dicha hacienda contaba con 560 cuerdas; sin embargo, solamente 90 cuerdas estaban destinadas a la siembra de la caña de azúcar. Al parecer no poseía maquinaria para el procesamiento de la caña, contaba con 16 esclavos, por lo que es posible que esta se convirtiera en colono de algunos de los molinos cercanos. Pedro Fuentes, procedente de costa firme, estableció también en el barrio Jobos la Hacienda La Gregoria, y controlaba aproximadamente 270 cuerdas de terreno, de las cuales 184 estaban sembradas de caña. Contaba con 47 esclavos y, hacia el año 1883, había producido 427,783 libras de azúcar.

Hacia el extremo nororiental de la Ciudad de Guayama encontramos el establecimiento de varias unidades productoras de azúcar.

En el barrio Caimital, José Antonio Vázquez, del cual hemos hecho referencia de su escrito de 1848, era dueño de una de las haciendas más importantes en términos de control de tierras para la producción azucarera. Se trata de la Hacienda Olimpo. Fundada en el año 1835, al principio operaba el trapiche movido por bueyes y, posteriormente, fue mecanizada utilizando maquinaria hidráulica y de vapor. Es menester destacar que por su cercanía al río Guamaní aprovechaba sus aguas para mover dicha maquinaria. El hacendado Vázquez, muy probablemente, llegó a controlar aproximadamente 1,000 cuerdas en el barrio Caimital; además, se dedicó a la crianza ganadera, a parte de la siembra de caña. También el cronista de 1848, José Antonio Vázquez, había establecido en el barrio Caimital la Hacienda La Tuna, la cual poseía una fuerza laboral de 40 esclavos, y controlaba aproximadamente 730 cuerdas de terrenos.

En el barrio Pozo Hondo, se estableció la Hacienda Melanía, perteneciente al francés Félix Gaudineaux. Hacia el año 1866 poseía 1,536 cuerdas de terrenos, sin embargo, cultivaba solamente 250. Su fuerza laboral contaba de 108 esclavos y, al parecer, alguna maquinaria movida por vapor. La Hacienda Palmira, ubicada en el barrio Machete de Guayama, de José García, de origen gallego, poseía 435 cuerdas de las cuales 250 estaban cultivadas de caña hacia el año 1866. Contaba para aquel año con maquinaria de vapor, tenía 101 esclavos, y su valor se estimaba en 80,000 pesos.

En el barrio Barrancas de Guayama, el inmigrante francés Arístides Pillot, estableció la Hacienda Barrancas, que hacia el año 1866 controlaba 237 cuerdas de terrenos, estando sembradas de caña 170 cuerdas con una fuerza laboral de 76 esclavos. Tenía un valor de 60,000 pesos. Hacia el extremo oriental de la ciudad, se estableció por parte de la sucesión de ascendencia francesa Virella, la Hacienda Deseadas. Es muy probable que la hacienda se haya establecido a partir de 1825.

En el barrio Machete de Guayama se establecieron algunas haciendas azucareras de gran importancia para ese mundo que formaba parte de nuestra economía. Una de esas lo fue la Hacienda La Aurora, propiedad de Salvador Massó, de origen gallego. Dicha hacienda controlaba sobre 350 cuerdas de terrenos, sin embargo, 130 cuerdas estaban sembradas de caña. Contaba con una fuerza laboral de 21 esclavos que llegaron a producir cerca de 160 toneladas de azúcar y algunas melazas de 100 galones.

La Hacienda La Carlota, también en el barrio Machete de Guayama, comenzó a operar en la segunda mitad del siglo XIX, siendo uno de sus dueños Wescenlao Lugo Viñas, de origen vizcaíno. Esta hacienda llegó a controlar en el barrio Machete 1,724 cuerdas de terrenos. Su vasta extensión territorial convirtió a la hacienda en una de las más ricas de la zona, al extremo que sus posesiones colindaban hacia el norte con el barrio Caimital. Esta hacienda fue importante para el desarrollo de la industria azucarera en Puerto Rico, ya que para su funcionamiento contaba con un moderno sistema de molino de viento, una tecnología introducida hacia el siglo XIX por técnicos provenientes del Caribe oriental y de las Antillas Holandesas, muy parecida a la Hacienda La Esperanza o Vives.

4. Molino de viento, Hacienda La Carlota

También en el barrio Machete se fundó la Hacienda La Esperanza, cuyo primer dueño fue Juan Francisco Rivera, conocido como el Marqués de la Esperanza. Esta hacienda pasó a manos de Juan Vives de la Rosa, conociéndose como la Hacienda Vives, un icono del Guayama moderno. La Hacienda La Esperanza, llegó a controlar sobre 500 cuerdas de terreno. No obstante, esta hacienda fue próspera en todos los sentidos, ya que introdujo tecnología nueva movida a vapor y viento. Contaba con un sofisticado sistema de tren jamaiquino, entre otras herramientas utilizadas en su producción. Hacia el año 1866, La Esperanza, tenía una fuerza laboral de 80 esclavos y estaba valorada en 150,000 pesos siendo la segunda de más valor en Guayama, antecedida solo por la Hacienda La Josefa.

Otra de las haciendas fundadas hacia el año 1830 fue la Hacienda Gregoria M. Pica, establecida por Matías Pica, que luego pasó a manos de Benito Texidor. Esta unidad productora de azúcar poseía 425 cuerdas de terreno, y contaba con tecnología como molinos, entre otros. Estaba situada al sur de la ciudad, en la carretera hacia Ponce, suponemos que en el barrio Jobos. La Hacienda Verdaguer, ubicada en el barrio Machete de Guayama y fundada, al parecer, alrededor del año 1800. Poseía una fábrica en mampostería. Hacia el año 1902 su dueño era Félix Massó, y producía alrededor de 10,000 quintales de azúcar moscabada.

Otras haciendas establecidas en la ciudad, de las cuales no hay muchos detalles, como la Hacienda La Amalia en Jobos perteneciente al francés Víctor Delanoy; Hacienda La Rosa, situada en el barrio Jobos, siendo su dueño el francés Juan Gaudineaux; la Hacienda La Baltazara, también el barrio de Jobos, siendo sus dueños Santiago Ortiz y Baltazar Rodríguez; la Hacienda La Clemencia, en el barrio Jobos, siendo su dueño José Antonio Lanauzze, de nacionalidad cubano; la Hacienda La Concepción en el barrio de Jobos, perteneciente a la criolla Concepción Ortiz; la Hacienda La Amparo, cuyo dueño fue Santiago Porrata de origen italiano. Otras haciendas como La Pica, Merced, Felicia y Juana, al parecer conformaban el mundo del azúcar en Guayama durante el siglo XIX.[65]

Cabe destacar que muchas de estas haciendas, muy probablemente, hayan sido fusionadas con otras unidades de mayor extensión; sin embargo, ya hacia inicios del siglo XX, casi todas habían desaparecido como productoras azucareras, convirtiéndose en colonos de otras productoras como la Central Azucarera Aguirre, que comenzó sus operaciones en el año 1899. Hasta el año 1902, en Guayama había cultivado 4,421 cuerdas de terreno de caña y el total de cuerdas en Guayama que las haciendas azucareras controlaban era de 10,372.

Hacia la década del 90 del siglo XIX, la situación económica de muchos hacendados era sumamente difícil, y la misma se dejó sentir en el municipio. El Ayuntamiento guayamés mostraba preocupación por la crisis en las haciendas azucareras, ya que afectaba sus recaudaciones para realizar el compromiso municipal de brindar servicios y mantener al Ayuntamiento. En los libros de actas del Concejo Municipal del año 1891 encontramos referencias sobre el

---

[65] Mucha de la información de estas haciendas azucareras de Guayama están en diversas fuentes como la de Jalil Sued Badillo, en la obra citada en este libro; sin embargo, tenemos que destacar el trabajo realizado por el historiador Luis A. Figueroa, quien publicara su tesis doctoral que trata sobre la relación del sistema de producción azucarera y el trabajo libre y esclavista utilizando a la ciudad de Guayama como eje de su investigación. Ver: *Sugar, Slavery, and Freedom in Nineteenth- Century.* (North Carolina, United States: The University of North Carolina Press, 2005). Véase tabla 2.6.

estado económico y de producción de las haciendas en Guayama. La Oficina de Aduanas de Arroyo le rindió un informe al Concejo Municipal de Guayama indicando la exportación de frutos para el año económico de 1890, con énfasis en los cultivos de caña. El mismo reflejaba lo siguiente:

Tabla VI

Informe rendido por la Oficina de Aduanas de Arroyo
sobre el movimiento de azúcar y mieles de las haciendas de Guayama
y su valoración oficial, 1891

Año económico	Kilos de azúcar	Kilos de mieles	Valoración oficial
Año 1890	2,282,818	813,720	56,498.36
Año 1891	356,680	182,070	25,770.48

Fuente: Archivo General de Puerto Rico. Fondo: Documentos Municipales, Serie: Guayama, Exp's: *Libro de Actas del Concejo Municipal de Guayama*. Caja 10. Sesión de 13 de mayo de 1891. Fols. 155v- 156.

Estos datos demuestran una baja considerable en los kilos de azúcar de 1,926,138; en kilos de mieles 631,650 y una pérdida económica ascendentes a 30,727.88 pesos.[66] Se observa que la economía guayamesa en la última década del siglo XIX se vio afectada con esta merma en la producción azucarera. Había ocurrido una reducción en el número de haciendas, que se agravó por una prolongada sequía que afectó a la ciudad por 16 meses, según consta en las *Actas del Concejo Municipal* en su sesión de 19 de diciembre de 1890. En esa sesión del Concejo Municipal se recoge en forma clara las condiciones económicas de la zona de Guayama en ese año. Veamos, por voz de los concejales Rafael Amorós y Genaro Cautiño Vázquez, la radiografía que ambos hacían sobre las condiciones de los cañaverales guayameses y otros renglones económicos en este periodo histórico:

> Los Concejales que suscriben proponen ál Ayuntamiento se sirva ocuparse de la situación precaria en que se encuentra esta comarca, debido á la pertinaz sequía que venimos sufriendo hace 16 meses y de los acuerdos que debía adoptar para aliviar en algo el estado aflictivo de la riqueza general de este Distrito y de todo este vecin-

---

[66] Archivo General de Puerto Rico (en adelante A.G.P.R.). Fondo: Documentos Municipales, Serie: Guayama, Exp's: *Libro de Actas del Concejo Municipal de Guayama*. Caja 10. Sesión de 13 de mayo de 1891. Fols. 155v- 156.

dario. ... haciendo constar que efectivamente la situación que esta comarca es por todo extremo ruinosa, que las haciendas de caña, nuestra principal y casi única riqueza, no producirán nada en el presente año, que no otra cosa puede decirse de un cosecho que no llegará á 1,300 bocoyes de azúcar cuando el área de terreno cultivada prometía una producción mínima de 8,500; que las pérdidas que sufren estos hacendados son incalculables; encontrándose todos ellos abocados á una inminente ruina, pues en este año se abandonará el cultivo de la caña en la mayor de las partes de la fincas; que con respecto á los ganaderos la riqueza pecuaria ha desaparecido en su totalidad y el poco ganado que se conserva ha tenido que llevarse á localidades distantes en busca de pasto y agua para evitar que pereciera aquí de hambre y de sed; que la plantación de café sufre también las consecuencias de esta rigurosa sequía, se mueren ya los arbustos y la producción en el presente año es por demás exigua, temiéndose sea nula en el próximo si se prolonga algunos meses esta situación escepcional; la clase jornalera se encuentra sin trabajo hace meses; el comercio sufre las consecuencias de esta paralización general y en una palabra la miseria y la ruina nos rodean y nos hallamos en una situación tan desesperada que de prolongarse un poco tendrían estos habitantes que emigrar de Guayama en busca de los medios de vida que aquí se agotan y destruyen.[67]

A muchos hacendados guayameses no les quedó otro recurso que convertir gran parte de sus tierras en pastos para el ganado.

5. Sugar Planter's Home, Guayama (Fotografía Estereoscópica)

---

[67] A.G.P.R. Fondo: Documentos Municipales, Serie: Guayama, Exp's: *Libro de Actas del Concejo Municipal de Guayama*. Caja 10. Sesión de 19 de diciembre de 1890. Fols. 104- 105v.

"Esto propició parcialmente la ganadería como opción en la región...
"[68] ya a finales de siglo.

Como hemos apuntado durante los primeros 200 años de formación del pueblo de Guayama, la misma se caracterizó por su lentitud. Desde la primera Memoria en 1582, donde se señalaba la existencia de grandes haciendas, hasta los inicios de la última década del siglo XIX, la economía agrícola de este pueblo sirvió para garantizar la subsistencia, el contrabando y el establecimiento de haciendas azucareras, renglón que complementaría a la producción de tabaco y café que se cosechaba en la región, pero no fue hasta el siglo XIX cuando la economía azucarera comenzó su ascenso en la población. Queda claro que las condiciones de los guayameses no eran las mejores. Sin embargo, cabe destacar, que muchos extranjeros que llegaron por las disposiciones de la Real Cédula de Gracias de 1815, fueron quienes contribuyeron- en gran medida- al desarrollo económico de la ciudad, en unión a criollos quienes también formaron parte integral del desarrollo de Guayama en los primeros siglos de formación de la ciudad. La industria azucarera, por ejemplo, tuvo su despegue a partir de la segunda década del siglo XIX.

Tanto la *Memoria* de 1765 de O'Reilly, como la *Historia* de Abbad y Lasierra, y las diversas visitas de distintos funcionarios a la comarca, subrayan que la producción agrícola giraba en torno a los frutos menores producidos por esas tierras. Sin embargo, su desarrollo no se detuvo.

[68] Sued Badillo, *op.cit.*, p. 75.

CAPÍTULO II

Guayama y la invasión estadounidense en 1898

El 1898 fue el año en que ocurrió en la Isla una de las transformaciones más dramáticas para el puertorriqueño: la invasión estadounidense. Puerto Rico, que había sido dominado durante más de cuatrocientos años por la corona española, desde finales del siglo XV, se convertía en territorio de los Estados Unidos de Norteamérica, como conclusión de la Guerra Hispano- cubano- estadounidense librada entre aquella nación y España.

Al finalizar el siglo XIX, la Isla pasaba a ser territorio de los Estados Unidos. Esto representaba para muchos puertorriqueños, quizás la mejor oportunidad de conseguir mayores poderes políticos y económicos con la nueva metrópolis. Para otros sectores, representó un trauma, ya que se enfrentaban a una nueva realidad respecto a los recién llegados gobernantes; aspectos tales como la cultura, el idioma, la religión, entre otros, tendrían enfoques diferentes a los acostumbrados bajo la dominación española.

La Villa de Guayama, declarada como tal el 7 de septiembre de 1881, recibió a las nuevas autoridades sin resistencia alguna, excepto por algunos incidentes escenificados en la población entre tropas españolas y estadounidenses.

La Guerra Hispano- cubano- estadounidense tuvo sus inicios en la guerra por la independencia de Cuba, comenzada en el año 1895. En aquella Isla se libraba una guerra cuyo propósito era salir del poder colonial español a la que estaba sometida, similar al caso al de Puerto Rico. "El estallido [en febrero de 1898] del acorazado "Maine", anclado en la bahía de la Habana, precipitó los eventos".[1]

Desde 1896 la prensa estadounidense venía solicitando la intervención del gobierno federal en el conflicto cubano. En el mes de abril de 1898, el gobierno del presidente William McKinley, le declaró la guerra a España tomando como justificación los hechos de la voladura del "Maine" en aguas cubanas, pero controladas por España.

---

[1] Fernando Picó, *Historia General de Puerto Rico*. 3ra edición revisada y aumentada. (Río Piedras, Puerto Rico: Ediciones Huracán, 1986), p. 219.

1. Antecedentes de la Guerra Hispano -cubano -estadounidense en Guayama

Ante los hechos acaecidos en la isla de Cuba, y en la eventualidad de que tanto España como Estados Unidos entraran en un serio conflicto bélico, el Ayuntamiento Municipal de Guayama tomó varias medidas cautelares para asegurar el funcionamiento del Ayuntamiento. Por ejemplo, el 13 de abril de 1898, se autorizó al Alcalde a tomar las provisiones necesarias en cuanto al flujo de efectivo. El Concejo Municipal dispuso que los:

> [...] billetes de[l] Banco Español de Puerto Rico... y en vista de las presentes circunstancias, creía conveniente procurar reducirla á metálico... para cuando creyera prudente realizase esta operación; facultándole para abonar por el cambio el medio ciento de las cantidades que exista en billetes.[2]

Esta situación puso de manifiesto la preocupación que existía por parte de los concejales en cuanto a las posibles repercusiones que ello podría causar al municipio, especialmente en el orden económico. El Gobernador Militar español, hizo circular una orden entre todos los ayuntamientos solicitando aportación económica o "suscripción" ante los acontecimientos que se avecinaban. De acuerdo al pedido del Gobernador, esa suscripción era de "[...] carácter nacional con el objeto de arbitrar recursos que ofrecer al Gobierno en los momentos actuales",[3] el Concejo Municipal de Guayama acordó aportar al mismo la suma de mil pesos.

Los preparativos para ese posible enfrentamiento en suelo puertorriqueño fueron lo más interesante. Del estudio de los libros de *Actas del Concejo Municipal de Guayama*, se desprende que las labores, tanto administrativas como legislativas del Gobierno Municipal de Guayama se realizaban normalmente, dentro de las tensiones que se vivían en otras partes de la Isla, por estos sucesos. Entre las funciones diarias del Gobierno Municipal se encontraban la asignación de fondos para atender diversas obras públicas y algunas necesidades especiales de los guayameses, siempre que estuvieran disponibles los recursos.

---

[2] Archivo General de Puerto Rico (en adelante A.G.P.R.). Fondo: Documentos Municipales, Serie: Guayama, Exp's: *Libro de Actas del Concejo Municipal de Guayama*. Caja 13. Sesión del 13 de abril de 1898. Fols. 44- 44v.

[3] A.G.P.R. Fondo: Documentos Municipales, Serie: Guayama, Exp's: *Libro de Actas del Concejo Municipal de Guayama*. Caja 13. Sesión del 21 de abril de 1898. F. 146.

En el mes de abril de 1898, se organizaba en la vecindad de San Juan, un batallón de guerrilleros voluntarios llamados "Tiradores de Puerto Rico", un cuerpo ciclista para transmitir partes oficiales, y escoltar al gobernador y para auxiliar a los artilleros.[4] Al igual que en la capital, en otros puntos de la Isla como Ponce y Yauco se organizaron grupos de voluntarios, que constituían una especie de cuerpo de seguridad pública[5] en caso de desatarse en la Isla un conflicto que tuviera relación directa con los eventos en Cuba por la intervención de los Estados Unidos.

El Municipio de Guayama, a diferencia del de San Juan, acogía los planteamientos hechos por aquel Ayuntamiento de una forma poco usual. El Alcalde de San Juan, en comunicación enviada al resto de los alcaldes de la Isla, solicitó que se asignaran recursos para atender los acontecimientos que día a día iban en crecimiento por motivo del conflicto. También les solicitaba a los demás ayuntamientos que:

> Mientras duren las actuales extraordinarias circunstancias porque atraviesa la nación, sostenga de sus respectivos fondos, uno, dos ó más guerreros volantes montados que sean personas prácticas de sus localidades y puedan prestar importantes servicios, como también servir de guías a las fuerzas de que dispone el Gobierno para la defensa del honor é integridad del territorio de la patria común...[6]

Esta exhortación del alcalde Francisco del Valle a todos los municipios fue bien acogida en Guayama; aunque enterados y algo entusiasmados, los concejales guayameses acordaron solamente el pago de dos plazas de guerrilleros montados, a diferencia de San Juan que estaba pagando cuatro guerrilleros volantes.[7] Además, los concejales acordaron facilitar la adquisición de 50 catres y una casa para alojar las guerrillas que prestarían vigilancia en la ciudad.[8]

---

[4] Luis M. Díaz Soler, *Puerto Rico, desde sus orígenes hasta el cese de la dominación española*. (Río Piedras, Puerto Rico: Editorial de la Universidad de Puerto Rico, 1994), p. 709.

[5] *Ibid.*

[6] A.G.P.R. Fondo: Documentos Municipales, Serie: Guayama, Exp's: *Libro de Actas del Concejo Municipal de Guayama*. Caja 13. Sesión del 26 de abril de 1898. Fols. 149v-150.

[7] *Ibid.* En la sesión del 20 de mayo revocaron ese acuerdo y resolvieron aportar sólo cuatro caballos, por ser menos oneroso que lo que se pedía originalmente.

[8] A.G.P.R. Fondo: Documentos Municipales, Serie: Guayama, Exp's: *Libro de Actas*

Con el propósito de proteger las diversas oficinas municipales se propuso "[...] comprar algunas hojas de sables para armar la Guardia Municipal y los Empleados del Ayuntamiento..."[9] Algunos concejales, a pesar de que propusieron y discutieron esta medida, votaron en contra de tal alternativa, siendo la misma rechazada. Una de las razones que aludieron los concejales municipales de Guayama para rechazar dicha medida fue que consideraban que de haber un ataque a la Casa Consistorial (Alcaldía) las tropas acantonadas en la zona acudirían en su defensa.

Mientras, en los meses subsiguientes a abril de 1898, el gobierno español en la Isla se preparaba para enfrentar cualquier hostilidad hacia el territorio puertorriqueño, el Municipio de Guayama enfrentaba problemas de índole social que requerían soluciones inmediatas.

El 15 de julio de 1898, el municipio hacía frente a la escasez de alimentos que enfrentaban los habitantes provocado por el alza de precios en algunos artículos de primera necesidad, por un lado y por otro, a la falta de empleos para los habitantes de Guayama.

> El Sr. Presidente puso en conocimiento de la Corporación qué en las actuales circunstancias dado la subida de precios en algunos artículos de comercio y la escazes de trabajo, á diario se le presentan más de 15 y 20 personas en demanda de un socorro para satisfacer sus necesidades.[10]

La prensa puertorriqueña reportaba los problemas sociales que este conflicto anglo- español estaba ocasionando, no solo a la ciudad de Guayama sino también al resto de la Isla. Sin embargo, sobre la ciudad de Guayama, la prensa mencionaba la problemática de la siguiente manera:

> En esta Villa (Guayama), como en el resto de la isla, el malestar es grande por la subida de los artículos de primera necesidad, pero no tanto como en otras partes donde parece... que la falta de trabajo, esa epidemia que está causando ya muchas víctimas, se extiende de tal manera que urge un remedio que, sino la destierre de nuestro suelo, la aplaque un poco.[11]

---

del Concejo Municipal de Guayama. Caja 13. Sesión del 9 de abril de 1898. Fols. 51v- 52.
[9] *Ibid.*, f. 55v.
[10] A.G.P.R. Fondo: Documentos Municipales, Serie: Guayama, Exp's: *Libro de Actas del Concejo Municipal de Guayama*. Caja 13. Sesión del 15 de julio de 1898. F. 84v.
[11] *La Correspondencia de Puerto Rico*, 9 de junio de 1898, p. 3.

El conflicto bélico de 1898 generó problemas sociales y económicos, como el de la subida de precios de los artículos alimenticios. Provocó, además, hambruna entre los pobres en Guayama. Decía la prensa en sus reportes, que el alcalde con su propio dinero y el del municipio "[...] hace lo posible y algo más porque no pase hambre nadie, repartiendo a los más necesitados limosnas..."[12]

El Ayuntamiento guayamés para aplacar la crisis repartió entre los campesinos semillas de maíz y habichuelas "[...] que servirán si las cosas siguen como van para aliviar en parte la situación."[13]

La economía puertorriqueña sufrió un golpe serio con motivo del estallido de la guerra. "El bloqueo de la isla por la flota estadounidense, a comienzos de dicho periodo, afectó severamente el flujo del comercio internacional..."[14] Como vemos, tanto los guayameses como el resto de la población isleña, "[...] pagó caro dicho bloqueo..."[15]

Tenemos que recordar que la mayor parte de los productos que se consumían en Puerto Rico provenían de los mercados europeos y norteamericanos. Al declararle la guerra a España, los Estados Unidos provocaron disloque económico, afectando principalmente a los campesinos.

La ciudad de Guayama, cuya fuente principal de riqueza económica era la agricultura y productos tales como la caña de azúcar y los frutos menores, tuvo que enfrentar la presión de los habitantes del poblado con el propósito de encaminar su vida cotidiana y hacer frente a la crisis, que cada día, y después de febrero de 1898, se agudizaba.

A pesar de la escasez vivida en esos meses, y en la búsqueda de alternativas para aliviar la situación económica que agravaba cada día, el Ayuntamiento guayamés acordó el 28 de julio de 1898- tres días después de que el general Nelson A. Miles invadiera la Isla- aprobar un anticipo de 2,600 pesos a las tropas acantonadas en la Villa, con el propósito de atender la seguridad pública ante los acontecimientos ocurridos en Guánica y ese mismo día, en el puerto de

---

[12] *Ibid.*

[13] *Ibid.*

[14] Francisco A. Scarano, *Puerto Rico: cinco siglos de historia.* (San Juan, Puerto Rico: McGraw- Hill, 1993), p. 563.

[15] *Ibid.*, p. 564.

Ponce. El municipio aparte de asignar los caballos, según acordado anteriormente, se vio obligado a asignar recursos adicionales debido a la precaria situación de las tropas.[16] En carta enviada por el Secretario del Gobierno General en Puerto Rico, este exhortaba al Ayuntamiento de Guayama a prestar "[...] á la fuerza de voluntarios todos los auxilios que se necesiten."[17] Además, en la misma sesión de 28 de julio de 1898, el Concejo Municipal autorizó al Alcalde a dotar al Hospital de la Cruz Roja de todos los útiles que le hagan falta y se le reclamen.[18]

El Ayuntamiento Municipal de Guayama, ante la llegada de los estadounidenses el 25 de julio de 1898, hizo los esfuerzos necesarios para mantener a las tropas defensoras en condiciones óptimas, a parte de atender, como podía, los reclamos de la población civil que eran los que realmente sufrían los efectos de la guerra contra España. Sin embargo, al comenzar la invasión estadounidense de la Ciudad de Guayama, en agosto de 1898, otra fue la actitud de los líderes municipales.

2. Toma de la ciudad

El 31 de julio de 1898 las tropas estadounidenses desembarcaron por el Puerto Municipal de Arroyo. Allí los invasores fueron recibidos por el alcalde de Arroyo, José María Padilla; por el juez, José García Salinas, y por el párroco, Baldomero Montaner. Estos suscribieron un acuerdo con el teniente Wainwrait, comandante del barco de guerra estadounidense "Gloucester". Los acuerdos a los que llegaron fue el comienzo del fin del régimen español, tanto en Guayama como en el resto del territorio suroriental de la Isla. Con sus firmas, ambas partes, en representación de la municipalidad arroyana y su puerto y por los invasores, acordaron lo siguiente:

1. Las Autoridades civiles continuarán en sus puestos y funciones.

2. Los sacerdotes ejercerán su influencia para mantener la paz y prevenir desórdenes.

---

[16] A.G.P.R. Fondo: Documentos Municipales, Serie: Guayama, Exp's: *Libro de Actas del Concejo Municipal de Guayama*. Caja 13. Sesión del 28 de julio de 1898. F. 119v.

[17] *Ibid.*, f. 120.

[18] *Ibid.*, fols. 120- 120v.

3. Todas las lanchas en puerto, cinco en número, serán puestas a disposición de los Estados Unidos, con sus tripulaciones nativas.

4. Toda propiedad y documentos del Gobierno Español serán rendidos.

5. El faro será mantenido en operación por el actual torrero, a quien se le abonará su sueldo por el Gobierno de los Estados Unidos.[19]

Esta estipulación permitió la toma del puerto arroyano en una forma pacífica. El hecho de que los acuerdos se firmaran en Arroyo, a pocas millas de distancia de Guayama, provocó que dichas tropas se movieran tanto hacia Patillas como hacia Guayama, con el propósito de tomar ambas poblaciones. Debemos señalar que la carretera principal que conectaba tanto a Patillas como a Guayama pasaba por Arroyo; por lo tanto, el Puerto de Arroyo era estratégico tomarlo. Sin embargo, cabe destacar que la ciudad de Guayama era la población principal de la región sureste, siendo la cabecera de distrito y comandancia militar español.

Varios días después de la toma del principal puerto de la región, las tropas estadounidenses al mando del general, John Rutter Brooke, entraron a la municipalidad guayamesa, encontrando focos de resistencia en algunos sectores de la población. En la incursión en Guayama, se registraron algunas reyertas entre militares estadounidenses y milicias locales.

Sin embargo, varios días antes al desembarco de las tropas estadounidenses por el puerto de Arroyo, el Estado Mayor del gobernador español de Puerto Rico, el general Manuel Macías Casado, había decidido abandonar, no solo Arroyo, sino Guayama, porque ambas poblaciones "[...] podían ser barridas por el fuego de los buques de guerra americanos."[20] Más bien lo que hicieron las tropas españolas de Guayama fue replegarse hacia la altura del barrio Guamaní y concentrarse en esas montañas, aunque siempre quedaron algunas tropas para la defensa de la ciudad.

La orden para entrar a Guayama fue emitida por el general Nelson A. Miles el 4 de agosto de 1898. Durante horas de la mañana del día 5 de agosto de 1898, las tropas estadounidenses entraban a Guayama. Ese mismo día "[...] entraron en San Juan cinco carretas conduciendo fusiles, equipos y hasta uniformes de los disueltos vo-

---

[19] Ángel Rivero Méndez, *Crónica de la Guerra Hispanoamericana en Puerto Rico.* (Madrid, España: Sucesores de Rivadeneyra, S. A., 1922), p. 271.

[20] *Ibid.*, p. 272.

luntarios de Arroyo y Guayama."²¹ Estas deserciones de las tropas españolas colocó en una situación sumamente difícil y compleja al ejército español en cuanto a la defensa de la ciudad de Guayama. Mientras tanto, el ejército estadounidense había desembarcado un regimiento de voluntarios procedentes del estado de Ohio al mando del coronel, A. B. Coit, "[…] con nueve compañías, y además una sección de infantería, [al mando del] capitán John D. Potter..."²² El total de estadounidenses llegados a Guayama para invadir la ciudad fue de 925, comandados por 33 oficiales.

Los efectivos españoles sumaban 400 procedentes de Coamo, Aibonito y Cayey.²³ Estos observaron el avance de los invasores des- de las trincheras del Guamaní. Las tropas españolas estaban dirigi- das por el capitán Salvador Acha.

Al entrar las tropas estadounidenses a la ciudad de Guayama, el capitán Acha ordenó abrir fuego contra estos, el cual fue contes- tado. Los voluntarios de Ohio avanzaron hasta el centro de la ciu-

6. Cuartel militar estadounidense en Guayama

²¹ *Ibid.*, p. 273.
²² *Ibid.*, p. 274.
²³ *Ibid.*, pp. 272- 273.

dad, mientras los defensores salieron hacia el barrio Guamaní. Al tomar el centro de la ciudad, los estadounidenses se dejaron sentir con otros cañonazos desde la zona del acueducto hacia el área de Machete donde habían establecidas varias haciendas azucareras. El oficial Potter, señalaba en su informe que esos cañonazos fueron "sólo para efecto moral"[24] de las tropas a su mando.

Ese mismo día 5 de agosto, el Ayuntamiento Municipal de Guayama daba cuenta de la toma de la ciudad por parte de los invasores. No obstante, la sesión correspondiente para ese día, no pudo llevarse a efecto; sin embargo, en las *Actas del Concejo Municipal de Guayama*, se dio cuenta de los actos de aquel día 5 de agosto de 1898, cuando las tropas estadounidenses invadieron la ciudad de Guayama:

> En cinco de agosto del año de mil ochocientos noventa y ocho, hago constar que por haberse ocupado en este día por el ejército de la Unión Americana la población de Guayama librando para ello combate con las fuerzas Españolas que guarnecían la plaza, en circunstancias tan anormales no ha sido posible celebrarse por el Ayuntamiento la sesión para este día, de que certifico.

CELESTINO DOMINGUEZ   [ileg.]
Alcalde   Secretario[25]

El periódico *La Correspondencia de Puerto Rico*, reportaba en su edición del 5 de agosto de 1898, que los sanjuaneros esperaban que las pocas tropas españolas defendieran la ciudad y sacaran a "los invasores."[26] Sin embargo, ese mismo día se desvanecían los anhelos de aquellos capitalinos, ya que los invasores tomaron la ciudad y las tropas defensoras se internaron en los montes del Guamaní. El mismo periódico informó el incidente de aquel día de la manera siguiente:

> Duró el fuego hasta después de las tres de la tarde en que nuestras escasas tropas empezaron á retirarse con el orden más completo, recibiendo algunos disparos de cañón que les hizo la escuadra, sin el menor resultado. El enemigo ha utilizado en esta ocasión las célebres palizadas o trincheras movibles de acero.[27]

---

[24] *Ibid.*, pp. 274- 276.

[25] A.G.P.R. Fondo: Documentos Municipales, Serie: Guayama, Exp's: *Libro de Actas del Concejo Municipal de Guayama*. Caja 13. Sesión del 5 de agosto de 1898. Fols. 125-125v.

[26] *La Correspondencia de Puerto Rico*, 5 de agosto de 1898, p. 1.

[27] *Ibid.*, 8 de agosto de 1898, p. 1.

Como si fuera poco, la reacción del periódico *La Correspondencia* fue más bien poética:

> De aquellos apuestos jinetes de la sección de voluntarios montados solo queda el recuerdo, lo mismo que de los de a pie. Aquellos discursos entusiastas y aquellas protestas de patriotismo se disiparon como la espuma de la champagne.[28]

7. Guayama, policías en calle del centro urbano, (c. 1920)

Las hostilidades en Guayama no terminaron sino hasta 13 de agosto de 1898. Ese día, el general Brooke se disponía a enfrentarse a las tropas españolas en las montañas del Guamaní. Pero, sin saberlo, el día anterior- 12 de agosto de 1898- se había firmado el armisticio entre el presidente de los Estados Unidos y los representantes de la Corona de España. El mismo daba por concluida la guerra y se disponían a celebrar reuniones diplomáticas para resolver la crisis anglo- española en París, Francia.

Estas escaramuzas en Guayama dejaron un saldo de cuatro heridos a las tropas invasoras, todos del Cuarto Regimiento de Ohio. Por parte de los locales fueron diecisiete entre muertos y heridos: dos muertos y quince heridos, estos últimos "[...] quedaron en la ciudad y [en] casas particulares al cuidado de la Cruz Roja..."[29] Uno de los muertos fue el guayamés Manuel Massot que fue recogido por un grupo de mujeres del pueblo.[30]

---

[28] *Ibid.*

[29] Rivero Méndez, *op. cit.*, p. 276.

[30] *Ibid.*; Adolfo Porrata Doria, *Guayama, sus hombres, sus instituciones.* (Madrid, España: Jorge Casas, 1972), p. 67; *La Correspondencia de Puerto Rico*, 8 de agosto de 1898, p. 1.

3. Reacción del Gobierno Municipal frente al nuevo régimen

La reacción de los administradores del Gobierno Municipal de Guayama fue la de recibir en forma amistosa al ejército invasor. Durante ese periodo el municipio estaba dirigido por el alcalde, Celestino Domínguez, y formaban parte del Concejo Municipal de Guayama, entre otros: los señores Genaro Cautiño Vázquez, Casiano Matos, Juan Ignacio Capó, Nicolás Colón, José Gual y Fabriciano Cuevas. El primer decreto de los estadounidenses en la ciudad fue confirmar tanto al alcalde Celestino Domínguez como al Concejo Municipal, a diferencia de otros municipios donde tanto concejales y alcaldes renunciaron o fueron removidos de sus puestos por las tropas invasoras. En Guayama dichos funcionarios permanecieron, de momento, en sus puestos. En la siguiente reunión del Concejo Municipal de Guayama celebrada el 12 de agosto de 1898, la primera desde la toma de la ciudad, se dio cuenta tanto de la invasión como del acto de ratificación de los funcionarios locales.

> Dió cuenta á la Corporación de que el día cinco del actual se posesionó de esta población fuerzas del Ejército de la Unión Americana después de librar combate con las tropas españolas que la guarnecían y las cuales se retiraron. Que el representante de la Unión Americana en esta Villa le había confirmado en el cargo de Alcalde que venía ejerciendo y que le había manifestado que en la parte civil y administrativa no se introduciría por ahora modificación alguna continuando en sus funciones los organismos y autoridades que venían desempeñándolas en este pueblo.[31]

Según Jalil Seud Badillo, "[...] con la invasión americana los autonomistas encontraron un buen aliado contra la represión de los incondicionales."[32] Por lo menos ese fue el caso en Guayama en donde tanto el Alcalde como los Concejales fueron electos bajo la bandera del autonomismo. De hecho, en las elecciones celebradas durante el mes de marzo de 1898, y por disposición de la Carta Autonómica del 25 de noviembre de 1897, tanto en el Municipio de Guayama como en el resto del Distrito ganaron los liberales autonomistas dirigidos por Luis Muñoz Rivera eligiendo a los representan-

---

[31] A.G.P.R. Fondo: Documentos Municipales, Serie: Guayama, Exp's: *Libro de Actas del Concejo Municipal de Guayama*. Caja 13. Sesión de 12 de agosto de 1898. Fols. 126-126v.

[32] Jalil Seud Badillo, *Guayama: notas para su historia*. (San Juan, Puerto Rico: Oficina de Asuntos Culturales de Fortaleza, 1983), p. 111.

tes a la Cámara, así como a otros puestos electivos que se disputaban en aquella elección, incluidos los funcionarios municipales.[33]

Sin embargo, una vez terminados los procesos de la invasión estadounidense y comenzando la organización del nuevo régimen, sorprende la reacción del Concejo Municipal de Guayama, ante una moción presentada por los concejales Juan Ignacio Capó, Fernando Calimano, Facundo Cuevas Sotillo y Jacinto Texidor. Dicha moción consistía en una férrea defensa del alcalde Celestino Domínguez, quien en ese momento había sido acusado ante las autoridades civiles y militares estadounidenses de "abuso de poder" durante la dominación española. La acusación provenía de un grupo de simpatizantes del Partido Incondicional Español quienes, según los concejales:

> [...] lo habían monopolizado todo, destinos públicos y servicios retribuidos y los privilegios de todas clases, y de ahí la preponderancia y riqueza de un Partido... y los habitantes de Puerto Rico, insulares sentían sobre su cuello, el duro yugo del dominador rudo, fuerte e impecable, que nos condenaba á callar y á fundir la protesta en nuestros corazones á ocultar nuestros pensamientos en nuestros cerebros...[34]

Este sentimiento, que muy bien se puede definir como "anti-español" a este grupo de guayameses contesta las interrogantes del porqué estos ciudadanos recibieron, casi sin oposición alguna, a las tropas invasoras.

Dicho sentimiento "anti- español" no surgió en ese momento cuando se produjo la invasión estadounidense de la Isla; más bien, fue un proceso que sin duda reflejaba "[...] las tensiones sociales acumuladas durante décadas entre distintos sectores de la población"[35] bajo el dominio español. No es de extrañar tampoco que los proponentes de esa moción en respaldo al alcalde Dominguez, hayan sido los que se denominaban a sí mismos como los "representantes de la riqueza Agrícola y Sacarina, el Comercio, la Industria, la Urba-

---

[33] Fernando Bayrón Toro, *Elecciones y partidos políticos de Puerto Rico, 1809-1976.* (Mayagüez, Puerto Rico: Editorial Isla, Inc., 1977), pp. 108- 109.

[34] A.G.P.R. Fondo: Documentos Municipales, Serie: Guayama, Exp's: *Libro de Actas del Concejo Municipal de Guayama.* Caja 13. Sesión del 16 de septiembre de 1898. F. 146.

[35] Scarano, *op. cit.,* p. 556.

na y la Pecuaria, y todo en fin, lo que pague aquí contribución..."[36] Estas personas representaban los sectores económicos que alegaban habían sido abandonados bajo España, en especial en esa última década del siglo XIX.

Estos guayameses, algunos ocupaban por primera vez escaños en el Concejo Municipal, se expresaron en defensa del alcalde Celestino Dominguez y por lo que entendían era justo para la ciudad. Lo más significativo era el sentimiento que reflejaban estos concejales, que solicitaban la desestimación de los cargos contra el alcalde Celestino Dominguez, porque mientras el pueblo en las calles denunciaba a los españoles residentes ante las nuevas autoridades, el único delito del Alcalde, era que:

> [...] siempre noble y siempre generoso, ante tanta iniquidad, interpuso ante la Autoridad Militar Americana, no solo su influencia, como Alcalde, sino hasta su persona respondiendo á aquella superior autoridad, de la neutralidad de aquellos españoles vejados y encarcelados á instigación del populacho."[37]

No solo la palabra acompañó a los concejales en defensa de la llegada de los estadounidenses. En Guayama, al igual que en otros puntos de la Isla, recibieron a los soldados extranjeros con una "[...] cordialidad entusiasmada que desbordó a veces en alegría bullanguera..."[38], celebraron actos públicos para honrar a estos soldados y sus generales. El 21 de septiembre de 1898- apenas mes y medio de haberse producido los eventos del Guamaní- el Ayuntamiento guayamés ofrecía un banquete a "los oficiales del Ejército de la Unión Americana"[39], al igual que hicieron los ayuntamientos de Mayagüez, Ponce y otros que habían sido ocupados por dichas tropas.

En una moción aprobada por el Concejo Municipal de Guayama en reconocimiento y agradecimiento al Mayor General, Frederick D. Grant,[40] por este haber recibido a una comisión compuesta

---

[36] A.G.P.R. Fondo: Documentos Municipales, Serie: Guayama, Exp's: *Libro de Actas del Concejo Municipal de Guayama*. Caja 13. Sesión del 16 de septiembre de 1898. F. 148. Ver Apéndice A.

[37] *Ibid.*, f. 148v.

[38] Scarano, *op. cit.*, p. 556.

[39] A.G.P.R. Fondo: Documentos Municipales, Serie: Guayama, Exp's: *Libro de Acta del Concejo Municipal de Guayama*. Caja 13. Sesión del 21 de septiembre de 1898. F. 151v.

[40] El Mayor General, Frederick D. Grant, hijo del Presidente de los Estados Unidos,

8. General Frederick D. Grant y su estado mayor, 1898

por el alcalde y representantes del "comercio, industria, agricultura y demás personas de arraigo y prestigio de esta población..."[41] solicitaban "[...] ciertas y determinadas medidas de carácter económico que se consideraban beneficiosas para los intereses generales de esta comarca."[42] A través de la moción presentada ante el Concejo Municipal podemos identificar las aspiraciones de estos guayameses que componían dicho Concejo:

> Sus indicaciones en tal sentido, debidamente atendidos por nuestro digno Alcalde, que como autoridad municipal le ha identificado siempre con las ideas de nuestro Gobernador [se refiere al Mayor General, Grant] secundándolo con el mejor deseo, han sido en la práctica de innegable utilidad y provecho á los fines que se proponían en bien del régimen y administración de esta localidad. El porvenir de nuestra riqueza, el desarrollo de nuestra producción, el adelanto moral e intelectual de nuestro pueblo, todos estos pro-

---

Ulisses S. Grant, nació en Saint Louis, Missouri en 1850. Durante la Guerra Hispanoamericana se hizo cargo de las tropas estacionadas en Guayama. Al firmarse el Tratado de París el 18 de octubre, el general Brooke, lo designó para dirigir uno de los dos distritos creados para gobernar la isla de Puerto Rico. En este contexto es que el alcalde Domínguez, entre otros se reunieron con este General. Ver: Rivero Méndez, *op. cit.*, p. 489.

[41] A.G.P.R. Fondo: Documentos Municipales, Serie: Guayama, Exp's: *Libro de Actas del Concejo Municipal de Guayama*. Caja 13. Sesión del 30 de septiembre de 1898. Fols. 157v- 158.

[42] *Ibid.*, f. 158.

blemas que con razón nos preocupan en los albores de la nueva era de justicia y de progreso que comienza con la trascendental transformación que acabamos de experimentar, todas estas cuestiones de vitalísima importancia para la vida económica y social del país puertorriqueño ocupan la atención de nuestro ilustrado gobernante que con altezas de miras las considera y estudia inspirado en la idea del bienestar de este pueblo que son los anhelos de la gran nación Americana á que tenemos hoy la dicha de pertenecer.[43]

Las aspiraciones de este grupo de guayameses, que depositaron toda su fe en los generales del Ejército de los Estados Unidos y en el propio presidente de aquella nación, chocarían con las actitudes contrarias a tales sentimientos que viviría el País a partir del 18 de octubre de 1898, cuando oficialmente las tropas estadounidenses bajaron la bandera española y enarbolaron la de su País en Puerto Rico. Los reclamos de estos concejales electos por el pueblo guayamés eran justos, si bien tomando en cuenta las dificultades económicas y sociales en que estaba sumida la Isla.

Un ejemplo del choque entre los nuevos gobernantes de la isla de Puerto Rico y la clase que gobernaba la Villa de Guayama ocurrió cuando el Ayuntamiento solicitó la autonomía administrativa. Al día siguiente de firmarse el Tratado de París, el Concejo Municipal de Guayama se reunió e hizo tal solicitud al general Grant, para que "[...] conceda la Autonomía administrativa á este municipio..."[44] Ante dicha solicitud a las autoridades del Gobierno Militar, encabezado entonces por el general Brooke, le respondió al Ayuntamiento que no podía acceder a la petición del Municipio de Guayama para una mayor autonomía. Esta, sin duda, fue la primera gran decepción para estos representantes públicos, que como hemos establecido en los párrafos anteriores, esperaban reformas administrativas y económicas inmediatas.

Mientras tanto, el Gobierno de los Estados Unidos al firmar el Tratado de Paz en la ciudad de París, Francia, oficializaba un régimen de gobierno militar que duró hasta el 1 de abril de 1900. Con la contestación del nuevo gobernador militar, Brooke, dicho gobierno

---

[43] *Ibid.*, fols. 160- 160v. Ver Apéndice B.

[44] A.G.P.R. Fondo: Documentos Municipales, Serie: Guayama, Exp's: *Libro de Actas del Concejo Municipal de Guayama.* Caja 13. Sesión del 19 de octubre de 1898. F. 175. Esta moción encarga a los concejales Domínguez, Texidor y Capó para redactar las bases de esa solicitud. No aparece en las Actas en qué se basó el municipio para tal solicitud.

militar mostraba poca o nada confianza en la capacidad del puertorriqueño para el gobierno propio.[45] Ese, aparentaba ser el caso de la solicitud que hiciera el Ayuntamiento de Guayama al Gobierno Militar.

Para el 2 de noviembre de 1898, el Concejo Municipal de Guayama acogió un planteamiento esbozado por el ayuntamiento de Mayagüez, para nombrar comisionados para dirigirse a Washington a recabar "[...] del Gobierno Americano mayor suma de libertades y franquicias."[46] Las gestiones resultaron infructuosas. No había en ese momento la voluntad por parte del gobierno estadounidense de conferir libertades a los puertorriqueños.

4. Situación económica y social en Guayama para 1898

Al finalizar el siglo XIX, Puerto Rico pasó a ser gobernado por los Estados Unidos. La agricultura, que era el sostén de esta comarca, decayó debido a varios acontecimientos que dieron paso a que, tanto la economía como la situación social del guayamés, sufriera grandemente. Un suceso que marcó al puertorriqueño de finales del siglo fue el azote del huracán San Ciriaco del 8 de agosto de 1899, y las repercusiones que tuvieron en la Isla el cambio de soberanía en términos de la utilización de la moneda.

El nuevo régimen estadounidense fue sumamente duro para los puertorriqueños, entre otras, porque afectó las bases de la economía insular como lo eran las industrias azucarera y cafetalera. A juicio del historiador Fernando Picó, la industria azucarera, por ejemplo, quedó en vilo ante la incertidumbre de qué era lo que iba hacer el Congreso de los Estados Unidos en cuanto a la condición política de la Isla.[47] El Tratado de París firmado en octubre de 1898, en su Artículo IX encomendó al Congreso Federal decidir sobre el futuro

---

[45] Blanca G. Silvestrini y María D. Luque de Sánchez, *Historia de Puerto Rico: Trayectoria de un pueblo*. (San Juan, Puerto Rico: Ediciones Cultural Panamericana, 1988), p. 384.

[46] A.G.P.R. Fondo: Documentos Municipales, Serie: Guayama, Exp's: *Libro de Actas del Concejo Municipal de Guayama*. Caja 13. Sesión del 2 de noviembre de 1898. F. 185v.

[47] Picó, *op. cit.*, p. 231.

político de los territorios adquiridos en la guerra de 1898. Dicha acción por parte del Congreso de los Estados Unidos se hizo realidad cuando el 1 de abril de 1900 se aprobó legislación que establecía un gobierno civil exclusivamente para Puerto Rico. Conocemos dicho estatuto como la Ley Foraker.

Sin embargo, en el intermedio, los ayuntamientos puertorriqueños tuvieron que establecer con el nuevo régimen militar estadounidense aquellos lazos que fuesen necesarios. Para ello, el Ayuntamiento de Guayama, aprovechó la oportunidad para adelantar las causas económicas de aquellos que les proporcionaban riquezas a la ciudad como lo eran los hacendados de la caña de azúcar. El Concejo Municipal de Guayama propuso la construcción del proyecto del sistema de riego que, de acuerdo a los concejales, aseguraría la consecución de su prosperidad como corporación municipal y también la del resto de los vecinos de Guayama. La propuesta de los concejales consistía en traer agua desde las alturas del barrio Carite, específicamente donde nace el río La Plata, hasta las haciendas cañeras del sur de la ciudad. Veamos cómo los concejales visualizaban dicho proyecto, por lo cual tenían sus esperanzas en que la nueva metrópolis diera su visto bueno para realizar el mismo:

> Que el Ayuntamiento de esta Villa necesita agenciar varias obras de utilidad general para la comarca, entre ellas, como principal la de un canal de regadío que trayendo las aguas del río de La Plata y sus afluencias situadas en jurisdicción de Cayey, sirva para regar sus numerosas bajuras sembradas de caña asegurando así la prosperidad y bienestar de muchísimos ingenios que constituyen la riqueza principal de esta región, y que sin embargo, ven muy mermados con frecuencia sus productos debido a las persistentes sequías que afligen los campos á veces periódicamente.[48]

Para los concejales guayameses el proyecto del riego era una prioridad; bajo la dominación española no pudieron contar con la ayuda necesaria para desarrollar proyectos de tal envergadura, y ahora "[...] que se abren amplios horizontes á los negocios con nuestra nueva Patria los Estados Unidos de Norte América...",[49] esperaban que de inmediato el mismo se hiciera realidad. Dicho proyecto

---

[48] A.G.P.R. Fondo: Documentos Municipales, Serie: Guayama, Exp's: *Libro de Actas del Concejo Municipal de Guayama*. Caja 13. Sesión de 5 de octubre de 1898. Fols. 164v-165.

[49] *Ibid.*, f. 165.

del riego que se proponía para Guayama desde las últimas décadas del siglo XIX, se concretaría a partir de 1908, cuando la Asamblea Legislativa de Puerto Rico aprobó las leyes que autorizaban la construcción de los canales de riego que proveerían agua a los llanos costeros del sur de Puerto Rico. El plan consistía en llevar agua desde la jurisdicción de Patillas hasta Ponce, mediante un canal de riego que abastecería de agua tanto a las haciendas azucareras como a parte de la población, industria y comercio. En Guayama se construyó el lago Carite, que también abastecería de agua a dichas haciendas azucareras y abastecería de agua a la municipalidad.

a. Huracán San Ciriaco, 1899

Como si la escasez de alimento, el flujo de efectivo y las promesas de los nuevos gobernantes no fuesen suficientes para desanimar a los puertorriqueños, el 8 de agosto de 1899, atravesó por la Isla uno de los huracanes más devastadores que se haya registrado en nuestra historia: el huracán San Ciriaco. El mismo dejó a su paso desolación, miseria y destrozos en la población de Guayama. Destruyó una abundante cosecha de café cuyo valor se estimó en más de $7,000,000[50], particularmente, en las montañas de Puerto Rico, que significó el gradual cierre de haciendas cafetaleras en la Cordillera Central. En el Municipio de Guayama, de acuerdo a los datos de la época, había una gran cantidad de arbustos de café sembrados en varias fincas en las zonas altas de la ciudad.

Este fenómeno atmosférico provocó, a su paso por Puerto Rico, más de 3,000 muertes. Desde el día antes de sentirse los primeros vientos huracanados en Puerto Rico, había azotado a la isla de Martinica causando estragos considerables en aquella isla del Caribe Oriental. Según los cronistas de la época que narraron posteriormente ese suceso de la naturaleza, en la capital de Puerto Rico, San Juan, comenzó a sentirse el día anterior "[…] un calor sofocante..."[51] anticipándose al fenómeno atmosférico que se acercaba a Puerto Rico.

La explicación del porqué hubo tantas muertes relacionadas a este evento de la naturaleza, la encontramos en el hecho de que las

---

[50] Félix Mejías, *Más apuntes para la historia económica de Puerto Rico, (la tiranía de su pasado)*. (Río Piedras, Puerto Rico: Editorial Edil, 1978), p. 100.

[51] Juan Perpiñá y Pibernart, *Circular sobre el ciclón del glorioso San Ciariaco habido el día 8 de agosto de 1899*. (San Juan, Puerto Rico: Establecimiento Tipográfico de A. Lynn e hijos de Pérez Moris, 1899), p. 6. Documento impreso.

comunicaciones a los municipios no se hicieron de forma inmediata, de ahí que ni la gente, ni los gobiernos municipales pudieron tomar medidas cautelares a tiempo. La trayectoria de este fenómeno atmosférico se ubicó entrando por algún lugar entre Arroyo y Guayama, en la mañana de aquel día, saliendo en horas tempranas de la tarde por Aguadilla. Este huracán, de acuerdo a las medidas de viento tomadas en San Juan, era de 75 mph y la presión barométrica registrada fue de 27.75 pulgadas precisamente registrado en la ciudad de Guayama.[52] De acuerdo al corresponsal del periódico *La Correspondencia de Puerto Rico*, P. Román Arraez y Ferrando, en su crónica narrada sobre estos sucesos del 8 de agosto de 1899 en el Municipio de Guayama, "Los destrozos ocasionados en esta comarca por el terrible ciclón del día 8 del corriente mes, agosto de 1899, son por demás incalculables. Las desgracias personales, muertos pasan de ocho y hay muchos heridos."[53] De acuerdo a esta narración la ciudad quedó devastada y hasta la iglesia quedó sin puertas y llena de escombros toda la plaza.[54] La gente fue la que más sufrió aquel golpe. "Chiquillos sucios, mujeres harapientas, familias hambrientas..."[55]; además, dicha fuente nos informa que la hambruna de los guayameses había sido mitigada parcialmente por los embarques norteamericanos.[56]

Como si la tragedia personal no fuera suficiente, la agricultura quedó devastada por completo. Tanto las plantaciones de café como las de caña de azúcar sufrieron los embates de los fuertes vientos registrados ese día en la Isla; en todos los barrios rurales del término municipal de Guayama denominados Caimital, Carite, Carmen, Guamaní, Jobos, Machete, Palmas, Pozo Hondo y Algarrobo, las plantaciones de diversos frutos fueron arrolladas completamente por el huracán.[57] Las pérdidas ocasionadas por San Ciriaco, solamente a las plantaciones de café en Guayama, fueron estimadas por un valor de 216,000 pesos.

---

[52] José A. Colón Torres, *Climatología de Puerto Rico*. (San Juan, Puerto Rico: Editorial de la Universidad de Puerto Rico, 2009), p. 144.

[53] *La Correspondencia de Puerto Rico*, 14 de agosto de 1899; ver además: P. Román Arraez y Ferrando, *Historia del ciclón del día de San Ciariaco*. (San Juan, Puerto Rico: Imprenta Heraldo Español, 1905), pp. 200- 201.

[54] *La Correspondencia de Puerto Rico*, 14 de agosto de 1899, p. 3.

[55] *Ibid.*

[56] Picó, *op. cit.*, p. 231.

[57] Arraez y Ferrando, *op. cit.*, p. 202.

Las haciendas azucareras, que por su parte venían sintiendo efectos adversos en términos económicos desde 1890, tuvieron pérdidas considerables. "En muchos no quedaron más que los esqueletos de la maquinaria perdiéndose además todos los bocoyes de azúcar que estaban preparados para su espedición al comercio."[58] Al igual que las cosechas de café y de caña, quedaron arruinados frutos menores, así como el tabaco y la importante industria ganadera que también sufrió un gran impacto adverso. La tabla VII refleja el estado de las pérdidas calculadas en Guayama tanto en la agricultura, comercio e industria.

Tabla VII
Estado de las pérdidas calculadas tras el paso del huracán
San Ciriaco en la agricultura, comercio e industria, el 8
de agosto de 1899 en la Villa de Guayama, Puerto Rico

PERDIDAS MATERIALES	VALOR EN PESOS
En las haciendas de caña	150,000
En las fincas de café	216,000
En las fincas de tabaco	-------
En las fincas de frutos menores	14,000
En las fincas urbanas	156,500
En el ganado de todas clases	1,200
En el comercio de provisiones	12,000
En el otros comercio de telas y efectos	4,000
En las industrias	6,000
TOTAL	559,700

Fuente: P. Román Arraez y Ferrando, *Historia del ciclón del día de San Ciariaco*. (San Juan, Puerto Rico: Imprenta Heraldo Español, 1905), p. 203; *La Correspondencia de Puerto Rico*, 14 de agosto de 1899, p. 3.

Perpiñá y Pibernart, narró este acontecimiento en su crónica con nostalgia en relación al campesino que fue el más afectado por el ciclón:

No ha quedado apenas un platanal en pie en toda la Isla... siendo el plátano uno de los elementos más comunes y necesarios a la vida de los moradores del campo, el campesino carecerá de él á lo menos por un año para su alimentación.[59]

---

[58] *Ibid.*
[59] Perpiñá y Pibernart, *op. cit.*, p. 6.

El huracán San Ciriaco del 8 de agosto de 1899 significó para la ciudad un grave problema; el cuadro de devastación que narran los cronistas de la época así lo evidencia, la ciudad estaba triste y desolada, se agravó la situación económica del guayamés y la gente se sumió en una miseria profunda.[60] Las pérdidas humanas causadas por el temporal fueron 10 y los heridos 350,[61] solamente en Guayama.

b. Censo poblacional, 1899

Bajo el Gobierno Militar estadounidense en Puerto Rico se practicó en 1899 el primer censo poblacional. El mismo contiene datos sociales sumamente reveladores, que nos demuestran la composición social del Municipio de Guayama, en las postrimerías del siglo XIX. De acuerdo a los datos obtenidos la población total de la ciudad de Guayama ascendía a 12,749 habitantes. De estos, 6,146 (48.2%) eran varones y 6,603 (51.8%) eran hembras. Este censo dividió y clasificó a la población en "blancos nativos", "extranjeros blancos", "negros" y "mixtos". En este censo poblacional también se tomaba en cuenta la presencia de los chinos en la Isla. De acuerdo a los datos recopilados por los funcionarios que practicaron el censo, en la ciudad de Guayama no se contaban entre los pobladores guayameses este grupo étnico, a diferencia de otros municipios que sí tenían presencia en Puerto Rico. Veamos la tabla VIII, donde se recogen estos datos.

Tabla VIII
Población de Guayama por sexo, origen racial para 1899

TOTAL POBLACION		12,749	
Varones		6,146	(48.2%)
Hembras		6,603	(51.8%)
BLANCOS NATIVOS	Total	6,339	
Varones		3,102	(48.9%)
Hembras		3,237	(51.1%)
BLANCOS EXTRANJEROS	Total	138	
Varones		115	(46.7%)
Hembras		23	(16.7%)

---

[60] Lamentablemente el *Libro de Actas del Concejo Municipal de Guayama* correspondiente al año 1899 se encuentra perdido. Debido a esto es que no podemos hacer un análisis de cómo el Ayuntamiento enfrentó la crisis.

[61] *La Correspondencia de Puerto Rico*, 27 de septiembre de 1899, p. 3.

NEGROS		Total	1,105	
	Varones		472	(46.7%)
	Hembras		543	(53.3%)
MEZTIZOS		Total	5,257	
	Varones		2,457	(46.7%)
	Hembras		2,800	(53,2%)

Fuente: United States Government. *Report on the Census of Porto Rico, 1899.* (Washington, D.C.: Government Printing Office, 1900), pp. 166- 167. Véase Tabla V.

El censo poblacional de 1899 reflejó los siguientes números en cada uno de los barrios que componía la población. En Guayama, sumaban nueve barrios en total:

Caimital..603
Machete..368
Carite..834
Palmas..1,200
Carmen...784
Pozo Hondo y Algarrobos...1,080
Guamaní...1,360
Zona Urbana..5,334
Jobos...1,186

Total Población............12,749

Como se puede apreciar, la zona urbana de Guayama tuvo un crecimiento vertiginoso en esa última parte del siglo XIX, si lo comparamos con los datos estadísticos que ofreció Ubeda Delgado, citado en el primer capítulo de este libro. La división demográfica que arrojó dicho censo de 1899 es bien interesante. La Oficina del Censo dividió a los 12,749 habitantes por edades y sexo.

Veamos la tabla IX.

Tabla IX
Población de Guayama por edades y sexo en el Censo Poblacional de 1899

EDAD	VARONES	HEMBRAS	TOTAL
De menos de 5 años	932	948	1,880
5 - 17 años	2,122	2,125	4,247
18 - 20 años	396	504	900

21 - 44 años	1,907	2,208	4,115
45 y más	789	818	1,607
TOTALES	6,146	6,603	12,749

Fuente: United States Government. *Report on the Census of Porto Rico, 1899.* (Washington, D.C.: Government Printing Office, 1900), pp. 166- 167. Véase Tabla VII.

De esos 12,749 habitantes, 12,584 ciudadanos informaron que habían nacidos en Puerto Rico; 93 contestaron que nacieron en España y otros 72 nacieron en otras naciones alrededor del mundo.

Uno de los aspectos que llama la atención de este censo de 1899 fue la cantidad de guayameses que no sabían leer ni escribir, un hecho que se repetía a lo largo de toda la Isla. Por ejemplo, el censo tomó una muestra de varones de 21 años en adelante entre blancos y de color para medir cuál era su grado de escolaridad. Se encontró que de un total de 1,347 blancos nacidos en Puerto Rico, 864 no sabían leer ni escribir; 13 sabían leer pero no escribir; 398 sabían leer y escribir y 72 tenían algún grado de educación superior. Entre los negros, el censo mostró un total de 1,249 ciudadanos. De esos 987 no sabían leer ni escribir; 26 sabían leer, pero no escribir y 2 solo habían obtenido algún título de educación superior.[62]

La población en el Municipio de Guayama que no había asistido a la escuela también era sorprendente. Claro está, los medios para proveer una educación adecuada eran limitados debido a la poca atención que brindaba el gobierno español en la Isla. Pero de los 12,749 habitantes solamente 112 contestaron que habían obtenido una educación superior y 12,637 contestaron a dicha interrogante que no.[63] En las edades de 10 años en adelante solo 365 habían asistido a la escuela. Los que no sabían leer ni escribir totalizaron 6,350; leer, pero no escribir 209, aquellos que sabían leer y escribir, totalizó 2,110. Y la población compuesta de 10 años o menos (es decir, la población de edad escolar primaria) solo 272 asistían a la escuela y 3,442 no asistían a las aulas.

En la parte económica de este censo nos enteramos que

---

[62] United States Government. *Report on the Census of Porto Rico, 1899.* (Washington, D.C.: Government Printing Office, 1900), pp. 190- 191, Tabla XII. En los documentos revisados de este Censo poblacional de 1899, no aparece los otros índices de la población.

[63] *Ibid.*, p. 244. Tabla XVII.

9. Vista parcial del centro urbano de la ciudad de Guayama, 1899

solo 277 fincas estaban sembradas de algún producto agrícola. El total del área de cultivo en toda la ciudad de Guayama ascendía a 22,159 cuerdas, y de esas solo 5,442 o el 24.5% estaban cultivadas. Es decir, estos datos recopilados al culminar el siglo XIX nos demuestran que la situación agrícola era crítica, por lo tanto, no es de sorprender que el mismo se reflejara en la economía de la ciudad. Más de la mitad del total de área de los terrenos aptos para el cultivo estaban en estado de abandono o baldíos. No obstante, cabe recalcar, que la fuente principal de riqueza era la agricultura, mientras que el comercio estaba regido por personas pudientes de la ciudad.

La población de Guayama sufrió cambios extraordinarios. A partir de 1898, con la invasión militar por parte de los Estados Unidos a la Isla, los puertorriqueños comenzaron a sentir transformaciones en la vida municipal que tuvo, sin lugar a dudas, repercusiones en la vida ciudadana. En Guayama esas transformaciones también se manifestaron en la cotidianidad y en su institucionalidad como pueblo. En los primeros treinta años del siglo XX la ciudad se habría de enfrentar a crisis políticas, sociales y económicas, igual que ocurrió bajo España, aun cuando los cobijaba una nueva bandera a partir de julio de 1898.

CAPÍTULO III

La política en Guayama, 1900-1930

1. Panorama político en Guayama al momento del cambio de soberanía

Como apuntáramos en el capítulo anterior, las fuerzas militares de los Estados Unidos invadieron a Puerto Rico el 25 de julio de 1898; ya para el 5 de agosto de dicho año, las tropas se acuartelaron en Guayama procediendo oficialmente a izar la bandera de aquella nación en el Ayuntamiento local.

Durante los primeros meses de la ocupación militar, los líderes políticos puertorriqueños que habían ocupados puestos de jerarquía en los últimos meses de la dominación española, habían puesto sus esperanzas y fe en que el nuevo régimen les iba a colmar de bienandanzas, hasta el extremo, de que garantizarían la "libertad", "justicia" y "humanidad", según la proclama de julio de 1898 del general Nelson A. Miles. Los puertorriqueños, y hasta aquellos políticos que esperaban ansiosos que aquellas palabras se cumplieran, se llevaron una gran decepción.

Como señaláramos anteriormente, los concejales guayameses proclamaron su fe y confianza en el Gobierno de los Estados Unidos, sin embargo:

> [...] durante los primeros meses de la ocupación, los puertorriqueños, llenos de entusiasmo y optimismo, aguardaban que los norteamericanos, conforme a su tradición democrática, implantaran de inmediato las reformas que convertirían a la Isla en un reflejo de la poderosa nación conquistadora.[1]

Una de las primeras acciones que realizó el Gobierno de los Estados Unidos en Puerto Rico fue prolongar la estadía del régimen militar durante dos años esto, sin proponer soluciones específicas, y sin saber cuál iba a ser el futuro de la Isla en sus manos. Durante el

---

[1] Blanca G. Silvestrini y María D. Luque de Sánchez, *Historia de Puerto Rico: trayectoria de un pueblo*. (San Juan, Puerto Rico: Cultural Panamericana, Inc., 1988), p. 384.

tiempo que duró el Gobierno Militar (de 1898 a 1900), Puerto Rico fue dirigido por decreto, derrumbándose, de esa manera, los esfuerzos que los puertorriqueños habían logrado de mayor gobierno propio a finales del siglo anterior. Las Órdenes Generales, impuestas por los militares estadounidenses unilateralmente, rigieron los destinos del País en diversas áreas, como en la seguridad pública, y asuntos judiciales, entre otros.

En cuanto a la organización municipal se refiere, las Órdenes Generales suprimieron gran parte de los poderes que los municipios habían adquirido bajo el régimen español. Cabe destacar que la Carta Autonómica de 1897 concedió amplios poderes a los Ayuntamientos, aunque en la práctica sabemos que el mismo no pudo ser implementado como consecuencia del estado de guerra imperante entre España y Estados Unidos. Las Órdenes Generales procedieron a centralizar "diferentes funciones que bajo el régimen español habían quedado reservados a las municipalidades. De esta manera, el Estado se aseguraba [de] que asuntos fundamentales de dirección socio política quedara bajo su tutela."[2] Un ejemplo de los poderes que el Gobierno Militar ejerció y que estaba en manos de las municipalidades era la policía.[3] "La policía municipal era nombrada por los alcaldes, [y esta] estaba encargada del orden público local..."[4], de esta manera los gobernadores militares tuvieron un control absoluto de la seguridad pública en los municipios.

Otro ejemplo de centralización fue el sistema educativo. Bajo el régimen español los municipios tenían esa responsabilidad primaria. En Guayama, el Ayuntamiento asignaba los recursos económicos y hacían los nombramientos del personal en las pocas escuelas de la localidad. Ello consta en los Libros de Actas del Ayuntamiento que corresponden a las últimas décadas del siglo XIX. Por lo tanto, el régimen municipal perdió poderes frente a los militares durante esos años de gobierno por decreto.

Mientras tanto, los partidos políticos establecidos durante la última parte del régimen español fueron adaptándose a la nueva

---

[2] Mariano Negrón Portillo, *Las turbas republicanas, 1900- 1904*. (Río Piedras, Puerto Rico: Ediciones Huracán, 1990), p. 42.

[3] *Ibid.*, p. 43.

[4] Bolívar Pagán, *Historia de los partidos políticos puertorriqueños, 1898- 1956*. 2 tomos. (San Juan, Puerto Rico: Librería Campos, 1959), Tomo 1, p. 61.

realidad política reinante. Luis Muñoz Rivera, líder del Partido Liberal Autonomista, abogó por la disolución de ese partido, pero no a los principios que habían sido su norte desde que se fundó, la autonomía. El Partido Liberal Autonomista cambió su nombre por el de Partido Federal Americano. Por otro lado, los Autonomistas Ortodoxos, de cuyo liderato era responsable José Celso Barbosa, también cambiaron su nombre por el de Partido Republicano Puertorriqueño. Este partido abogaba abiertamente por la asimilación a los Estados Unidos, es decir, convertir a la Isla en un "estado" de la Unión Americana. Decían los republicanos que "[...] a la Isla no le convenía ser independiente y, por el contrario, que con la estadidad se realizarían satisfactoriamente los más perfectos ideales de un pueblo como el puertorriqueño..."[5]

2. Las "elecciones de los cien días", 1899-1900

Entre los primeros decretos del nuevo régimen estadounidense estaba el de convocar a elecciones generales en todos los municipios de la Isla con el propósito de elegir alcaldes, concejales y miembros de las juntas escolares, entre otros. Los dos partidos políticos que se enfrentaron a aquellas elecciones fueron el Republicano Puertorriqueño y el Federal Americano.

Aquella elección fue la primera y única auspiciada por el Gobierno Militar. Se le conoce en nuestra historia como la de los "Cien Días" debido a que duró, precisamente, cien días. La misma se llevó a cabo entre el 26 de octubre de 1899 y el 5 de febrero de 1900. Luis Muñoz Rivera, líder de los federales, dijo sobre estas elecciones que eran las más difíciles, "cien batallas", de tumultos salvajes y choques cruentos.[6]

La elección de los funcionarios municipales fue supervisada por la Corte Provisional de Estados Unidos en Puerto Rico. Entre las reglas establecidas por el régimen militar para ejercer el derecho al voto, estaba ser varón de 21 años de edad o más, propietario y

---

[5] Antonio Quiñones Calderón, *Trayectoria política de Puerto Rico*. (San Juan, Puerto Rico: Ediciones Nuevas de Puerto Rico, 1988), p. 18.

[6] Luis Muñoz Marín, ed. *Obras completas de Luis Muñoz Rivera: Campañas políticas, (1890-1900)*. 3 vols. (Madrid, España: Editorial Puerto Rico, 1925), Vol. 1, p. 256.

que supieran leer y escribir.[7] Es decir, no se les permitió el derecho al voto a las mujeres y a las personas analfabetas, y para ser electos a cualesquiera de los cargos en discusión debían ser por lo menos propietarios[8], lo que excluía a las masas de campesinos que residían tanto en los campos de Guayama como en el resto de la Isla. Sobre este último punto, no hubo nada nuevo en la "nueva democracia" implantada por el régimen estadounidense en comparación con el régimen español en lo que a los procesos electorales se refiere.

Las elecciones para elegir a los funcionarios municipales de Guayama se efectuó el 31 de octubre de 1899.[9] Desde este momento ya comenzaban a notarse las luchas partidistas entre las facciones republicanas y federalistas. En varios pueblos de la Isla se suscitaron incidentes provocados, en parte, por los ánimos exaltados en ambos bandos. Guayama no sería la excepción.

El ambiente en que se desarrolló esta elección era difícil. Hubo acusaciones de fraude que, como veremos más adelante, llevó a las autoridades a dictar órdenes para garantizar la paz y seguridad de los ciudadanos. El periódico, *La Correspondencia de Puerto Rico*, informó que durante el día de la elección había "impaciencia pública" en Guayama, por conocer los resultados de la misma.

> Desde las primeras horas de la noche de ayer se notaba grande impaciencia en esta ciudad por conocer el resultado de la lucha electoral en Guayama. Por diversas calles se reunían los partidarios de los partidos Federal y Republicano ansiosos de adquirir noticias."[10]

No era para menos la ansiedad de los guayameses. Esas elecciones en el Municipio de Guayama fueron ganadas por el Partido Federal por el escaso margen de 18 votos. Los federales obtuvieron 479 sufragios para un 50.7% del total de participación contra 461 sufragios o 49.3% obtenidos por los republicanos.[11] No bastó el triunfo

---

[7] Quiñones Calderón, *op. cit.*, p. 20.

[8] *Ibid.*, p. 21.

[9] Se celebró en esta fecha en la ciudad de Guayama, debido a que el decreto del gobernador militar, Davis, dispuso que sería por orden alfabético comenzando por Adjuntas y terminando en Yauco en febrero de 1900. Se decretó, además, que esas elecciones se deberían llevar en el más estricto orden. Podemos decir que el Gobierno Militar desconfiaba de la forma de gobernar de los puertorriqueños.

[10] *La Correspondencia de Puerto Rico*, miércoles, 1 de noviembre de 1899, p. 3.

[11] Fernando Bayrón Toro, ed. *Estadísticas de las elecciones municipales de Puerto Rico*. (Mayagüez, Puerto Rico: Comisión Estatal de Elecciones, 1992), p. 64. Ver Apéndice

de los federales para que se decretara fraude en la votación, a pesar de que el Gobierno Militar había tomado las provisiones necesarias para garantizar la pureza del proceso en las Órdenes Generales. Se acusó al Alcalde electo, José Juan Vidal, y al Concejo Municipal de haber obtenido sus cargos mediante fraude electoral. De acuerdo a las acusaciones vertidas por los opositores al alcalde electo, el mismo fue concebido por Tomás Vázquez y puesto en práctica por Ramón Vázquez y por otros 32 electores.[12] Se señaló que esas personas habían votado fraudulentamente. En la causa que siguió el juez asignado, W. T. Abbot, se acusaba a Ramón Vázquez de incitar a otras 33 personas "[...] para que se inscribieran y votaran a favor del alcalde Vidal y otros candidatos del Partido Federal."[13] A pesar de que no hubo ninguna causa en contra del alcalde Vidal ni del Concejo Municipal electo es interesante notar que estos fueron renunciando a sus puestos entre 1900 y 1901.[14]

La Orden General número 96 del 30 de abril de 1900, estableció que el gobernador militar Davis, indultó a los 32 acusados de fraude electoral. La orden dictó lo siguiente:

> Juzgado por la Corte Provisional de los Estados Unidos y por esta declarados culpables del delito de votar fraudulentamente y de obligar á otros á votar fraudulentamente en las elecciones municipales de Guayama y sentenciado de conformidad con dicha declaración; habiendo recurrido por medio de su abogado á la Corte Suprema de los Estados Unidos en demanda, primero de un mandamiento de habeas corpus y más tarde de uno de certiorari, sin resultado alguno, á causa de lo limitado del tiempo disponible antes de la disolución de la Corte Provisional de los Estados Unidos; y tomando en consideración la circunstancia de que estas elecciones eran las primeras que se celebraban en Puerto Rico bajo el sistema americano, y que dichos delitos, cometidos en el calor de la lucha de los partidos políticos, no revisten el carácter de felonía (felony); y creyendo que el proceso á que fueron sometidos servirá de saludable advertencia á los culpables, por la presente se concede la más amplia y completa absolución a los dichos individuos.[15]

C "Tabla de la trayectoria electoral en Guayama desde las elecciones de 1899 hasta 1928."

[12] Petra Argudo de Picart, *Las turbas, un caso de violencia política.* Tesis de Maestría, Río Piedras, Universidad de Puerto Rico, Departamento de Historia, 1986, p. 116.

[13] *Ibid.*

[14] *Ibid.*, p. 117.

[15] United States War Department. *General Orders and Circular Department of Porto*

Este incidente político no fue el primero, otros más acontecieron al comienzo del nuevo régimen. No obstante, el periódico *La Correspondencia* había reportado que en la Villa de Guayama "[...] la lucha se ha verificado en el mayor orden y con la mayor circunspección por ambos partidos contendores."[16] Durante las siguientes elecciones se produjeron, tanto en Guayama como en el resto del país, una serie de acontecimientos violentos que marcaron los movimientos políticos al inicio del siglo XX.

3. Violencia política en Guayama, las turbas y las elecciones de 1900

En abril de 1900 el Congreso de los Estados Unidos aprobó la ley orgánica que regiría los destinos de Puerto Rico autorizando la creación de un Gobierno Civil. La Ley Foraker, entre otras, le concedió al puertorriqueño el derecho de votar solamente por los miembros de la Cámara de Delegados, por el Comisionado Residente y las autoridades municipales. Además, creó el Consejo Ejecutivo con su doble función de legislar y también constituir el gabinete del Gobernador siendo los secretarios de los Departamentos que la ley creaba. Sin embargo, se dispuso el nombramiento de cinco puertorriqueños en dicho Consejo, aunque estos no eran nombrados para dirigir ningún departamento gubernamental. De acuerdo a la Ley, el gobernador era nombrado por el presidente de los Estados Unidos con el consejo y consentimiento del Senado de los Estados Unidos.

Como podemos apreciar, los puertorriqueños quedaron sin representación en los altos niveles del Gobierno Civil,- si lo comparamos con lo otorgado en la Carta Autonómica de 1897-, excepto en la Cámara de Delegados, cuyos miembros eran electos por el pueblo, al igual que el Comisionado Residente de Puerto Rico en Washington.

Rico, 1900. (s.l., s.e., s.f.) s.p. Los electores que fueron acusados de votar fraudulentamente fueron Tomás Vázquez, Plácido Ledeé, Ramón Báez, Teodoro Marzán, Felipe Rodríguez, Santiago Morales, Cruz Serrano, Miguel Suárez, Mateo Guzmán, Ramón Rodríguez, José Ortiz Silva, Julio Vázquez, José M. Torres, Juan Val Pillot, Monserrate Gómez, Justo Godineaux, Francisco Rivera, Prudencio de Jesús, Aniceto Flores, Manuel Cintrón, Cristóbal Díaz, José Federico Correa, Domingo Robles, Juan Ambrosio Suárez, Francisco Vázquez, Braulio Gual, Benito Vázquez, Marcelino Flores, Ramón Ortiz, Félix Cruz, Luis Cortijo y Sandalio Cintrón.

[16] *La Correspondencia de Puerto Rico*, 1 de noviembre de 1899, p. 3.

Sin embargo, esto no fue suficiente debido a que el poder ejecutivo no respondía a los intereses del pueblo puertorriqueño. Es por ello, que a pesar de aprobarse una ley que garantizaba un Gobierno Civil y unos cargos para los puertorriqueños, la desilusión por parte del liderato político local continuaría. No obstante, ese liderato político tenía su radio de acción en los Ayuntamientos, que aunque recortados en sus poderes debido a la presencia militar y con el nuevo estatuto federal, no dejó de ser un ente importante de discusión de los asuntos públicos que afectaban a la ciudadanía de sus respectivas demarcaciones municipales.

Durante el primer lustro del periodo estudiado acontecieron en Guayama una serie de sucesos que han sido bautizados en nuestra historia política con el nombre de las "turbas republicanas". ¿Qué eran las turbas republicanas? El investigador, Mariano Negrón Portillo, las describe de la siguiente forma:

> En cambio, los conflictos que se iniciaron en 1900 tuvieron un significado distinto. No se trató, ésta vez, de un levantamiento súbito, en una coyuntura apropiada para la venganza. Lo que se ha conocido como la época de las Turbas Republicanas tuvo a la violencia como característica destacada, pero lo esencial es que se trató de un fenómeno intensamente político y complejo.[17]

La violencia de que nos habla el autor de este estudio iba dirigida contra aquellas personas que eran simpatizantes o se identificaban con el Partido Federal de Luis Muñoz Rivera. Las personas que creaban problemas en las comunidades y en los centros urbanos estaban vinculadas con el Partido Republicano. Esa violencia política incluía motines, acciones de grupos armados y movimientos urbanos populares[18], en distintas localidades.

Estos grupos se caracterizaban en perseguir e imponer por la fuerza sus ideas, adelantar sus intereses de cualquier manera y "[...] afirmar las libertades que, supuestamente, traía el gobierno norteamericano."[19]

Fueron varios los municipios que padecieron dicha violencia política en estos primeros años del Gobierno Civil. San Juan, Juana Díaz, Ponce, Mayagüez, Fajardo, Arroyo, Patillas, Cayey y Guayama,

---

[17] Negrón Portillo, *op. cit.*, p. 80.
[18] *Ibid.*
[19] *Ibid.*

entre otros municipios, fueron marcados por estos incidentes políticos. Entre los métodos utilizados por las llamadas turbas estaba ser espectador o, "[...] en ocasiones, a través de algunos de sus líderes quienes se levantaban sobre la multitud y daban discursos..."[20], en oposición a lo expresado en la tribuna de sus opositores.

Las turbas iniciaron en Guayama sus actividades durante las elecciones del año 1900, las primeras bajo el régimen de la Ley Foraker. Como anotáramos, en la Isla los únicos dos partidos eran el Federal y el Republicano. El 5 de octubre de 1900, ochenta miembros del Partido Republicano residentes de Guayama se trasladaron al vecino pueblo de Arroyo provocando e insultando a los vecinos.[21] Según el alcalde de Arroyo, Federico Virella, su intervención evitó que hubiese desgracias personales.[22]

Los hechos de Arroyo provocados por republicanos de Guayama no quedaron ahí. El 7 de octubre de 1900, un residente de Guayama identificado con el Partido Federal había disparado contra un republicano de apellido Capó[23] provocando, dicho incidente, una reacción violenta entre los miembros del Partido Republicano quienes deseaban vengarse contra un miembro del Partido Federal. Sobre el mismo incidente algunos testigos mencionaron que habían escuchados disparos provenientes de la plaza pública. El Alcalde Federal de Guayama, José Juan Vidal, también fue atacado por las turbas en su residencia.[24] Un nutrido grupo de federales de Arroyo marcharon hasta el Municipio de Guayama donde, en actitud desafiante, retaron a los republicanos en venganza por las acciones de ese sector político cometidas en su pueblo. No obstante, el alcalde Vidal los dispersó y estos regresaron a su lugar de origen por el camino de Arroyo.[25]

El resultado electoral era obvio en las elecciones del año 1900. Los republicanos obtuvieron mayoría en la ciudad. El Partido Federal había llamado días antes del evento electoral al retraimiento en dichas elecciones. Los federales no acudieron a las urnas, "[...] por desave-

---

[20] *Ibid.*, p. 115.
[21] *Ibid.*, p. 173.
[22] *Ibid.*
[23] *Ibid.*, p. 175.
[24] *Ibid.*, p. 174.
[25] *Ibid.*

nencias en cuanto a la división de los distritos electorales..."[26] Ciertamente la división electoral hecha por el Gobernador Civil y el Consejo Ejecutivo dio margen a que fueran favorecidos los republicanos. La elección se llevó a cabo el 6 de noviembre de 1900 y en ella hubo un copo electoral en toda la Isla a favor del Partido Republicano. En Guayama los federales obtuvieron solo 2 votos y los republicanos 1,831 sufragios.[27]

Estas primeras elecciones bajo la Ley Foraker fueron para elegir, además, a los miembros de la Cámara de Delegados y al Comisionado Residente. En el Distrito de Guayama los cinco candidatos electos pertenecían al Partido Republicano. El alcalde Vidal concluyó su término el 21 de febrero de 1901; también el resto de los miembros del Concejo Municipal. Desde esa fecha en adelante asumió el puesto de Alcalde electo por el Partido Republicano, Fernando Lugo Viñas.[28]

4. Las elecciones de 1902: continúan las turbas

Por disposición del estatuto federal, las elecciones generales, a partir de 1900 se llevarían a cabo cada dos años. Las elecciones generales celebradas en 1902 acentuó aún más la división provocada

---

[26] Fernando Bayrón Toro, *Elecciones y partidos políticos en Puerto Rico.* (Mayagüez, Puerto Rico: Editorial Isla, Inc., 1977), p. 115.

[27] Ver: Apéndice C.

[28] Es bueno aclarar que el término del alcalde federal de Guayama, José Juan Vidal fue desde octubre de 1899 hasta el 21 de febrero de 1901. De hecho, Vidal y el resto de los miembros del Concejo Municipal de Guayama, habían renunciado antes de vencer sus términos según consta en el *Libro de Actas del Concejo Municipal de Guayama*, del año 1901. A partir de esa fecha es que Fernando Lugo Viñas, republicano, asumió el puesto de Alcalde. Sin embargo, obtuvo un nombramiento por corto tiempo del Gobernador Civil, según se desprende del *Libro de Actas...*, aunque había sido electo en los comicios de noviembre de 1900. Los concejales que tomaron posesión ese día 21 de febrero de 1901 fueron: Gabriel Capó Cintrón, Enrique González, Juan A. Blondet, Antero Aquino, Edgardo Vázquez, Eugenio López Curet y Joaquín Villodas. Fernando Lugo Viñas, aparte de ser el Alcalde, presidía el Concejo Municipal. Hago esta aclaración debido a que historiadores de Guayama sitúan a José Juan Vidal como alcalde en los primeros cuatro años del siglo XX y dejan fuera a Fernando Lugo Viñas. Este asumió el cargo hasta enero de 1905. Ver: Archivo General de Puerto Rico (en adelante A.G.P.R.) Fondo: Documentos Municipales, Serie: Guayama, Exp's: *Libro de Actas del Concejo Municipal de Guayama.* Caja 14. Sesión de 21 de febrero de 1901. F. 42 y s.s.

por la implantación de la Ley Foraker de 1900. No era suficiente lo que esa Ley le ofrecía a los puertorriqueños. La situación política de la Isla continuaba igual que en 1900. Luis Muñoz Rivera y su partido continuaron con el llamado a sus seguidores para el retraimiento electoral.

Las elecciones generales de ese año también se habían tornado violentas. Desde finales del año 1901 se habían producidos encontronazos entre seguidores de ambos partidos políticos en Guayama. Por ejemplo, a principios de diciembre de 1901 el comerciante español, Antonio Esteva Amorós, dueño del establecimiento comercial "Sucesores de Amorós Hermanos" fue atacado a pedradas por una multitud calculada en cien personas. Esto obligó al comerciante a cerrar, por corto tiempo, su negocio, uno de los principales suplidores de mercancía en la ciudad.[29]

A principios del año 1902 el pueblo comenzó a observar que los ánimos iban cada día alterándose. La situación se complicó en la ciudad debido a protestas de índole social que repercutieron también en lo político. El 11 de abril de 1902, el alcalde informó al Gobernador Civil que unos panaderos en huelga habían marchado pacíficamente por la ciudad.[30] Sin embargo, durante horas de la noche de aquel día, testigos señalaban que se había hecho varios disparos resultando herida una persona.

Para mayo, otro de los principales dueño de casa comercial de la ciudad, Miguel Romaguera, identificado como presidente del Partido Federal en Guayama, elevó una queja al gobernador Hunt sobre los escándalos producidos por turbas republicanas en el municipio. Identificó a un individuo apodado "Dodo" como la persona que iba a atacar al líder federal, Santiago R. Palmer.[31]

A esa clase de violencia política se enfrentaría el propio Romaguera. En otra comunicación del alcalde de Guayama al gobernador, este informaba que el líder federal, Santiago R. Palmer, mientras se dirigía por el barrio Guamaní entre 2:00 y 3:00 p.m. "[...] he fired several shots at a group of peseants who were returning from town, causing the death of Elías Santos."[32] El alcalde informaba que

---

[29] Negrón Portillo, *op. cit.*, p. 185; *La Democracia*, 4 de diciembre de 1901, p. 4.
[30] Negrón Portillo, *op. cit.*, p. 186.
[31] *Ibid.*, p. 187.
[32] A.G.P.R. Fondo: Oficina del Gobernador, Serie: Correspondencia, Exp's: "Tele-

luego de este incidente en el cual Romaguera resultó herido y hubo un muerto, la población estaba en relativa calma. Este suceso provocó el arresto de catorce personas, las cuales eran del bando contrario al líder político federal.

Durante finales del siglo XIX, los guayameses se identificaron con los ideales de Luis Muñoz Rivera o, por lo menos, la población campesina era seguidora en aquel momento del líder autonomista, aunque la alcaldía hacia el año 1902 era controlada por los republicanos. El Gobierno Civil y el propio gobernador estadounidense, en gran medida, respondía a los intereses políticos de los miembros del Partido Republicano. "La policía en lugar de restablecer el orden les permitió que cometieran toda clase de excesos..."[33] en contra de aquellos que simpatizaban con las causas de los federales.

Aparte de la violencia política, estas elecciones de 1902 se caracterizaron por diversas irregularidades en el proceso electoral. En Guayama, "[...] los republicanos le impidieron a los federales tener representantes en los colegios electorales."[34] El Partido Federal no tuvo representación en las urnas electorales durante el día de las elecciones generales. Todos los jueces- que adjudicarían controversias legales relacionadas al proceso electoral- se identificaban con los

10. Luis Muñoz Rivera reunido con líderes políticos, (s.f.)

grama del Alcalde de Guayama de 12 de octubre de 1902." Caja 106.
[33] Agudo de Picart, *op. cit.*, p. 139.
[34] Negrón Portillo, *op. cit.*, p. 194.

republicanos, permitiendo en esa forma las irregularidades. En Salinas, perteneciente a Guayama en virtud de una Ley aprobada por la Asamblea Legislativa de Puerto Rico para la consolidación de municipios, se alegó fraude en esa elección de 1902. E. B. Wilcox, enviado del gobernador Hunt, transmitió el siguiente mensaje a La Fortaleza: "Have asked Manus, whom you gave me authority to appoint as my assistant here to send you report of certain irregularities which he observed at one of the Salinas precints."[35] El día antes de las elecciones, el 3 de noviembre de 1902, se envió un telegrama también a La Fortaleza indicando: "[...] in relation to alleged frauds at Guayama [they] have been referred to the Supervisor of Elections."[36]

Estas elecciones fueron ganadas por una ventaja abrumadora para el Partido Republicano. Los federales tampoco acudieron a las urnas por desavenencias con el gobernador Hunt, sin embargo, eligieron varios candidatos a la Cámara de Delegados. Los republicanos obtuvieron en Guayama 4,724 votos contra 671 de los federales.[37] Fue electo a un segundo término el alcalde, Fernando Lugo Viñas. La celebración de la victoria en ese evento fue toda una algarabía para los ganadores.

En la ciudad se celebró el "entierro" del Partido Federal donde se cantaban consignas contra los líderes federales. Estos llegaron hasta la residencia de uno de los familiares del líder federal que aludían los manifestantes. La policía no garantizó la seguridad de la señora dueña de la casa. Sin embargo, el Gobernador al enterarse de estos actos impropios de los republicanos contra los federales en Guayama no le quedó otro remedio que destituir a los policías que estaban presenciando aquel acontecimiento.[38]

No solo los republicanos obtuvieron el triunfo en la ciudad, sino también en todo el distrito ya que al "[...] extremarse las persecuciones contra los federales por faltas de garantías hasta para sus personas decidieron abstenerse de concurrir á las urnas".[39]

---

[35] A.G.P.R. Fondo: Oficina del Gobernador, Serie: Correspondencia, Exp's: "Telegrama al Gobernador Hunt el 7 de noviembre de 1902." Caja 106.

[36] A.G.P.R. Fondo: Oficina del Gobernador, Serie: Correspondencia, Exp's: "Telegrama al Gobernador Hunt el 3 de noviembre de 1902." Caja 106.

[37] Ver Apéndice C.

[38] Negrón Portillo, *op. cit.*, pp. 195-196.

[39] José G. del Valle, *A través de diez años (1897-1907). Trabajos políticos, económicos, históricas y sociales.* (Barcelona, España: Establecimiento Tipográfico de Feliú y Su-

5. El gobierno republicano en Guayama, 1902-1904

La vida municipal en la ciudad de Guayama continuó su marcha. El alcalde Fernando Lugo Viñas, entre sus propuestas políticas, propuso al Concejo Municipal la creación de un Cuerpo de Bomberos que "[...] en caso de desgracias acudiera prontamente y con organización completa á sofocar el voraz elemento, evitando que sean mayores los daños que pudieran causar."[40] De esta manera el alcalde, Fernando Lugo Viñas, logró convencer al Concejo Municipal para que procediera a la aprobación, y así crear dicha dependencia municipal.

Otro de los asuntos que el gobierno republicano de la ciudad de Guayama tuvo que atender, al iniciarse los primeros años del siglo XX, fue lo referente a las propiedades de la Iglesia Católica, Apostólica y Romana en Guayama. El presidente del Partido Republicano de Guayama, Joaquín Sabater, hizo saber al Ayuntamiento la necesidad de entregar al pueblo católico sus propiedades. Esta acción, que podemos describir como novel en este periodo, respondía a la nueva política de separación de iglesia y estado. La metrópolis deseaba implementarla de inmediato. El hecho de que el líder de un partido local le solicitara al Ayuntamiento que devolviera a los religiosos su edificio llama la atención, y se confirma que desde la llegada de las tropas estadounidenses los intentos de asimilación estaban rindiendo frutos. Por lo menos en el sector republicano tenía sentido, ya que estos abogaban por la implementación de medidas favorecidas por los intereses estadounidenses.

En su carta al Concejo Municipal, Sabater informaba que el edificio de la Iglesia Católica, Apostólica y Romana de Guayama fue erigida en el 1873 cuando un gobierno republicano en España dio "[...] libertad á siete u ocho mil seres humanos, que gemían bajo el yugo de la más espantosa esclavitud, entrando las víctimas de tan denigrante condición en el número de los ciudadanos, se dio fin a la obra que nos ocupa..."[41]

El asunto planteado por el Comité Municipal del Partido Repu-

---

sanna, 1907), p. 173.

[40] A.G.P.R. Fondo: Documentos Municipales, Serie: Guayama, Exp's: *Libro de Actas Municipales de Guayama, 1903.* Caja 15. Sesión del 15 de abril de 1903. F. 44v.

[41] A.G.P.R. Fondo: Documentos Municipales, Serie: Guayama, Exp's: *Libro de Actas del Concejo Municipal de Guayama,* Caja 15. Sesión de 24 de julio de 1903. F. 114v.

blicano de Guayama denunciaba el mal estado en que se encontraba el templo católico. Durante la dominación española el Gobierno asignaba recursos económicos para el mantenimiento del templo católico. Para ello los republicanos locales solicitaban a sus concejales que:

> [...] una Corporación republicana reconociera el derecho natural que ese mismo pueblo católico tiene á su templo; y por consiguiente interpretando la aspiración unánime de este vecindario, haciéndose eco de ella, ni vacilamos un momento, ni menos dudamos en que esa Hon. Corporación representante hoy de la voluntad popular..., atendiendo al deseo general, acuerda que el indicado edificio sea cedido en el estado en que se encuentra al culto Católico, Apostólico y Romano...[42]

Tanto el Alcalde como el Concejo Municipal acordaron traspasar a la Iglesia Católica los derechos sobre los templos de Guayama, Arroyo y Salinas "[...] con la expres[a] condición de que sea desti-

11. Templo católico San Antonio de Padua de Guayama, (c. 1920)

---

[42] *Ibid.*, fols. 114v- 115.

nado única y exclusivamente al culto referido y en ningún caso á otro objeto..."[43] Monseñor Blenk, primer obispo estadounidense en la Isla, fue notificado de este acuerdo, y el Secretario de Puerto Rico aprobó el mismo como parte de la nueva política de separación de iglesia y estado en suelo puertorriqueño.

He mencionado al alcalde Fernando Lugo Viñas. Este, a pesar de haber logrado la victoria en dos comicios electorales consecutivos, no era una figura política bien vista por sus adversarios. El ensayo, escrito por C. Fuster Morales en 1903, titulado *Miserias políticas: historia de un alcalde y dos propagandistas*, alude a una serie de sucesos en la ciudad bajo el dominio del alcalde Fernando Lugo Viñas. La imprenta que publicó el ensayo estaba establecida en Caguas y pertenecía a *La Democracia*. El periódico *La Democracia* fue trasladado a la ciudad de Caguas con el propósito de publicar dicho rotativo, ya que en San Juan sus instalaciones eran atacadas constantemente por elementos afines al Partido Republicano.

El relato que nos hace el autor Fuster Morales es sumamente interesante porque, al parecer, su objetivo era minar las fuerzas republicanas de Guayama. Su personaje principal, Fernando Lago Vinaroz, electo alcalde de Guayama, republicano, a quien se le conocía en el pueblo de Guayama como el "padre de los pobres."[44] La narración pone de manifiesto los "peligros" de un gobierno republicano para la ciudad.

Bajo la consigna de buen administrador y buen político, Lago Vinaroz se presentó a las urnas. Según la narración era el tipo de político culto, honrado y de humanidad que contaba con el respaldo de un pueblo. "¡Con don Fernando Lago, triunfó la democracia!, ¡con el Partido Republicano triunfó la libertad!"[45]

Pero las cosas no fueron como las presentó el candidato Lago Vinaroz. Al asumir el poder la desmoralización "[...] cundía por doquier y se entronizó en la antes libre y floreciente ciudad, el despotismo más ignominioso y la corrupción más vergonzante."[46]

Este ensayo nos puede servir de marco de referencia para co-

---

[43] *Ibid.*, f. 116.

[44] C. Fuster Morales, *Miserias políticas: historia de un alcalde y dos propagandistas*. (Caguas, Puerto Rico: Tipografía *La Democracia*, 1903), p. 7.

[45] *Ibid.*, p. 8.

[46] *Ibid.*, p. 9.

nocer la manera en que se desarrollaba la política en estos años en nuestra Isla. De hecho, en los periódicos de la época aparecen artículos donde contestan manifestaciones políticas que se publicaban en otros periódicos. Era un proceso político sumamente fuerte donde las opiniones de los líderes principales entraban en pugna con los diversos sectores políticos.

6. Primer periodo unionista en Guayama, 1904- 1910

Para el año de 1904 entró al escenario político puertorriqueño una nueva organización política que representaba distintos sectores ideológicos del país. "La idea de organizar un solo partido... que congregase a todos los puertorriqueños, se planteó en la asamblea que el Partido Republicano celebró en 1902."[47] Sin embargo, aquella propuesta no prosperó. Fue una invitación de Rosendo Matienzo Cintrón a los republicanos para formar aquella unión en 1904. Algunos republicanos aceptaron la idea, otros se mantuvieron en el movimiento republicano junto a Barbosa. De esta forma se fundó, en febrero de 1904, el Partido Unión de Puerto Rico que fue partido mayoritario en Guayama como en la mayor parte de la Isla durante este periodo que aquí presentamos. La Unión de Puerto Rico controlaría la Cámara de Delegados de Puerto Rico, portavoz del sentir del país.

Durante el periodo electoral del año 1904 muchos guayameses que se identificaban con el Partido Republicano abandonaron el mismo e ingresaron en las filas de la Unión de Puerto Rico. En el periódico *La Democracia*, órgano unionista, aparecían manifestaciones de aquellas personas que mostraban su desagrado por la política de los republicanos. Tal fue el caso de los señores Eduardo Cora, José Víctor Zayas, Isidoro Ayala, Pedro A. Cordero, Eulogio Vizcarrondo Pérez, Nicanor Huertas y Felipe Tirado quienes suscribieron en una carta, declarando su inconformidad "[...] con la incorporación denigrante de dicho Partido Republicano al Nacional (refiriéndose al Partido Republicano de los Estados Unidos), nos retiramos de él..."[48] No obstante este reiterado rechazo a las posturas republicanas, ellos entendían que el Partido Unión era el que podía contribuir a la "re-

---

[47] Silvestrini, *op. cit.*, p. 402.
[48] *La Democracia*, 11 de octubre de 1904, p. 6.

generación puertorriqueña".

Es importante notar que estos hombres que ingresaban a las filas unionistas, se identificaron como obreros. La masa obrera en aquellos años se identificó, en su mayoría, con el partido unionista. Otros simpatizantes republicanos de Guayama abandonaron sus filas para ingresar al unionismo. Decían, como argumento principal, que los ideales del Partido Unión de Puerto Rico "[...] sintetizan la cordialidad y el amor de la familia puertorriqueña, siendo este medio único por el cual podrá nuestro país alcanzar la gran suma de libertades a que tiene derecho á aspirar."[49] Los firmantes de la carta señalaban que:

> Las luchas intestinas sostenidas hasta hoy han resultado estériles y han lesionado de manera grave los intereses de nuestro pueblo; por esas poderosas razones es que Puerto Rico despierta respondiendo dulcemente el llamamiento de la patria dentro de la más perfecta unidad...[50]

Otros republicanos de Guayama desafectos al Partido Republicano se sumaron a las filas unionistas. Estos, al igual que los anteriores, mostraron inconformidad con la postura asumida por el Partido Republicano al expresar la deseabilidad de incorporarse al Partido Republicano de los Estados Unidos señalando que:

> [...] jamás soñamos en una incorporación suicida que entrega maniatada la patria pequeña á aquellos que han desconocido nuestra personalidad y el legítimo derecho á que con constitución, y por lo tanto con ciudadanía, nos cobije la bandera de los liberales.[51]

---

[49] *Ibid.* Los que firmaban la carta de adhesión al Partido Unión fueron los siguientes guayameses: Toribio Vázquez, Hilario Suliveras, Lilo Alvarez, José Alvarez, Juan Alvarez, Lino Verges, Eleuterio Alvarez, Cándido García, Aquilino Laboy, Dionisio Guadalupe, Natalio Pizarro, Pablo Delgado, Eusebio Molina, Francisco Báez, Nicolás Colón, Ricardo Sánchez, Arcadio Roche, Silverio Ramos y Lebrón, Antonio Vélez, Mercedes Villodas, Martín M. López, Encarnación Ortiz, Eulogio Blatuña, Juan Navarro, Lino Lanausse, Juan E. García, Esteban Aguilar, José Ortiz, Isidoro Marzán, Celestino Marzán, Ceferino Alexander, Eugenio Fontánez, Román Ledée, Francisco Dávila, Rafael Delgado, Justo González, José Rodríguez, Quintín Idelfonso, Nicolás C. Texidor, Valentín Alvarez, Salvador Cruz, Pedro José Cortés, Saturnino Gual, Quintín Rivera y Antonio Gutiérrez.

[50] *Ibid.*

[51] *Ibid.*, p. 6. Los firmantes de esta carta fueron los siguientes guayameses: Fernando Garriga y Brenes, Isaías Vázquez, Genaro Pillot, Alejandro López 2°, Fernando Texidor Gaudinau, Fernando Mandez, Juan Luzunaris, Pedro Pillot, José Cruz, Mateo Ortiz, Francisco Haddock, Esteban Aponte, Florencio Navarro, Telesforo

Otros, como Antonio Lebrón Gómez, también de Guayama, mostraron simpatías por la Unión de Puerto Rico, aunque según este, no pertenecía a ningún partido político como apareció en una hoja suelta circulada en la ciudad, y fue más lejos al llamar a los republicanos locales "calumniadores." Estos datos nos demuestran el debilitamiento de las fuerzas del Partido Republicano en Guayama al entrar en la contienda electoral de 1904.

El proceso electoral de 1904 fue sumamente interesante. Los republicanos atribuyeron su derrota electoral en Guayama a la propaganda política desarrollada por el liderato de la Unión de Puerto Rico. Bajo la firma de un "obrero imparcial" fue publicado en *La Democracia*, un manifiesto donde atribuyó los problemas sociales y políticos de Guayama al Partido Republicano y a su alcalde Fernando Lugo Viñas. El escrito manifestaba lo siguiente:

> La situación política de Guayama ha sido deslindada últimamente por las [facciones] republicanas que se luchaban el predominio en la administración. De un lado, han quedado los elementos populares del Partido, quienes debieron ser tomados en consideración por los hombres del Directorio de dicho Partido.[52]

La situación que imperaba en la ciudad, según publicó *La Democracia*, se describía de la siguiente manera:

> Guayama, ciudad que en otros tiempos marchaba en el sentido de una reforma constante, permanece hoy en el mayor abandono. Los habitantes de Guayama viven ahogándose en el mar de inmundicia que representa la ciudad. La higiene brilla por su ausencia, el acueducto, abandonado, a pesar de las muchas rentas que ha dejado desde su instalación; las calles llenas de baches; el alumbrado inferior al de un pueblo de cuarto orden; las alcantarillas sin hacer, y los canales de agua que hay hechos en las calles son un infestadero; el Depósito Municipal es una pocilga, sin edificio adecuado para el Ayuntamiento. Nada que sea adelanto. Un presupuesto elevadísimo; un lujo de chupó[p]teros y nada más.[53]

Esta reacción de un militante contrario al Partido Republicano,

---

Vázquez, Juan Nieto, Narciso Lebrón, Ramón Lebrón, Santiago Vázquez, Práxedes López, Delfín Berríos, Pedro Alvarez, Enrique Alvarez, Isidro Pillot, Mateo Cruz, Nicómedes Cintrón, Faustino Román, Cándido Laporte, Emilio Roque, Felipe Rodríguez, Jesús Arroyo, Toribio García, Natalio Solier, Rafael Tirado, Juan Bautista Lugo, Agustín V. Colón, Santiago Porrata y Martín Ramírez.

[52] *La Democracia*, 1 de octubre de 1904, p. 1.

[53] *Ibid.*

pone de manifiesto que los electores guayameses no habrían de emitir su voto al gobierno de Fernando Lugo Viñas. Como si fuera poco, el cierre de campaña de los unionistas en Guayama fue un llamado, a los electores capacitados para emitir su voto, a pensar en "el futuro de la patria". Según *La Democracia*, en el mitin hubo miles de unionistas dando vivas a la Unión y aclamando a Luis Muñoz Rivera como su líder máximo.[54] Este mitin contó con varios oradores, entre ellos el obrero José Lebrón, quien exhortó al público a respaldar a la Unión porque "[...] es la base fundamental del futuro bienestar de la clase trabajadora."[55]

Las elecciones se efectuaron el 8 de noviembre de 1904. El Partido Unión ganó las mismas. Los resultados electorales arrojaron para el Partido Republicano 1,757 votos y para los unionistas 3,268 votos.[56] Fue electo alcalde, Enrique González por el Partido Unión de Puerto Rico. La Cámara de Delegados, único organismo representativo puertorriqueño, obtuvo el triunfo por una amplia mayoría del Partido Unión de Puerto Rico; siendo la primera vez, y recién fundado, que dicho partido controlara el alto cuerpo legislativo. Por la ciudad de Guayama fue electo Delegado representando a la Unión de Puerto Rico, Tomás Bernardini de la Huerta.[57]

Un informe recibido en enero de 1905 en el municipio, puso de manifiesto los errores de la administración municipal republicana en Guayama. El Secretario de Puerto Rico le hizo saber, tanto al alcalde Enrique González, como al Concejo Municipal, las irregularidades que el gobierno republicano cometió al frente de la administración pública municipal de la ciudad. Tal parece que fueron esas irregularidades las causantes de la derrota republicana en las elecciones de 1904 en Guayama. Entre los señalamientos hechos por el Secretario de Puerto Rico, se encuentran la deficiente utilización de los libros del Tesorero Municipal, irregularidades con los contratistas, uso indebido de los coches municipales, entre otros, que llevaron a un descontento popular. "El servicio de suministro de medicinas á los pobres debe ser un asunto de cuidadosa consideración."[58] El uso

---

[54] *La Democracia*, 7 de noviembre de 1904, p. 1.

[55] *Ibid.*

[56] Ver Apéndice C.

[57] Bayrón Toro, *op. cit.*, pp. 125-126.

[58] A.G.P.R. Fondo: Documentos Municipales, Serie: Guayama, Exp's: *Libro de Actas*

de coches del municipio "[...] a expensa[s] de la ciudad por personas que no sean empleados municipales en el desempeño de sus deberes como tales, es un escándalo público y por consiguiente no se puede tolerar por un momento."[59] Además, las obras públicas municipales fueron criticadas por el Secretario de Puerto Rico.[60]

12. Firma del alcalde E. González, (1906)

Durante la administración unionista de Enrique González, este llamó la atención sobre el desarrollo urbano de la ciudad. En su *Informe Anual 1905-1906*, el alcalde informaba como logros "[...] los acuerdos adoptados por la Corporación Municipal [en que] figuran muchos relativos á numerosas concesiones de solares para fábricas de mampostería y madera."[61] Una revisión cuidadosa de los *Libros de Actas del Concejo Municipal de Guayama* en estos años reflejaba que el municipio otorgaba, en la condición de usufructo, los terrenos en distintos puntos de la ciudad para la fabricación de viviendas, además, el municipio tenía poderes para otorgar permisos tanto para la construcción como para la remodelación de viviendas.

> [El] desarrollo que viene tomando la urbanización de esta ciudad. El progreso en tal sentido es indudable... porque tengo la firme creencia de que obedece, en primer término, á la situación de paz y sosiego de que disfrutamos y que ha sido mantenida activamente por la administración.[62]

Para las elecciones generales de 1906 el Partido Unión de Puerto Rico se presentó nuevamente a las urnas. Las turbas republicanas hicieron su aparición tratando de provocar al liderato unionista de la ciudad. *La Democracia* informó incidentes en la ciudad de Guayama durante la celebración de un acto político unionista. Sin embargo, el periódico acusó a los republicanos señalando, no obstante, que estos

---

del Concejo Municipal. Caja 15. Sesión de 19 de enero de 1905. "Comunicación del Secretario de Puerto Rico." F. 9.

[59] *Ibid.*

[60] *Ibid.*, fols. 9- 9v.

[61] Municipio de Guayama. *Informe que el alcalde de Guayama dirige al pueblo y al Hon. Gobernador de Puerto Rico en cumplimiento de lo dispuesto por la Ley Municipal, (Ejercicio 1905- 1906)*. (Guayama, Puerto Rico: Tipografía Álvarez, 1906), p. 7.

[62] *Ibid.*

no consiguieron su propósito gracias "[...] al valor cívico del pueblo... [y a] ...que las damas unionistas no abandonaron sus puestos, ni un instante infundiendo ánimo a los hombres que al ver la actitud republicana se agruparon junto a la tribuna..."[63] Esa manifestación unionista concluyó con la protección de la policía insular.

Hay que señalar que el alcalde unionista Enrique González, dos semanas antes del evento electoral de aquel año, cursó una comunicación al gobernador Winthorpe informándole sobre los sucesos políticos que mantenía a la ciudad en vilo. El propio alcalde, en su carta al Gobernador, señalaba que él, como líder de la Unión en Guayama, había informado al Capitán de la Policía Insular de Guayama para que tomaran las previsiones necesarias para evitar la escalada de la violencia que se venía registrando en Guayama durante esa campaña electoral de 1906. El planteamiento del Alcalde giraba en torno a que mientras iba aumentando la presión electoral- por lo cercano del evento- los partidos políticos iban aumentando sus actividades proselitistas. Además, señalaba que no se había adoptado por el Concejo Municipal ninguna Ordenanza Municipal que regulase el uso de la Plaza Pública para la celebración de actos políticos. Los hechos que el alcalde señalaba al gobernador se remontaban a los actos celebrados por los partidos políticos el domingo, 14 de octubre de 1906. Al parecer, ese día, los partidos políticos principales tuvieron concentraciones de campaña en distintos puntos de la ciudad, por lo que no se habían hecho los arreglos pertinentes con la Policía Insular. Aprovechó el alcalde González en su misiva, para señalarle que entre los oradores a los actos políticos que celebraría la Unión, se encontrarían Rosendo Matienzo Cintrón, Luis Llorens Torres y Nemesio R. Canales.[64]

De la misma forma, el alcalde Enrique González en otra carta dirigida al Capitán de la Policía Insular de Guayama se quejaba de los mítines llevados a cabo por los socialistas guayameses donde los acusaba de llevar una campaña política de difamación y "apostrofar" contra personalidades políticas de entonces, como venían haciendo al parecer en otras localidades de la Isla. Señalaba, además,

---

[63] *La Democracia*, 11 de octubre de 1906, p. 1.

[64] A.G.P.R. Fondo: Documentos Municipales, Serie: Guayama, Exp's: Correspondencia, Caja 50. "Carta del alcalde Enrique González al gobernador Winthrop, 17 de octubre de 1906."

que "[...] sería muy doloroso que personas extrañas a esta localidad vengan a producir disgustos en el seno de esta sociedad."[65] Los
unionistas locales representados por el alcalde deseaban- al parecer-
refuerzos con el propósito de conservar el orden en la ciudad; por lo
tanto, era menester que se evitaran "los insultos" a personalidades
por lo que el alcalde pedía que se realizara la propaganda política
"[...] en el terreno de los principios y de las ideas que sustente."[66]

El 6 de noviembre de 1906 se celebraron las elecciones y en Guayama triunfó para un segundo término el Partido Unión obteniendo
una ventaja de 102 votos frente a los republicanos. El Partido Unión
obtuvo 1,678 votos y el Partido Republicano 1,576 votos.[67] Nuevamente, Enrique González, fue reelecto alcalde. En los dos años
subsiguientes los asuntos políticos se mantuvieron en relativa calma
bajo el dominio unionista.

Entre las gestiones que realizó el gobierno unionista en el bienio
de 1907 a 1909 estuvo ofrecer al Gobierno Insular un predio de 57
cuerdas de terreno para la instalación en Guayama de una granja
agrícola. Para ello, el 11 de junio de 1907, el alcalde Enrique González escribió una carta al Comisionado de Educación informándole
que el Concejo Municipal guayamés había adoptado un acuerdo con
el propósito de desarrollar el concepto de granja agrícola que ayuda-
ría a desarrollar agricultores en la ciudad.[68]

Hacia el año de 1908, al acercarse el periodo electoral, los republicanos volvieron nuevamente a tratar de recuperar la importante
plaza de Guayama. En un artículo publicado en *El Águila de Puerto
Rico*, periódico republicano, estos acusaban a los unionistas de mantener los servicios públicos en completo abandono. El periódico hacía referencia al informe anual del alcalde del año 1908 donde se
recalcaba que el municipio tenía superávit en sus finanzas. *El Águila*
señalaba que:

La censura hecha por el Alcalde de Guayama á su antecesor, no

---

[65] A.G.P.R. Fondo: Documentos Municipales, Serie: Guayama, Exp's: Correspondencia, Caja 50. "Carta del alcalde Enrique González al Capitán de la Policía Insular
de Guayama." s.f.

[66] *Ibid.*

[67] Ver Apéndice C.

[68] A.G.P.R. Fondo: Documentos Municipales, Serie: Guayama, Exp's: Correspondencia, Caja 50. "Carta del alcalde Enrique González al Comisionado de Educación,
11 de junio de 1907."

puede ser más amarga, y en verdad resulta dolorosísimo el contraste cuando dicha autoridad se complace hablando de superávits, mientras los servicios municipales están en completo estado de abandono.[69]

La lucha que a diario libraban estos partidos llegó al extremo de hacerse acusaciones entre ambas partes. En relación a un atentado sufrido por Luis Muñoz Rivera en San Juan, un líder unionista de Guayama acusó a los republicanos de planificar el mismo. Esto obligó al comité local de Guayama de los republicanos a publicar en *El Águila de Puerto Rico* una resolución condenando tales acusaciones vertidas desde la tribuna unionista.

> El Partido Republicano de Guayama, por sí y en representación de sus correligionarios de toda la Isla, formula su más enérgica protesta contra tan infame acusación, haciéndole presente al Partido Unión de Puerto Rico y á todos sus hombres individual y colectivamente que los Republicanos despreciamos á los que tan descarada y aviesamente se atreven a inculcar tan infames creencias a un pueblo honrado.

> El Partido Republicano de Guayama considera dicha prédica de anoche como un vil resorte empleado por el adversario para impresionar las masas populares en contra de sus hombres, atrayendo contra estos odios y rencores de aquellos; y en tal sentido deja también la responsabilidad íntegra de tales propagandas á semejantes predicadores de la venganza y la represalia.[70]

Estos acontecimientos despertaron interés en la política local por parte de la gente, de tal manera que al anunciar que habría un mitin de campaña en el que estaría presente Luis Muñoz Rivera y que según, *La Democracia*, más de mil personas esperaban al líder unionista.[71] En un artículo publicado en el mismo periódico, señalaba la gran acogida que tenía el Partido Unión por parte de los electores. Allí apareció un recuento de varios mítines de la colectividad

---

[69] *El Águila de Puerto Rico*, 21 de agosto de 1908, p. 3.

[70] *Ibid.*, 20 de octubre de 1908, p. 7.

[71] *La Democracia*, 27 de octubre de 1908, p. 1. En la nota periodística resalta un encuentro que tuvo Luis Muñoz Rivera con una niña campesina del barrio Carite de Guayama. Mientras Muñoz Rivera se dirigía hacia San Juan, una niña de 8 años detuvo el automóvil y le obsequió con una rosa natural. "Aquella criatura se hallaba sola, en el agreste follaje, lejos de toda vivienda humana. Y aquel acto, conmovedor y espontáneo, era suya, de su almita precoz que apenas comprende las luchas de los hombres en demanda del ideal", mencionaba la nota.

en los barrios de Guamaní, Corazón, Algarrobo, Hoya del Inglés, Borinquen, Jobos, entre otros, donde el denominador común era el ingreso de republicanos a las filas de la Unión.

> De ahí la desbandada que sufre, porque convencido los pocos republicanos que quedan de que su partido no puede resolver ningún [problema] político ni social, con sus malos procedimientos que ya no encajan en los modernos tiempos, vienen a engrosar al de la Unión de Puerto Rico...[72]

13. Firma del alcalde E. Amy, (1909)

Los resultados de las elecciones eran los esperados: triunfó nuevamente el Partido Unión de Puerto Rico. Estos obtuvieron 1,558 votos frente a 1,376 del Partido Republicano. Por vez primera otras tendencias políticas recibieron votos; el Partido Liberal Autonomista obtuvo ocho votos y la Federación Libre de Trabajadores solo dos votos. Resultó electo alcalde, Enrique Amy.[73]

7. Segundo periodo republicano, 1910-1914

Luego de seis años en la administración pública municipal, el Partido Unión perdió, por vez primera, las elecciones generales celebradas en Guayama en 1910. Meses antes de las elecciones el Partido Republicano, capitaneado por el Dr. José Celso Barbosa, celebró en Guayama su convención donde se aprobó la plataforma que sería presentada a los electores.

Esta convención, unida a la campaña que realizaron los republicanos de Guayama contra el gobierno unionista, condujo al triunfo republicano en la ciudad. Como parte de la propaganda política de este partido se acusaba a los unionistas de desatender a la clase pobre de Guayama.

Entre los reclamos de los republicanos de Guayama se encontraba el que no había "lavaderos públicos" adecuados. La mujer que se dedicaba a estas tareas domésticas, (muy común para la época) según los republicanos, "[...] tienen que andar largas distancias sin encontrar donde hacer su trabajo; por tanto hay que dotar á

---

[72] *Ibid.*, 15 de octubre de 1908, p. 4.
[73] Ver Apéndice C.

esta ciudad dé lavaderos públicos con la, higiene, y comodidades necesarias".[74]

14. Mujeres en el río Guamaní, (c. 1920)

Otro de los asuntos que el candidato a alcalde José Muñoz Vázquez, trajo a la atención de los electores fue la situación del alumbrado público municipal. Durante nuestro análisis de los *Libros de Actas del Concejo Municipal de Guayama* notamos diferentes reacciones referentes al alumbrado público. Había la necesidad imperiosa de que la ciudad contara con un sistema eficiente de alumbrado, reclamo que los republicanos acogieron como parte de sus ofrecimientos al electorado guayamés. De igual manera, los servicios médicos ofrecidos a la ciudadanía por la administración municipal unionista fueron criticados, al igual que las condiciones del cementerio municipal que debían estar mejor atendidos[75], señalaba el escrito republicano. El crecimiento poblacional también era un elemento muy preocupante para el liderato republicano de Guayama. Para ello, el candidato republicano propuso ensanchar la ciudad. Argumentaba que "Tenemos un gran aumento en la población y es necesario utilizar los ejidos para este fin."[76]

---

[74] "Manifiesto que publica don José Muñoz Vázquez al pueblo de Guayama." *El Águila de Puerto Rico*, 29 de agosto de 1910, p. 1.

[75] *Ibid.*

[76] *Ibid.*

Los unionistas contaban como candidato en las elecciones generales de 1910 a Genaro Cautiño Insúa. Los republicanos, en esa campaña, hicieron hincapié en que "[...] no nos guía la idea de lucro..."[77], en clara referencia a la candidatura de Genaro Cautiño Insúa, un acaudalado hacendado y prominente líder del Partido Unión en Guayama, e hijo del hacendado guayamés que también formara parte del Concejo Municipal de Guayama al momento de la invasión estadounidense de 1898, Jenaro Cautiño Vázquez.

15. Guayama, visita del gobernador G. Colton, (c. 1909)

El *Águila de Puerto Rico* publicó otro artículo donde señalaba la difícil situación por la que atravesaban los unionistas en Guayama:

> La situación del Partido Unionista aquí en Guayama es desesperada; está en presencia de una desbandada terrible y esto se debe á su falta de consecuencia con el pueblo que le dió sus sufragios en la creencia de que su labor había de resultar en una era de prosperidad para esta ciudad...[78]

Los resultados electorales de aquella elección del año 1910 concedieron el triunfo al Partido Republicano y a su candidato José Muñoz Vázquez. Este obtuvo 1,928 votos y la Unión, con su candidato Genaro Cautiño Insúa, recibió 1,914 votos. Este cerrado resultado

---

[77] *Ibid.*

[78] *Ibid.*, 28 de septiembre de 1910, p. 4.

electoral provocó un pleito judicial que se llevó ante la considera-ción del Tribunal Supremo de Puerto Rico por parte del Partido Unión de Puerto Rico; pero el triunfo republicano, que fue de 14 votos, fue ratificado por el alto foro judicial puertorriqueño en el año 1912.[79] Fueron dos años de pleito judicial que los llevó casi hasta la celebración de las elecciones de 1912.

Durante el periodo republicano de 1910 a 1912 hay que desta-car las acciones administrativas llevadas a cabo por el alcalde José Muñoz Vázquez. En su informe anual para el Año Fiscal 1911- 1912, el Municipio de Guayama tenía un presupuesto de $33,397.63 y es-peraba terminar el año con un sobrante de $10,030.85.[80] La adminis-tración republicana en Guayama proclamaba el desarrollo de varios proyectos públicos durante esos dos años, como por ejemplo, la repa-ración y conservación de calles, cunetas, aceras y alcantarillados de la ciudad; además, destacaba las mejoras al depósito municipal y la construcción del hospital municipal que se realizaba sin "[...] afectar los recursos ordinarios de la municipalidad, la cual en breve estará terminada y puesto al servicio de la Beneficencia Municipal..."[81] En cuanto a las obras del hospital municipal se señalaba en el informe

---

[79] Los candidatos presentados por el Partido Unión y el Partido Republicano a dife-rentes puestos electivos en Guayama fueron los siguientes:

Los candidatos del Partido Unión de Puerto Rico:

Alcalde
Genaro Cautiño Insúa
Concejales Municipales
Manuel Gómez, Enrique Amy, Amelio E. Blondet, Fabriciano Mandez, Julián Anglade, Fabriciano Lebrón, Tomás Bernardini de la Huerta
Junta Escolar
Alejandro Buitrago, Antonio Rodríguez, Joaquín Rovira.

Los candidatos por el Partido Republicano:

Alcalde
José Muñoz Vázquez
Concejales Municipales
José L. Castillo, Eduardo McCormick, Antonio Cabassa y Pica, Pedro Pérez, Antero Aquino, Matías Pomales, Ramón Vives.

Junta Escolar
Edgardo Vázquez, Luis Capó Matress, José María Martínez.

La Democracia, 4 de octubre de 1910, p. 4.
[80] Municipio de Guayama, *Informe anual al pueblo de Guayama y al Hon. Gobernador de Puerto Rico (año económico de 1911 á 1912)*. (Guayama, Puerto Rico: Tipografía Rodrí-guez & Co., 1912), p. 3.
[81] *Ibid.*

que se estaba construyendo en bloques y ladrillos y que los espacios estaban bien distribuidos. Además, el Hospital Toribio (como se le conocería) fue el deseo y la voluntad expresada en el donativo otorgado a la ciudad por el filántropo español, Pedro Toribio y García. El hospital tendría un costo aproximado de $13,000.00, cantidad no prevista en el presupuesto, y de acuerdo al *Informe*, el donativo legado de Pedro Toribio y García había provocado comentarios favorables

en el vecindario guayamés.[82] Sobre otros proyectos públicos de aquella administración se destaca el alumbrado público cuyos focos, como fuente de energía, utilizaba gasolina marca "Pitner" y otros utilizaban otras fuentes de combustibles, de acuerdo al alcalde.[83]

16. Guayama, Plaza de Recreo Cristóbal Colón, (1904)

8. Pleito en torno a las elecciones de 1910; y el proceso electoral de 1912

El triunfo electoral obtenido por los republicanos de Guayama en las elecciones de 1910 fue impugnado por los unionistas y su líder, Genaro Cautiño Insúa, alegaba fraude en las votaciones. Dicha impugnación, que no sería el primer incidente electoral en el periodo estudiado, se resolvió dos años más tarde cuando ya era innecesario dicho dictamen, y más aún, cuando la administración republicana ya había tomado posesión de los cargos y llevaban más de la mitad del mandato generado en las elecciones de 1910.

La impugnación se basó en el hecho de que los candidatos unionistas eran los legítimos candidatos electos y, además, que supuestamente los republicanos habían cometido fraude en el proceso de

---

[82] *Ibid.*, p. 13.
[83] *Ibid.*

votación del 8 de noviembre de 1910. Por lo tanto, los unionistas pedían al Tribunal que declarase nulo los procedimientos electorales y ordenara una nueva elección en Guayama.

Según los argumentos presentados en la resolución del Tribunal Supremo, los unionistas alegaban que el candidato republicano a alcalde, José Muñoz Vázquez, en un colegio de votación, emitió su voto a favor de su candidatura y del resto de la plancha republicana a viva voz, en vez de emitirlo en secreto.

> Parece ser que al emitir su voto manifestó que votaba por toda la relación de candidatos republicanos, tratando tal vez con esto de dar un ejemplo a sus correligionarios y con el fin de animar al público en favor de su candidatura.[84]

Según el Tribunal Supremo, solamente estaba permitido votar a viva voz a aquellos electores que no supieran leer y escribir y debían solicitar la ayuda necesaria a los "[…] inspectores en la preparación de sus papeletas."[85] Sin embargo, el Tribunal Supremo llegó a la conclusión que en esa elección hubo muchos electores que solicitaron la ayuda para poder ejercer el voto. Alegaban los unionistas que el dar el voto a viva voz iba contra la secretividad del voto.

Cuando el Tribunal Supremo de Puerto Rico dictó sentencia ratificando la elección de José Muñoz Vázquez como alcalde de la ciudad, el mismo se tornó inútil. La decisión fechada el 11 de noviembre de 1912 no iba a alterar en nada los resultados políticos de las elecciones de 1910. Ya había finalizado el periodo de dos años de gobierno de José Muñoz Vázquez, quien resultaría triunfante nuevamente en las elecciones generales del año 1912 por una mayor cantidad de votos frente a su adversario, nuevamente, Genaro Cautiño Insúa.

El Águila de Puerto Rico, en su edición del 19 de noviembre de 1912, se alegró por aquella decisión ya que "[…] el triunfo republicano en estas últimas elecciones fue por 86 votos de mayoría, lo cual confirma el triunfo anterior... que ha venido a confirmar el Tribunal Supremo en su fallo."[86]

---

[84] Genaro Cautiño Insúa vs. José Muñoz Vázquez. En: *Colección de las sentencias y resoluciones dictadas por el Tribunal Supremo de Puerto Rico*. Tomo 18. (San Juan, Puerto Rico: Bureau of Supplies, Printing, and Transportation, 1913), p. 886.

[85] *Ibid.*

[86] *El Águila de Puerto Rico*, 19 de noviembre de 1912, p. 1.

17. Guayama, recibimiento al gobernador G. Colton, (c. 1909)

Durante las elecciones generales de 1912, hubo un llamado de los unionistas de Guayama a que los empleados del riego no intervinesen en los procesos electorales. Estos empleados respondían al Gobernador de Puerto Rico.

> Estamos tomando notas y datos de ciertos empleados del Riego y de la administración por la participación que vienen tomando en la política local, pues, durante el periodo de inscripciones pudimos notar salida de empleados de dicha administración para preparar gente para tales inscripciones.[87]

Entre los asuntos que se destacaron en las elecciones generales de 1912 fue el alto costo de la vida en la ciudad de Guayama. *La Democracia* daba cuenta del alza en los precios de los artículos de primera necesidad, asunto que agobiaba a los puertorriqueños de principios de siglo:

> Ya es imposible llevar la vida, por el alza que se viene notando en todos los artículos de primera necesidad en esta ciudad; la carne fluctúa entre 44 a 46 centavos el kilo y las provisiones están relativamente al alcance de aquellos.[88]

---

[87] *La Democracia*, 25 de julio de 1912, p. 3.
[88] *Ibid.*

En esas elecciones generales de 1912 entró en el escenario político la formación de varios partidos locales, "[...] ninguno de los cuales obtuvo un número sustancial de votos..."[89], como para ser electo. En Guayama, participó un partido local llamado 'Partido Unionistas Puros de Guayama', que solamente postuló candidatos para los cargos de Secretario y Alguacil de la Corte Municipal.[90] Obtuvieron solo 23 votos.

A pesar de los problemas diarios que confrontaba la ciudad, los republicanos ganaron las elecciones generales de 1912 en Guayama y reeligieron a José Muñoz Vázquez como alcalde para el bienio de 1912 a 1914.

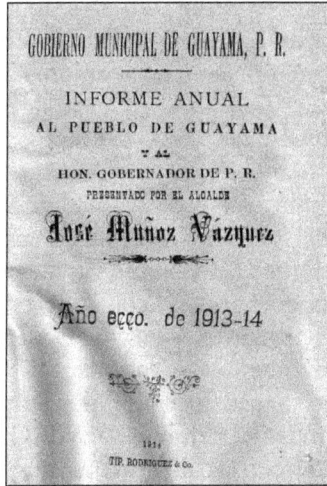

GOBIERNO MUNICIPAL DE GUAYAMA, P. R.

INFORME ANUAL
AL PUEBLO DE GUAYAMA
Y AL
HON. GOBERNADOR DE P. R.
PRESENTADO POR EL ALCALDE

José Muñoz Vázquez

Año ecco. de 1913-14

TIP. RODRIGUEZ & Co.

18. Portada del *Informe Anual 1913-1914*, del alcalde José Muñoz Vázquez.

9. Segundo periodo unionista, 1914- 1920: victoria y una jornada administrativa intensa "de reformas y mejoramiento público"

Luego de pasar por un periodo de cuatro años bajo el mando del Partido Republicano y su alcalde José Muñoz Vázquez, el Partido Unión de Puerto Rico retomó el poder en la ciudad de Guayama en el año 1914 encabezado por su candidato alcalde, Genaro Cautiño Insúa.

Genaro Cautiño Insúa ganó la elección general de noviembre de 1914 por cerca de 200 votos sacando del panorama político local al Partido Republicano y a los líderes que habían gobernado la ciudad desde las elecciones de 1910.[91]

---

[89] Pagán, *op. cit.*, p. 151.

[90] Puerto Rico. Junta Insular de Elecciones. *Statistics for Votes Cast Shown by Votes for Commissioner to the Unites states Elections of 1912.* (s.l., s.e., s.f.), s.p. (Folleto). Ver Apéndice C.

[91] Ver Apéndice C.

A pesar de haber logrado el triunfo, los republicanos observaron que la victoria unionista se debía "[...] no al paso de la opinión unionista, sino al empuje de los dólares del señor Cautiño."[92] Resulta interesante esta apreciación del periódico, no obstante, el periódico no sustentó sus alegaciones de compraventa de votos por parte de los unionistas y de Genaro Cautiño Insúa.

19. Firma del alcalde G. Cautiño Insúa.

La Democracia, por su parte, se regocijaba por aquella victoria en la importante plaza de Guayama, cuando se referiría a que "Guayama ha realizado un esfuerzo admirable para demostrar que [si] se quiere triunfar, [se] triunfa sobre los enemigos de la Unión."[93]

Durante los próximos dos años la administración de Genaro Cautiño Insúa se interesó en el mejoramiento de distintos aspectos de la ciudad; por ejemplo, la ampliación del acueducto municipal y la remodelación de la plaza pública Cristóbal Colón. La administración municipal dirigida por Genaro Cautiño Insúa fue muy activa en cuanto a los asuntos que tuvo que atender durante su incumbencia. Entre las acciones que desarrolló el alcalde Cautiño fue la aprobación de una Ordenanza Municipal cuyo propósito principal era autorizar un empréstito por la cantidad de $90,000.00. De acuerdo a la Ordenanza, dicha cantidad de dinero se utilizaría para atender cinco asuntos que el alcalde entendía eran prioritarios en la ciudad. Estos eran: ampliación y mejoras al acueducto con una asignación de 60 mil dólares; instalación de luz eléctrica y compra de contadores por 15 mil dólares; construcción de planta alta para la Casa Alcaldía por la suma de 7 mil dólares; construcción de una moderna cárcel municipal a un costo de 6 mil dólares, y, por último, se consignaba en esa legislación local el pago de las deudas municipales hasta un máximo de 2 mil dólares.[94]

---

[92] *El Águila de Puerto Rico*, 6 de noviembre de 1914, p. 8.

[93] *La Democracia*, 5 de noviembre de 1914, p. 1.

[94] A.G.P.R. Fondo: Documentos Municipales, Serie: Guayama, Exp's: Correspondencia 1910- 1919, Caja 51. "Ordenanza del Concejo Municipal de Guayama refe-

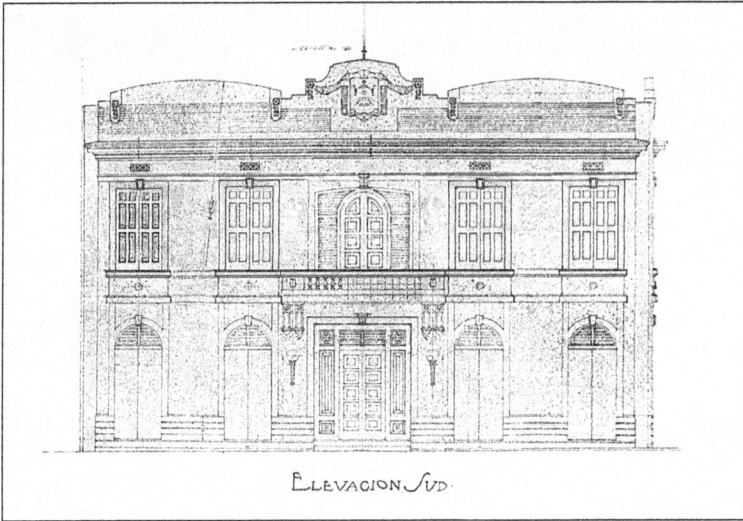

20. "Reforma a la Casa Alcaldía de Guayama, Puerto Rico.", Ing. J. A. Bruno, (1915)

Un detalle interesante que se desprende de la Ordenanza Municipal era que, de acuerdo a los datos del Municipio, el valor de la propiedad tasado en Guayama era de $3,618,804.00, por lo que el Gobierno Municipal podía tomar prestado para realizar dichas obras públicas. Entre las razones presentadas por el Concejo Municipal para aprobar dicha Ordenanza autorizando el empréstito estaba que la ciudad no podía seguir sin servicios de agua en varias zonas; sin calles, y, mucho menos, "[...] tener un edificio regularmente apropiado donde decorosamente puedan albergar las distintas dependencias municipales."[95] Sobre el asunto del acueducto y del sistema de agua potable en la ciudad destacaba la Ordenanza que la gente a diario tenía que:

> [...]pasar por la pena que le proporciona la carencia de agua, no tan sólo para las necesidades domésticas de los habitantes de la ciudad, sino también para surtir a las distintas industrias que necesitan con ella llenar necesidades primarias del negocio y además, por el temor de que en un momento fatal para la riqueza urbana surja una conflagración que la devaste y aniquile, sin que el Municipio pueda prestarle la ayuda que debiera, no sólo con la abundancia de agua,

---

rente a empréstito de $90,000, 25 de abril de 1915."
[95] *Ibid.*

sino también, con una eficiente organización de bomberos, dispuesto a tales emergencias.[96]

Para poder ratificar el Proyecto de Ordenanza Municipal, el Concejo Municipal de Guayama autorizó al alcalde Cautiño a citar a una reunión conjunta entre el Concejo Municipal y los mayores contribuyentes de la municipalidad. La reunión en cuestión se efectuó el 5 de mayo de 1915 y, de acuerdo al Acta levantada en esa ocasión, participaron un total de 539 contribuyentes guayameses que, en unión al Concejo Municipal y al Alcalde, acordaron votar a favor de la cuantía de dicho empréstito y de la contribución especial para el pago de la amortización e intereses del mismo; además, acordaron la aprobación de los planos y memorias de las obras que se llevarían a cabo, producto del empréstito.[97] Resulta curioso que para tomar la determinación final para aprobar dicha Ordenanza, se circuló en la reunión una papeleta de votación donde los participantes escribirían si estaban de acuerdo o no con la aprobación del empréstito solicitado por el alcalde. El resultado final de la reunión conjunta fue la ratificación de la misma por los presentes y, Genaro Cautiño Insúa se convirtió en el gran ganador de aquella jornada del 5 de mayo de 1915, ya que pudo impulsar los proyectos peticionados.

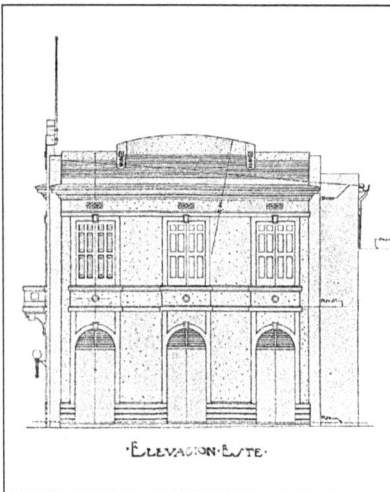

·ELEVACION·ESTE·

21. "Reforma a la Casa Alcaldía de Guayama, Puerto Rico.", Ing. J. A. Bruno, (1915)

En el primer periodo del gobierno de Genaro Cautiño Insúa, al frente del ayuntamiento local, este tuvo que enfrentar algunas crisis tanto políticas como obreras. Cabe destacar, además, que durante sus años como alcalde de Guayama se enfrentó a los efectos negativos provocados por la Primera Guerra Mundial de 1914 a 1918 sobre la economía guayamesa. En el plano local, la gran tarea consistió

---

[96] *Ibid.*
[97] *Ibid.*

en atender los reclamos que hacían, por ejemplo, los tahoneros que se habían ido a la huelga. La Huelga de Tahoneros de Guayama de 1916 provocó gran escasez de pan en la ciudad, y el liderato de los tahoneros envió una carta al alcalde Cautiño Insúa donde pedía que ejerciera sus buenos oficios ante los dueños de las tahonas "[...] para que nos arrienden una para nosotros amasar hasta que ellos se dispongan a pagarnos el salario por nosotros pedido."[98] Los motivos de la huelga de los trabajadores de pan obedecieron al bajo salario que percibían por realizar su trabajo. Los líderes firmantes de la carta al alcalde eran Bautista Cora y Fernando Torregrosa.

Aunque la huelga se desarrolló en Guayama, de acuerdo a un informe preparado por el Negociado del Trabajo, durante aquel año de 1916 se efectuaron huelgas de tahoneros en los municipios de San Juan y Bayamón con los mismos reclamos que hacían los tahoneros de Guayama. El Negociado informaba al 11 de abril de 1917, que solamente en Guayama había participado un grupo de 50 tahoneros, y que no habían logrado el objetivo perseguido, es decir, aumentar sus salarios. A diferencias en las otras dos municipalidades donde sí hubo victorias significativas para los obreros del pan.[99]

La obra administrativa del alcalde, Genaro Cautiño Insúa, entre los años de 1914 a 1918 fue sin duda fructífera y muy provechosa para la ciudadanía de Guayama. Entre las obras que ocupó la atención de la administración municipal unionista de Guayama estaba la que tenía que ver con el servicio de alumbrado público y, por consiguiente, la que movía el motor de la electricidad en la ciudad, el sistema de riego, además, el suministro de agua. En abril del año 1915 se concedió un permiso, por parte del Consejo Ejecutivo de Puerto Rico, al Gobierno Municipal de Guayama para la operación y mantenimiento de una franquicia para un sistema de alumbrado eléctrico para la ciudad de Guayama, derivado del Riego de Carite.

En carta enviada por el alcalde Genaro Cautiño Insúa el 22 de abril de 1915 a J. W. Beardsley, de la Porto Rico Irrigation Service

---

[98] A.G.P.R. Fondo: Documentos Municipales, Serie: Guayama, Exp's: Correspondencia 1910-1919. Caja: 52. "Carta al alcalde Genaro Cautiño Insúa por parte de los huelguistas tahoneros, s.f."

[99] Negociado del Trabajo. *Quinto Informe del Negociado del Trabajo a la Asamblea Legislativa de Puerto Rico, 11 de abril de 1917*, p. 9. Encontrado dicho Informe en: A.G.P.R. Fondo: Documentos Municipales, Serie: Guayama, Exp's: Correspondencia 1910-1919. Caja 52.

de Guayama, daba cumplimiento a una solicitud del Concejo Municipal de Guayama donde solicitaba a dicha compañía aumentar el caudal de agua que suministraba el Servicio del Riego a la ciudad. Solicitaba el alcalde aumentar de seis litros por segundo a veinticinco litros por segundo; dicha solicitud se basaba, entre otras, en que la toma del agua (proveniente del río Guamaní) se había hecho bajo una concesión pensada para el beneficio de la comunidad.[100] La justificación del alcalde se basaba en que:

> [...] la escasez de agua que se siente debido al aumento de población, obtenido en los últimos tres lustros y a las exigencias sanitarias modernas y el gestionar el aumento indicado, lo hacemos en la seguridad de que la ampliación que se interesa se verifique sin gravámenes alguno para el Municipio, en atención á que se trata de una necesidad reclamada para la salud pública y para otros fines de beneficio general.[101]

El alcalde se refería, entre otras, a las obras del acueducto que el Municipio, durante esos años, estaba llevando a cabo. Valga comentar, relacionado con el asunto del acueducto y del consumo de agua en la ciudad, que hacia el año 1917, y a solicitud del comisionado del Departamento del Interior, Manuel V. Domenech, sobre el servicio de agua en la ciudad, el alcalde Cautiño, informaba que el número de contadores instalados era de 566; fuentes públicas 9, y de acometida, para usos públicos municipales de todas clases, era de 7. En cuanto al gasto público municipal a la fecha del 9 de julio de 1917, el Gobierno Municipal de Guayama había gastado un total de $797.98, que se dividía en el pago de un plomero municipal con $480.00 anuales; un celador de toma de agua por $180.00 anuales y gastos de materiales por $127.98.[102] Para esa fecha el Concejo Municipal de Guayama había aprobado una Ordenanza Municipal que regulaba el suministro de agua en la ciudad, que era operado por el

---

[100] A.G.P.R. Fondo: Documentos Municipales, Serie: Guayama, Exp's: Correspondencia 1910-1919. Caja 52. "Carta a Mr. J. W. Beardsley de la Porto Rico Irrigation Services de Guayama", 22 de abril de 1915.

[101] *Ibid.*

[102] A.G.P.R. Fondo: Documentos Municipales, Serie: Guayama, Exp's: Correspondencia, 1910-1917, Caja 52. "Carta de Manuel V. Domenech al alcalde Genaro Cautiño requiriendo información sobre el acueducto de Guayama en cuanto al consumo de agua en Guayama", 29 de junio de 1917; "Contestación del alcalde Genaro Cautiño Insúa al Ing. Manuel V. Domenech", 9 de julio de 1917.

Gobierno Municipal de Guayama.

En el *Informe Anual* del Alcalde Genaro Cautiño Insúa, correspondiente al Año Fiscal 1916- 1917, el inspector de Obras Públicas del Municipio de Guayama, le informaba al alcalde que al 1 de agosto de 1917 se había instalado un contador en la cañería de alimentación de los depósitos de agua por un valor de $591.62, además, de la instalación de dos fuentes públicas adicionales en las calles San José y Duques de la población.[103]

22. Edificio del Servicio de Riego de Guayama, (s.f.)

Referente al servicio eléctrico, el Gobierno Municipal de Guayama, contaba hacia el año 1918 con una Oficina del Servicio Eléctrico Municipal. Esta dependencia, creada durante la incumbencia del alcalde Genaro Cautiño Insúa, era la encargada de suministrar energía eléctrica a la población que, a su vez, era comprada al Servicio de Riego de Guayama. Durante el Año Fiscal 1918- 1919, el consumo de kilovatios hora que el Gobierno Municipal compró fue de 158,970 kilovatios hora, que se distribuyó en 61,442 kilovatios horas consumido por el Ayuntamiento; 63,201 kilovatios horas vendidas por contador; 13,231 kilovatios horas sin contador, y 21,116 kilova-

---

[103] Municipio de Guayama. *Informe Anual al Pueblo de Guayama y al Gobernador de Puerto Rico rendido por el alcalde Don Genaro Cautiño Insúa en cumplimiento de lo que dispone la sección 29 de la Ley Municipal, Año Fiscal 1916- 1917.* (Guayama, Puerto Rico: Tipografía Carminely, 1917), p. 23.

tios horas perdidas.[104] Pablo Indart, Superintendente del Servicio Eléctrico de la ciudad, informaba al alcalde Jorge Grau, que durante la incumbencia del alcalde Genaro Cautiño Insúa, se habían comprado 102 contadores para medir el consumo de electricidad.[105] El Municipio, durante ese año fiscal, había logrado recaudar $13,749.28 por la venta de electricidad en la ciudad y sus egresos ascendieron a $11,809.20.[106] La electricidad que era comprada al Servicio del Riego de Guayama costaba al Gobierno Municipal de Guayama $0.04.5 centavos, lo que le valió un gasto al municipio de $7,153.65.[107]

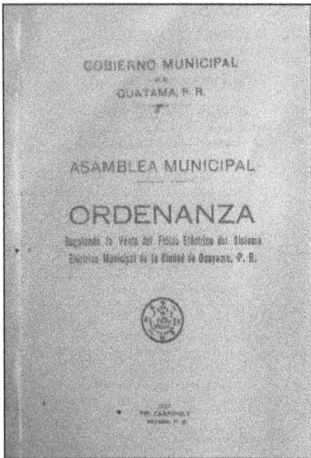

23. Ordenanza Municipal que regula la venta de fluido eléctrico, (1927)

El sistema eléctrico de la ciudad fue estrictamente reglamentado mediante la aprobación de una Ordenanza Municipal el día 7 de junio de 1920, por la organizada Asamblea Municipal, que sustituyó al anterior Concejo Municipal por disposición de una nueva Ley Municipal aprobada por la Asamblea Legislativa de Puerto Rico durante aquel año. La Ordenanza Municipal en cuestión, que regulaba dicho servicio, disponía que el mismo fuera aplicable al servicio eléctrico dentro de la zona urbana de la ciudad, y estaría bajo el control y supervisión del Comisionado de Obras Públicas Municipal.[108] El estatuto municipal fijaba tres tipos de clasificación para establecer las tarifas. Los que se clasificaban como Tarifa "A", serían para alumbrado, ventiladores, acumuladores, aparatos de masajes, aparatos de Rayos X, motores

---

[104] Municipio de Guayama. *Informe Anual al Pueblo de Guayama y al Honorable Gobernador de Puerto Rico rendido por el alcalde Don Jorge Grau en cumplimiento de lo que dispone la Sección 29 de la vigente Ley Municipal, Año Fiscal 1918- 1919.* (Guayama, Puerto Rico: Tipografía de Luis Carminely, 1919), p. 27.

[105] *Ibid.*

[106] *Ibid.*, p. 29.

[107] *Ibid.*

[108] Asamblea Municipal de Guayama. *Ordenanza regulando la venta del fluido eléctrico del Servicio Eléctrico Municipal de la Ciudad de Guayama.* (Guayama, Puerto Rico: Tipografía "La Nueva Libertad", Inc., 1920), p. 1.

pequeños de uso doméstico, aparatos de calefacción pequeños, se fijaría una tarifa de 15 centavos el kilovatio hora.

Mientras que en la Tarifa "B" se incluía la calefacción doméstica o industrial por medio de planchas, hornos, calentadores y otros aparatos análogos estableciendo una tarifa de 10 centavos el kilovatio hora. Se incluyó en la Tarifa "C" aquellos aparatos de fuerza motriz en instalaciones industriales, no dedicadas a la generación de fluido para alumbrado o calefacción. En esta tarifa podría variar el precio por kilovatio hora.[109] La Ordenanza, además, estableció tarifas fijas para los que consumieran al mes ciertas cantidades de kilovatios horas, la misma se distribuiría de la siguiente forma:

1 a 200 Kilovatios horas..............................0.10 centavos
201 a 250 kilovatios horas........................0.095 centavos
251 a 300 kilovatios horas..........................0.09 centavos
301 a 400 kilovatios horas........................0.085 centavos
400 a 500 kilovatios horas..........................0.08 centavos
500 ó más kilovatios horas......................0.075 centavos[110]

De acuerdo a la Ordenanza, el Gobierno Municipal de Guayama colocaría los contadores a los que los solicitaran y haría las gestiones de cobro mensualmente. En los libros de *Actas de la Asamblea Municipal de Guayama*, correspondiente a los inicios de la década de 1920, abundan las peticiones de ciudadanos solicitando dicho servicio y se facultaba al Tesorero Municipal a realizar las gestiones de cobro pertinentes a los que tuvieran el servicio suministrado por el gobierno de la ciudad.

En la administración del alcalde Genaro Cautiño Insúa, las manifestaciones públicas eran la orden del día. Los grupos políticos, económicos y sociales que deseaban realizar manifestaciones en lugares públicos, bien sea en plazas o en las calles de la ciudad, debían solicitar permiso al Gobierno Municipal de Guayama para llevar a cabo las mismas. Entre los documentos municipales disponibles en el Archivo General de Puerto Rico examinamos un sin número de peticiones dirigidas al alcalde Genaro Cautiño Insúa, para celebrar mítines donde oradores se habrían de dirigir a los ciudadanía. A continuación veamos algunas peticiones donde solicitaban permiso

---

[109] *Ibid.*, p. 2.
[110] *Ibid.*

para manifestarse en alguna localidad de la ciudad durante la incumbencia del alcalde unionista de Guayama:

Comité Defensa Social
Mitin los días 17 y 19 de septiembre de 1914
Plaza de Colón

Comité Defensa Social
8 de marzo de 1915
Mitin en la Plazuela del Sanatorio

Simeón Soto Pica
15 de marzo de 1915
Mitin Plaza de la Abolición y Teatro Bernardini

Sociedad Economía y Trabajo
Mitin 10 de abril de 1915
Solicitó el lado sur de la Plaza de Colón

Partido Socialista
Mitin el 16 de marzo de 1917
Pedro Román, presidente interino
No especifica ubicación del acto

Don J. F. Mallen
Organizador obrero
Mitin 6 de abril de 1917
No especifica ubicación del acto

Partido Socialista
P/C A. L. Vázquez, secretario de Record
Mitin los días 14 y 17 de junio de 1917
Plaza de la Abolición

Partido Socialista
Mitin 7 de octubre de 1917
No especifica ubicación del acto pero informa
que estaría presente el líder del partido
Santiago Iglesias Pantín

Unión de Trabajadores Agrícolas
P/C Ramón Torres Colón
Mitin 31 de marzo de 1918
Calles del sector Maguelles

Unión de Trabajadores Agrícolas
P/C Ramón Torres Colón
Reunión pública 15 de septiembre de 1918[111]

---

[111] A.G.P.R. Fondo: Documentos Municipales, Serie: Guayama, Exp's: Correspondencia 1910- 1919, Carpeta de "Permisos para celebrar meetings huelguistas y socialistas (Febrero de 1918)", Caja 52.

Durante los meses de enero a marzo de 1918 las organizaciones obreras de Guayama estuvieron muy activas, por lo que solicitaron al alcalde unionista los permisos correspondientes para celebrar sus manifestaciones. Veamos las solicitudes y los lugares a celebrarse:

Unión de Trabajadores Agrícolas
31 de enero de 1918
Mitin en la Calle Jobos esquina Torres

Unión de Trabajadores Agrícolas
4 de febrero de 1918
Mitin en la Calle Vicente Palés esquina Tetuán

Unión de Trabajadores Agrícolas
5 de febrero de 1918
Mitin en la Calle Palmer esquina Mirasol

Unión de Trabajadores Agrícolas
8 de febrero de 1918
Mitin en barrio Hoyo del Inglés

Unión de Trabajadores Agrícolas
9 de febrero de 1918
Mitin en la Calle Fidelidad lugar de Borinquen

Unión de Trabajadores Agrícolas
P/C Ramón Torres Colón
10 de febrero de 1918
Mitin en la Plaza de la Abolición

Mitin Huelguista
10 de febrero de 1918
Plazoleta de la Abolición

Unión de Trabajadores Agrícolas
P/C Ramón Torres Colón
(Secretario Federación Libre de Trabajadores)
12 de febrero de 1918
Mitin frente al Mercado Municipal

Unión de Trabajadores Agrícolas
P/C Ramón Torres Colón
15 de febrero de 1918
Mitin en la Calle San Juan esquina Valencia

Mitin Socialista
P/C Ramón Torres Colón
10 de marzo de 1918
Mitin en la calle Jobos esquina Baldorioty

Unión de Trabajadores Agrícolas
20 de marzo de 1918
Mitin en la Plazuela de la Abolición[112]

---

[112] *Ibid.*

El alcalde Genaro Cautiño Insúa, al parecer, era muy receptivo a la hora de conceder permiso para celebrar los eventos públicos que llegaban a su atención, por lo que exhortaba a que cada acto:

> [...] revista toda la solemnidad del caso para que la comunidad quede debidamente satisfecha de la prédica obrera pues para ello la clase dispone de elementos de altura que la prestigian que puedan como los demás hacer la exposición de sus ideas sin caer en el terreno de las incorrecciones.[113]

Los deseos del Alcalde eran que en la ciudad no se celebraran actos que fuesen ofensivos a la ciudadanía y, por lo tanto, el orden debía imperar en cada uno de estos.

En el plano político, la administración Unionista de Guayama recibió un duro golpe cuando, tanto al alcalde Genaro Cautiño Insúa como a la Junta Unionista de Guayama, se les quiso aplicar el Reglamento del Partido Unión de Puerto Rico, con el objetivo de expulsarlos de dicha colectividad política. Había que disciplinarlos por acciones que, algunos entendían, iba en contra del propio partido. No obstante, la defensa al alcalde no se hizo esperar. En carta que cursara el líder unionista Cayetano Coll y Cuchí al presidente del Senado y líder principal del Partido Unión de Puerto Rico, Antonio R. Barceló, salía en defensa de Genaro Cautiño Insúa, haciendo un llamado a la "Unión por encima de todo", con el propósito de procurar justicia para el Alcalde y la Junta directiva del Partido en Guayama. Entre otras cosas, Cayetano Coll y Cuchí, señalaba que "[...] la actitud del señor Cautiño y otros amigos de Guayama dentro del Partido, no es una rebeldía sino una revolución."[114] Acto seguido comentaba que si el alcalde triunfaba el éxito legitimaría su acción, "[...] porque los revoluciones triunfantes forman los gobiernos legítimos."[115] El líder unionista anticipaba la derrota de la Unión si seguían ventilándose los asuntos del partido en el caso Cautiño,

---

[113] A.G.P.R. Fondo: Documentos Municipales, Serie: Guayama, Exp's: Correspondencia 1910- 1919, "Carpeta de permisos para celebrar meetings huelguistas y socialistas (Febrero de 1918)", Caja 52. "Carta del alcalde Genaro Cautiño Insua a J. F. Mallen, 6 de abril de 1917."

[114] A.G.P.R. Fondo: Documentos Municipales, Serie: Guayama, Exp's: Correspondencia 1910- 1919, Caja 52. "Carta de Cayetano Coll y Cuchí al Presidente del Senado, Antonio R. Barceló, titulado 'La Unión por encima de todo', 28 de agosto de 1918.

[115] *Ibid.*

"[…] porque la Unión dividida es la Unión derrotada."[116] Además, exhortaba al líder Barceló a "[…] no dar curso ni ventilar los cargos hechos por Guayama a los directivos del Partido, ni los hechos por los directivos del Partido a los unionistas de Guayama."[117]

Los asuntos del Partido Unión de Puerto Rico, comité local de Guayama, no quedaron ahí con la carta de Cayetano Coll y Cuchí de agosto de 1918. El 14 de septiembre de 1918, circuló en la ciudad una hoja suelta en forma de papel de periódico bajo el título 'Ese es el hombre', donde se defendía la gestión gubernamental del alcalde. En la publicación se acusaba a elementos del Partido Republicano local de traer desasosiego a la ciudad; además, señalaba que los negocios hechos por el alcalde cuando los republicanos gobernaban la ciudad habían sido legítimos como, por ejemplo, las subastas ganadas para el suministro de materiales de construcción, abastecimiento de carnes, el negocio del pan teniendo- Cautiño- la panadería más fuerte y mejor dotada de toda la ciudad; aparte, de que de acuerdo al escrito, Genaro Cautiño Insúa suministraba cemento y cascajo para la reparación de caminos y calles, y todo, según sus defensores, se hacía de manera legal.[118]

Entre los señalamientos que se hacían en contra del alcalde Genaro Cautiño Insúa, figuraba la de no aceptar las indicaciones de la Comisión de Alimentos de Puerto Rico en el sentido de realizar subastas públicas para la obtención de carnes. De acuerdo a la publicación, la acción realizada por el alcalde en este asunto era cumplir con los mejores intereses de la ciudad ya que se utilizaba el sistema de matanza libre, "[…] para que así puedan los industriales ricos y pobres, todos por igual, hacer este negocio y el pueblo [pueda] beneficiarse con la baja del precio y calidad del artículo."[119] También la defensa del alcalde, hacía referencia a la vaquería propiedad de este, que más que ganancias dejaba pérdidas a la familia del alcalde, ya que, a diferencia de las otras 20 vaquerías existentes en la ciudad, Genaro Cautiño Insúa había decidido vender el cuartillo de leche a

---

[116] *Ibid.*

[117] *Ibid.*

[118] A.G.P.R. Fondo: Documentos Municipales, Serie: Guayama, Exp's; Correspondencia 1910- 1917, Caja 52. Hoja suelta con fecha del 14 de septiembre de 1918 titulada: "Ese es el hombre".

[119] *Ibid.*

24. Residencia de la familia Cautiño (c. 1920)

10 centavos en vez de los 16 centavos de las otras elaboradoras de leche, lo cual, según el documento, era beneficioso para la ciudadanía.[120] En el escrito circulado en la ciudad exhortaba a la prensa unionista a cesar los ataques contra el unionismo en Guayama. Señalaba que:

> Busquemos una fórmula y apliquémosla inmediatamente con absoluta justicia y con absoluta entereza. Una fórmula democrática y liberal, que garantice entre nosotros la armonía y los derechos de cada uno; y que impida que los hombres o los procedimientos obstaculicen, perturben o detengan al Partido Unionista en sus luchas por la conquista de los derechos de Puerto Rico.[121]

A pesar de la controversia que rodeaba al alcalde Genaro Cautiño Insúa y al liderato principal del Partido Unión de Guayama, los asuntos administrativos continuaron su marcha como de costumbre. Es importante destacar que el alcalde no cobraba su salario como principal oficial municipal y hacía contribuciones monetarias de su riqueza personal para realizar algunos proyectos públicos, como la

---

[120] *Ibid.*

[121] *Ibid.*

remodelación de la plaza pública Cristóbal Colón cuya fuente principal fue donada por este y que, de acuerdo al *Informe Anual 1916-1917* del Gobierno Municipal de Guayama, tuvo un costo de $2,200 y se construyó en San Juan, por la firma del señor Albricio.[122] También, el alcalde había donado a la ciudad 100 libras de alambre para dotar de alumbrado público a la plaza de recreo.[123]

Tenemos que señalar que en el *Informe Anual 1916- 1917* del alcalde Genaro Cautiño Insúa, este señalaba que lo que le guiaba en su gestión pública municipal era dotar a la ciudad "[...] de todos los adelantos que hacen agradable la vida moderna..."[124] Ciertamente, la administración de Cautiño, se caracterizó por las reformas que tocaban directamente a los habitantes de la ciudad. Por ejemplo, en el renglón presupuestario el Gobierno Municipal de Guayama experimentó en el año 1917 un extraordinario aumento en sus recaudos. En el renglón del cobro de patentes municipales el aumento fue de $1,037.02 durante el año 1916 elevando el mismo a $5,037.02 de lo presupuestado originalmente; de igual forma, los fondos de la partida de caminos aumentó de $2,670.23 a $4,007.74; el acueducto municipal que se había presupuestado para $3,000 terminó con una ganancia de $4,381.05. Como dato curioso en el presupuesto municipal había una partida para la obtención de "Licencias para tener perros", pero en este renglón se había recaudado solamente $1.00, teniendo cuentas sin cobrar por $9.00, sin embargo, el mismo no hacía mella en la administración municipal.[125] Para ese año fiscal los ingresos municipales alcanzaron los $105,827.03, lo que demuestra una buena marcha administrativa en los asuntos de la ciudad.

25. Plaza de Recreo Cristóbal Colón, (c. 1940)

---

[122] Ver: *Informe Anual 1916- 1917...*, *op. cit.*, p. 26.
[123] *Ibid.*
[124] *Ibid.*, p. 1.
[125] *Ibid.*, pp. 28- 29.

Gobierno Municipal de Guayama

**Informe Anual
Al Pueblo de Guayama
Y AL
HONORABLE GOBERNADOR de PUERTO RICO**

Rendido por el Alcalde

Don Genaro Cautiño Insua

EN CUMPLIMIENTO de lo que DISPONE
LA SECCION 29 de la VIGENTE
LEY MUNICIPAL.

1917
Tip. Carmincie
Guayama.

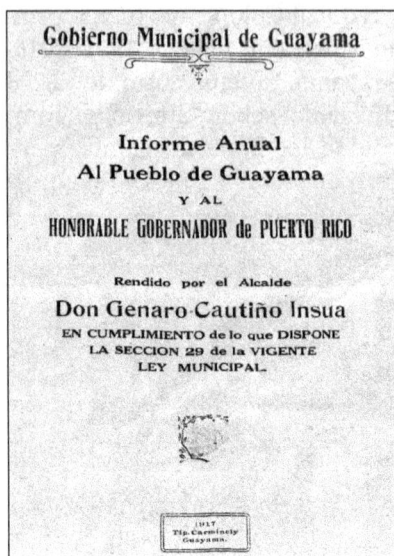

26. G. Cautiño, *Informe Anual 1917-1918*

Como parte de la función pública municipal del alcalde Cautiño y los unionistas de Guayama, este mantenía una organización municipal, al parecer, eficiente a juzgar por los nombramientos de los Comisarios de Barrios. Estas eran las personas que se encargaban de atender los asuntos en sus barrios y servían de enlaces entre los barrios y las autoridades municipales. Durante el segundo periodo unionista en Guayama fueron nombradas las siguientes personas. Incluimos la fecha del nombramiento y el barrio al que pertenecían:

Comisarios de barrios durante la incumbencia Alcalde Genaro Cautino Insúa

Alfonso Candelario	2 de febrero de 1915	Bo. Pozo Hondo
Bartolo Luzanaris	2 de febrero de 1915	Bo. Hoyo Inglés
Faustino López	11 de enero de 1915	Bo. Carmen
Juan Poventud	15 de enero de 1915	Bo. Carite Arriba
Andrés Rodríguez	15 de enero de 1915	Bo. Carite Abajo
Narciso Díaz Robles	14 de enero de 1915	Bo. Jobos (Mareas)
Francisco Paradizo	10 de enero de 1915	Bo. Guamaní (Cuevas)
Manuel Vargas	10 de febrero de 1915	Bo. Guamaní (Barros)
Ysabelino Mandés	10 de febrero de 1915	Bo. Guamaní (Aguas Blancas)
Cervony Díaz	10 de febrero de 1915	Bo. Guamaní (Culebras)
Domingo Covas	10 de febrero de 1915	Bo. Caimital
Andrés Próspero	10 de febrero de 1915	Bo. Palmas Altas
Carlos Torres	10 de febrero de 1915	Bo. Palmas
José M. Angelí	s.f.	Bo. Algarrobos
Jorge Haddock	s.f.	Bo. Puerto de Jobos
Arturo Cintrón	s.f.	Bo. Puente de Jobos
Félix Vázquez	s.f.	Bo. Corazón
Carlos Sánchez	s.f.	Bo. Borinquen[126]

[126] A.G.P.R. Fondo: Documentos Municipales, Serie: Guayama, Exp's: Correspondencia 1910-1919, Carpeta: "Relación de Comisarios para los distintos barrios nom-

La administración municipal unionista de Guayama enfrentó la determinación del alcalde Genaro Cautiño Insúa, de renunciar al cargo de Alcalde al cual había sido electo, por primera vez, en las elecciones generales de 1914. El 21 de abril de 1919, el alcalde Cautiño Insúa, presentó ante el Concejo Municipal de Guayama su renuncia irrevocable al cargo con la excusa de razones de salud y también por el hecho de que había abandonado sus negocios particulares. No obstante, en su carta de renuncia, el alcalde señalaba que lo animó durante su gestión el afán del bien y el mejoramiento público. Acto seguido agradecía al Concejo Municipal de Guayama la ayuda prestada para el éxito de sus gestiones. La renuncia del alcalde no se haría efectiva hasta el 30 de junio de 1919, ya que él no cobraba sueldo alguno del Municipio y, por lo tanto, no se había consignado en el presupuesto municipal esa partida. Como se puede advertir era necesario confeccionar el presupuesto del Año Fiscal 1919- 1920, "[...] pues no todas las personas están en las mismas condiciones para hacerlo (igual que él) no por falta de buen deseo, sino por carencia de recursos pecuniarios..."[127]

El Concejo Municipal de Guayama en su sesión del 25 de abril de 1919 informaba la renuncia sin otra alternativa que aceptar la misma. En la carta que cursara al alcalde el presidente del Concejo Municipal de Guayama, José M. Capó, este destacaba las cualidades y logros del renunciante alcalde. En su extensa carta, el concejal municipal guayamés detalla las obras realizadas por el renunciante y las reformas llevadas a cabo por dicha administración municipal:

> Nuestro hermoso parque obra costeada por UD. casi en su totalidad, la reconstrucción del edificio municipal, la ampliación de nuestro acueducto, la reparación de la mayor parte de nuestras calles, las reformas introducidas en el Hospital Municipal y otras obras realizadas por UD. que sería difícil enumerar en este escrito patentizan su habilidad, talento administrativo y honorabilidad en el cargo que tan dignamente viene desempeñando.[128]

---

brados durante la administración unionista". S.f., Caja: 52.

[127] A.G.P.R. Fondo: Documentos Municipales, Serie: Guayama, Exp's: Correspondencia 1915- 1919, Carpeta: "Renuncia del Hon. Alcalde y aceptación de la misma por la Corporación Municipal". Carta del 21 de abril de 1919. Caja: 52.

[128] A.G.P.R. Fondo: Documentos Municipales, Serie: Guayama, Exp's: Correspondencia 1915- 1919, Carpeta: "Carta del Presidente del Concejo Municipal de Guayama, José M. Capó al alcalde Genaro Cautiño Insúa, 25 de abril de 1919." Caja: 52.

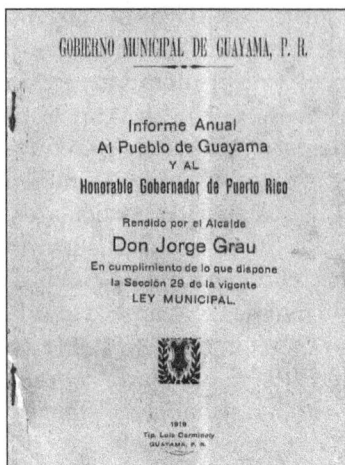

27. Jorge Grau, *Informe Anual 1918-1919*

De la comunicación del presidente del Concejo Municipal de Guayama se desprende la admiración del Concejo por la labor realizada por los unionistas de Guayama y en especial del alcalde Cautiño, señalando que este había abandonado sus negocios para atender los asuntos municipales. Este acto, revestía sacrificio y dignidad en atención a la ciudad, ya que "[...] ha sido usted uno de los hombres que mayores beneficios ha hecho a esta comunidad, haciéndola florecer rápidamente por encantamiento bajo la vara mágica de su gran actividad."[129] Al finalizar la gestión del alcalde Genaro Cautiño Insúa, le sustituyó en el cargo el Tesorero Municipal, Jorge Grau, también miembro del Partido Unión de Puerto Rico.

Cabe destacar que en el año 1917 se convocó a elecciones generales. Esta vez se habría de elegir una nueva legislatura puertorriqueña. La Ley Jones, aprobada por el Congreso de los Estados Unidos y ratificada por el presidente Woodrow Wilson, concedió a Puerto Rico un Senado electivo, además, reformas administrativas a la Isla, y la ciudadanía estadounidense a los puertorriqueños, en medio de la Primera Guerra Mundial de 1914 a 1918. Los unionistas ganaron las elecciones de 1917 en Guayama y Genaro Cautiño Insúa continuó en la alcaldía. El resultado fue 1,466 por la Unión; 537 por el Partido Republicano y 1,055 para el Partido Socialista. Observamos, interesantemente, un avance del Partido Socialista en la ciudad de Guayama evento que marcó la política puertorriqueña en la próxima década.[130]

La administración unionista en Guayama llegó a su fin en las elecciones generales del año 1920 cuando ganó la misma el Partido Socialista en Guayama dominando los escaños legislativos municipales así como la Rama Ejecutiva municipal.

---

[129] *Ibid.*
[130] Ver: Apéndice C.

10. La labor de los Socialistas en la alcaldía de Guayama, 1920- 1924

El Partido Socialista, dirigido por Santiago Iglesias Pantín buscaba y reclamaba cambios profundos en las condiciones de vida de los puertorriqueños y, en particular, de las clases obreras. Durante estos primeros treinta años del siglo XX la economía puertorriqueña estaba en manos extranjeras. El área de Guayama no fue la excepción. Tanto la poderosa Central Aguirre como, posteriormente, la Central Machete que radicaba en Guayama estaban en manos de extranjeros, aunque originalmente la segunda fue fundada por intereses locales de Guayama. Sin embargo, el caso de la Central Aguirre es más llamativo. Los primeros inversionistas llegaron al área de Salinas inmediatamente después de que las tropas militares estadounidenses tomaran posesión de la Isla en octubre de 1898. Estas clases corporativas estadounidense controlaron la economía del país y de la región gracias al cultivo y procesamiento de la caña de azúcar, pero pagaban al campesino y al trabajador un jornal de miseria.

Durante las elecciones generales de noviembre de 1920 se dio un fenómeno, que no se dio en otras partes de la Isla, con la excepción de pueblos productores de la caña de azúcar, donde, por vez primera, un partido no tradicional- entiéndase Unión o Republicano- triunfa en la administración municipal. Ese fue el caso en la alcaldía de Guayama. El Partido Socialista logró colocar una administración municipal que respondía a los intereses del socialismo en una ciudad que tradicionalmente se había identificado con el unionismo, excepto en el periodo de 1900 a 1904 y de 1910 a 1914 donde los republicanos dominaron el ayuntamiento guayamés.

Ahora bien, ¿por qué se dio este fenómeno en una ciudad donde los republicanos y unionistas lograban importantes victorias? La explicación la podemos encontrar en los sucesos del año 1920 cuando hubo una serie de movimientos huelgarios dirigidos a reivindicar la clase trabajadora, especialmente los que laboraban en las faenas agrícolas relacionadas con la caña de azúcar. Dichos obreros estaban representados por la Federación Libre de Trabajadores y por su brazo político, el Partido Socialista. Santiago Iglesias Pantín era su líder máximo.

A principio del año 1920, se llevaron a cabo movimientos huelgarios en casi todas las centrales azucareras de la Isla. Dicha situación laboral se fundamentó en la búsqueda de mejores condiciones de trabajo. El movimiento huelgario en las centrales azucareras, "[...] favoreció el crecimiento del Partido Socialista."[131] Las huelgas promovidas por la Federación Libre y el Partido Socialista encontraron en Guayama un fuerte respaldo político en las elecciones de aquel año logrando, de esa manera, colocar una administración municipal socialista.

De hecho, el Concejo Municipal de Guayama controlado por los unionistas en febrero de 1920 (año electoral), había advertido sobre los problemas que causaban a la ciudad y a la región las huelgas cañeras promovidas por la Federación Libre de Trabajadores. En resolución aprobada el 14 de febrero de 1920, el Concejo acordó unirse a los municipios de Arroyo, Salinas y Santa Isabel. Se creó una comisión especial para atender el asunto, en un reclamo para intentar resolver la controversia y llegar a un entendido entre centralistas y obreros.

Como parte del acuerdo el Concejo Municipal de la Ciudad de Guayama, se expresó en los siguientes términos:

> Por entender el Concejo que esta es una Comisión de lo más importante y necesario, toda vez que va a tratar de restablecer la armonía en el seno de nuestras clases sociales, gravemente alterada desde hace un mes, lo que tiene a la industria paralizada y sufrir de miseria las clases trabajadoras, por haber sido imposible hasta ahora llegar a un entendido sobre las peticiones de salarios. Si las gestiones a este respecto resultaran infructuosas, quedará entendido sobre las peticiones de salarios... que se cumplió un deber patriótico, a la vez que humanitaria y no se podrá negar que hemos actuado en pro del restablecimiento de la paz social e industrial, que tanto representa para los intereses colectivos amenazados por situación tan anormal.[132]

Los movimientos huelgarios en la ciudad y en varios pueblos del litoral, contaron con el apoyo de los trabajadores. Estos solicitaban, entre otras cosas, aumento de salario y jornada de ocho horas de trabajo diarias.[133] Cerca de cuatro mil trabajadores de toda el área,

---

[131] Silvestrini, *op. cit.*, p. 410.

[132] A.G.P.R. Fondo: Documentos Municipales, Serie: Guayama, Exp's: *Libro de Actas de la Asamblea Municipal de Guayama*, Caja 36. Sesión de 14 de febrero de 1920. Fols. 143- 145.

[133] *El Mundo*, 21 de enero de 1920, p. 4. Ver también: Gobernador de Puerto Rico. *Twenthieth Annual Report of the Governor of Porto Rico, fiscal year ended June 30, 1920.* (Washington, D.C.: Government Printing Office, 1920), p. 558.

tanto de Guayama como de la región, respaldaron las protestas. Solicitaban un aumento de salario que fluctuaba entre "$2.50 á $3.50 por ocho horas diarias."[134]

Todas las centrales, tanto de las de Guayama como las de otros municipios, quedaron paralizadas por el efecto de las huelgas obreras promovidas por los socialistas. El Partido Socialista se había alejado, aunque no del todo, de la ideología estadoísta, aunque en la práctica, "[...] buena parte de los líderes socialista[s] apoyaban la americanización y la vinculación permanente a los Estados Unidos, como garantía de los derechos de los trabajadores."[135]

Como parte del programa político de los socialistas presentados al pueblo guayamés era menester promover las mejoras a las viviendas de los obreros y la creación de barriadas obreras, además de solicitar que las tierras en manos de las corporaciones fuesen devueltas a los puertorriqueños.[136]

La elección general se llevó a cabo el 2 de noviembre de 1920. En la misma el Partido Socialista barrió en la ciudad de Guayama al obtener 2,204 votos frente a 1,673 del Partido Unión y 424 del Partido Republicano.[137] De aquí en adelante, este último partido no gozaría del favor de los electores guayameses hasta por lo menos la década del 30.

---

[134] *El Mundo*, 23 de febrero de 1920, p. 3.

[135] Silvestrini, *op. cit.*, p. 410.

[136] *Ibid.*, pp. 413- 415.

[137] Los resultados para distintos puestos electivos en la Ciudad de Guayama en las elecciones generales del año 1920, fue el siguiente:

Para Representante por el Distrito Número 29 de Guayama:

Pablo Pillot García, Partido Socialista: 2,238
Luis Felipe Dessus, Partido Unión: 1,670
Guillermo Godreau, Partido Republicano: 122

Votos para la Asamblea Municipal de Guayama Partido Socialista:

Enrique Germán 2,248
Cándido Cora 2,248
Bautista Cora 2,247
Eduardo Fernández 2,247
Francisco Lebrón 2,247
Eugenio Fitzpatrick 2,247
Juan Sánchez 2,246

Mayoría socialista de 577 votos.

Ver los resultados en: periódico *Unión Obrera*, 11 de diciembre de 1920, s.p.

El Partido Socialista ganó en varios municipios de la Isla acomodando a los miembros de la Asamblea Municipal y a los miembros de las diferentes juntas municipales. Esto se debió, en parte, a que sectores de trabajadores cañeros le dieron su voto. Ángel Quintero Rivera, en su libro *Conflictos de clase y política en Puerto Rico*, sostiene que: "[...] para 1920 encontramos un patrón de intensidad en el cultivo de la caña por municipio, muy parecido al patrón de votación del Partido Socialista en las elecciones de este año [1920]..."[138] Este patrón se cumplió perfectamente en Guayama debido a las huelgas de los empleados que laboraban en las faenas agrícolas de la caña. Como si fuera poco, las grandes corporaciones explotaban al obrero, al punto que "[...] las huelgas cañeras eran reprimidas por la policía y empleados armados de las haciendas."[139] En Guayama, la Central Machete producía, para el año 1920, 12,150.00 toneladas de azúcar.

Sin embargo, la obra socialista en Guayama, en el cuatrienio iniciado en 1921 y culminado en 1924, fue muy conflictiva. A partir de ese cuatrienio, a juzgar por los informes sometidos por los distintos funcionarios municipales del gobierno socialista, la situación en Guayama había mejorado en comparación con la administración unionista. Tal vez esto responda a la filosofía socialista de brindar bienestar a la población, especialmente a la clase trabajadora, que era el grupo social mayoritario en la ciudad.

Se debe destacar, por otro lado, que la Asamblea Legislativa de Puerto Rico había aprobado, a finales de la década anterior, una nueva Ley Municipal, donde se abolía el cargo de alcalde, creando en la administración local municipal juntas o comisiones que tomaban las decisiones diarias del municipio en unión a la Asamblea Municipal. En el caso de la ciudad de Guayama, el Comisionado Municipal de Servicio Público, Policía y Prisiones era el máximo funcionario municipal, por lo tanto, era equivalente dicho cargo al de Alcalde de la ciudad. A partir del año 1921, correspondió dicho cargo al Dr. Alejandro Buitrago. Este, en uno de sus informes a la Asamblea Municipal, indicaba sobre las obras de construcción de la Alta Escuela, que había confrontado problemas con la administración de la Unión

---

[138] Ángel Quintero Rivera, *Conflictos de clase y política en Puerto Rico*. (Río Piedras, Puerto Rico: Ediciones Huracán, 1976), p. 119.

[139] Francisco Meléndez Santiago, *Guayama: mi vida, mi agradecimiento*. (Guayama, Puerto Rico: Impresos González, 1993), p. 3.

en el periodo anterior. El adversario unionista había puesto en duda que los socialistas fueran capaces de realizar la obra prometida. No obstante, en la declaración a la Asamblea, el dirigente socialista señalaba que:

> Orgullo de Guayama, como un monumento a la capacidad administrativa de los actuales concejos de Administración y Asamblea Municipal y para vergüenza de aquellos, que tratando de burlar las altas aspiraciones de un pueblo pretendían que el dinero para la obra fuese viciosamente malversado con el sólo y único fin de restar prestigio y crear dificultades a nuestra administración socialista.[140]

Otro de los asuntos planteados por el Comisionado fue el referente a los precios de los artículos de primera necesidad. Y desde luego, en obvia defensa de los trabajadores. Señalaba el comisionado, Alejandro Buitrago, que:

> Hasta la fecha nuestros esfuerzos en todas las manifestaciones y actividades de nuestra vida administrativa; que a pesar de los augurios profetizados; la carne [ileg.] al alcance del pobre; y si no podemos sumar el de la baja del pan, es porque nuestra iniciativa en bien de la comunidad no ha encontrado eco en quienes debían aun en clamor del pueblo y porque los centros oficiales, hasta ayer sordos á nuestras quejas, no nos han brindado la cooperación para romper este bochornoso monopolio en que los intereses creados han ejercido todo su poder e influencia para burlar nuestras iniciativas. Es de esperarse se dé perfecta cuenta la Asamblea de lo que tal monopolio significa.[141]

El Comisionado se refería a los monopolios de las centrales azucareras que su partido había combatido en el año electoral anterior.

Los socialistas de Guayama, además, simpatizaban con el gobernador, E. Mont Reilly. Por ello solicitaron en su sesión del 14 de noviembre de 1921 al Presidente de los Estados Unidos que mantuviera en el cargo a Reilly. Deseaban señalar que las actuaciones del Gobernador, "[...] están inspiradas en un alto principio de justicia, que hace honor á la gran Nación Americana que tan dignamente representa en este país."[142] Prosigue la Resolución señalando que

---

[140] A.G.P.R. Fondo: Documentos Municipales, Serie: Guayama, Exp's: *Libro de Actas de la Asamblea Municipal de Guayama*, Caja 19. "Informe del Comisionado de Servicio Publico, Policía y Prisiones en virtud de lo dispuesto por la Ley presenta a la Asamblea." Sesión de 8 de septiembre de 1921. F. 217.

[141] *Ibid.*, f. 219.

[142] A.G.P.R. Fondo: Documentos Municipales, Serie: Guayama, Exp's: *Libro de Actas*

"[…] las clases laboriosas vienen siendo objeto de atenciones y consideraciones por parte de las autoridades, debido á las sanas, buenas é imparciales actuaciones del Hon. Gobernador, E. Mont. Reilly."[143] Otros sectores políticos de la Isla, especialmente en la legislatura puertorriqueña, no tenían la misma opinión que los asambleístas municipales de Guayama; la legislatura insular, por ejemplo, pidió la destitución del Gobernador por entender que este había mantenido un gobierno de excesos, no beneficioso a los intereses de Puerto Rico.

Otro de los asuntos, que la Asamblea Municipal y el Gobierno Municipal socialista trataron durante el periodo de gobierno, fue el referente a la propuesta de la creación de una barriada obrera en Guayama. Como parte del programa Socialista, la Asamblea Municipal aprobó una resolución para promover la construcción del mismo y así aliviar la crisis provocada por la falta de viviendas en la ciudad. Esa Resolución disponía para "[…] la construcción de casas de madera, cuyo valor no excederá de quinientos dollars cada una para ser vendida a trabajadores y empleados que no tengan hogar propio en un plazo, que no excederá de diez años."[144] Para trabajar con este asunto se creó la Comisión de Hogares Seguros de la Municipalidad de Guayama. El 'Hogar Seguro' o 'Home Stead' de la municipalidad sería el norte a seguir por el programa municipal, cuyos principios inspiraba al socialismo de la ciudad que, además, buscaba darle protección a los "menesterosos" de aquellos que "[…] careciendo de un hogar propio, son víctimas, como es consiguiente, de las más tremenda explotación por parte de los que se dedican al negocio del inquilinato… [y que]… muchos de esos ciudadanos pueden por medio sus economías hacerse de un hogar emancipándose de esa manera de la vil explotación."[145] Para realizar este proyecto de justicia social la Asamblea Municipal, en otra resolución, aprobó destinar ciertos terrenos al Este de la ciudad de Guayama correspondiente a los Ejidos

---

de la *Asamblea Municipal de Guayama*, Caja 19. "Para solicitar del Hon. Presidente de los Estados Unidos mantenga en su puesto al Hon. Gobernador, E. Mont Reilly." Sesión de 14 de noviembre de 1921. F. 307.

[143] *Ibid.*

[144] A.G.P.R. Fondo: Documentos Municipales, Serie: Guayama, Exp's: *Libro de Actas de la Asamblea Municipal de Guayama.* Caja 19. Sesión de 16 de diciembre de 1921. F. 369.

[145] *Ibid.*

Municipales llamados *El Cojobal*, para realizar dicho proyecto público en veinte cuerdas de terrenos.[146] Como parte de los trabajos de la Comisión de Hogares Seguros, estos debían establecer las reglas para la construcción de las casas y los posteriores traspasos de titularidad a los trabajadores y a sus familias que ocupasen las mismas. De hecho, el Gobierno Municipal de Guayama contaba con una estricta reglamentación municipal sobre las construcciones en la zona urbana que era administrado por la Oficina del Director de Obras Públicas Municipal. Los terrenos, que utilizarían los obreros para emplazar sus viviendas, debían tener una cabida no menor de diez metros cuadrados; además, el Gobierno Municipal haría el plano y el trazado de las calles, así como el deslinde de los terrenos a ser repartidos. La construcción de las casas debía ser en madera.

28. Plano General de la Ciudad de Guayama, (1913)

---

[146] *Ibid.*, f. 374.

Cabe recordar que la política pública en estos años, por parte del Gobierno de Puerto Rico, era la promoción de las barriadas obreras. En San Juan para la década del 20, se autorizó la creación del Barrio Obrero en Santurce, así como en otros lugares de la Isla, encomendado a los gobiernos municipales. El promotor de la legislación que dio origen a las barriadas obreras lo fue el presidente del Senado y líder máximo de la Unión de Puerto Rico, Antonio R. Barceló, quien en 1921 presentó la legislación que, además, otorgaba un hogar seguro a los miles de artesanos y obreros que no podían adquirir, por alguna razón, un hogar.[147] Podemos señalar que el Municipio de Guayama, como el de San Juan, dieron pasos concretos para la realización de proyectos de este tipo, como parte de la filosofía socialista.

La labor del gobierno socialista de Guayama, de 1921 a 1924, se caracterizó también por una incesante inquietud por alcanzar mejorar la situación de los guayameses. La Asamblea Municipal decidió aprobar, en una Ordenanza Municipal, dotar de lavaderos públicos a los barrios de Borinquen y Hoya del Inglés. Los asambleístas señalaban en su Ordenanza que los lavaderos públicos eran una necesidad imperiosa ya que:

> [...] las personas que se dedican a la honrada labor del lavado de ropa por no contar con lavaderos públicos adecuados, sufren muchos inconvenientes y fatigas para realizar sus cotidianas labores, teniendo las más de las veces que acudir a los ríos y quebradas distantes de la población con lo cual se compromete la salud pública de la municipalidad... [además]... un acto de humanismo establecer un lavadero público... que llene una necesidad higiénica imperiosa, embellezca estos sitios aislados de la ciudad de acuerdo con lo establecido en las más cultas ciudades de Europa y América.[148]

a. Una noche larga en la Asamblea: El "Impeachment" contra el Comisionado

Sin embargo, la gestión socialista en Guayama se vio empañada por pugnas que llevó, por primera vez en la historia del cuerpo legislativo municipal guayamés, a un procedimiento de "Impeach-

---

[147] Delma S. Arrigoitía, *Puerto Rico por encima de todo: Antonio R. Barceló, vida y obra, 1868- 1938*. (San Juan, Puerto Rico: Senado de Puerto Rico, 2008), pp. 432- 433.

[148] A.G.P.R. Fondo: Documentos Municipales, Serie: Guayama, Exp's: *Libro de Actas de la Asamblea Municipal de Guayama*. Caja 19. Sesión de 16 de diciembre de 1921. F. 378 y ss.

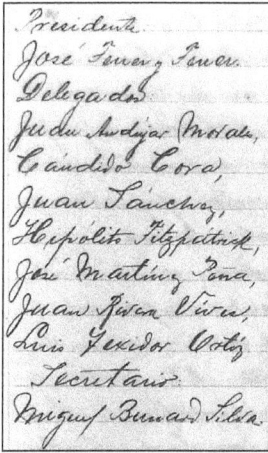

29. Miembros de la Asamblea Municipal de Guayama, (1922)

ment" o "residenciamiento" en contra del máximo funcionario municipal a cargo de los asuntos administrativos del día a día municipal. El Comisionado de Servicio Público, Policía y Prisiones, Alejandro Buitrago, médico de profesión y persona muy respetada y apreciada en la comunidad, ocupaba ese cargo que era el equivalente al de alcalde. En la sesión de la Asamblea Municipal de Guayama del día 25 de septiembre de 1922, el asambleísta municipal, Juan Andújar Morales, presentó una moción por escrito donde solicitaba a la Asamblea Municipal la suspensión de empleo y sueldo de dicho comisionado. Los cargos formulados por el asambleísta municipal contra el comisionado estaban relacionadas a declaraciones y alegadas propagandas "injuriosas" contra la Administración Municipal. Al asambleísta socialista se le unieron en su petición los asambleístas Cándido Cora y Juan Sánchez.[149]

En una declaración jurada ante el juez municipal de Guayama, José I. Fernández, los asambleístas señalaban que el comisionado había hecho declaraciones a un periódico de San Juan (*La Correspondencia*) mediante una carta al editor donde alegaba que en la Administración Municipal guayamés imperaba un "caos económico y administrativo", y que en su día daría a conocer con documentos en mano tal acción. En la declaración jurada los Asambleístas calificaron las declaraciones del comisionado Alejandro Buitrago como "dispendiosa, viciosa e inmoral." Señalaban, además que sus expresiones en contra de la administración en pleno, en especial contra la Junta de Comisionados tenían el propósito de hacer creer tal caos y un "[...] estado de vicios, inmoralidad y dispendios en la aplicación de los fondos municipales."[150]

Los querellantes hacían referencias a declaraciones también

[149] A.G.P.R. Fondo: Documentos Municipales, Serie: Guayama, Exp's: *Libro de Actas de la Asamblea Municipal de Guayama*. Caja 20. "'Impeachment' contra Alejandro Buitrago." Sesión de 25 de octubre de 1922. F. 37.
[150] *Ibid.*, f. 43.

121

hechas por el comisionado Buitrago a los periódicos *El Imparcial* y *Unión Obrera* en el sentido de que había en la administración socialista un "caos económico". El día 25 de octubre de 1922, se celebró una maratónica sesión de la Asamblea Municipal de Guayama que comenzó a las 2:45 de la tarde, culminando la misma tarde en la noche. Los asambleístas municipales discutieron la querella, además de permitir al abogado del comisionado, Manuel Martínez Dávila, presentar recursos de impugnación a dicha moción. El abogado del comisionado querellado presentó varias mociones donde solicitaba la anulación del procedimiento legislativo, entre otras cosas, debido a que la Asamblea Municipal en pleno debió llevar el asunto planteado a una comisión especial para ser ventilado en la misma, y luego enviar una recomendación al pleno de la Asamblea.[151] También la defensa del comisionado alegaba que el pleno de la Asamblea Municipal no estaba legalmente constituido debido a que uno de los asambleístas estaba ocupando el escaño de forma ilegal. Se trataba del asambleísta municipal, José Ferrer y Ferrer, quien había tomado posesión del cargo debido a la renuncia de uno de los miembros de la Asamblea. Alegaba el abogado defensor que dicho asambleísta, José Ferrer y Ferrer, había sido nombrado sin seguir lo dispuesto en el Artículo 17 de la Ley 85 del 30 de junio de 1919, que regía el ordenamiento municipal puertorriqueño.[152]

La defensa del comisionado Buitrago alegaba también en la moción presentada a la Asamblea Municipal, que los cargos contra su defendido eran nulos porque "[...] no son constitutivos de faltas o delitos por lo cual pueda ser removido por el procedimiento de 'Impeachment'

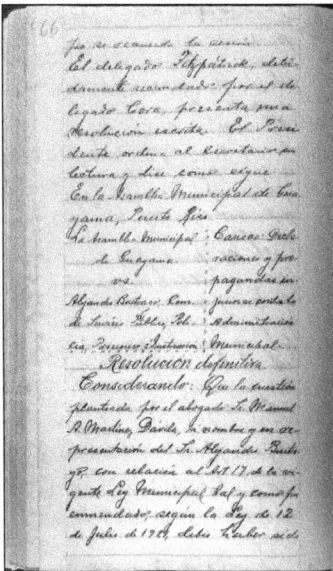

30. Resolución de la Asamblea Municipal de Guayama en cuanto al asunto del comisionado Buitrago, (1922)

---

[151] *Ibid.*, f. 51.
[152] *Ibid.*, f. 52.

un oficial público como el compareciente."[153] Añadía el abogado que el comisionado no había cometido delito grave que implicara alguna depravación moral, según lo dispuesto en el Código Político de 1902. Al comisionado se le imputaban tres cargos por parte de los asambleístas. Los primeros dos estaban relacionados a manifestaciones públicas que hiciera el Comisionado que, de acuerdo a la defensa, los realizó en su carácter personal y como "[...] ciudadano y en ocasión en que se defendía de críticas que se formulaban contra él públicamente por otros oficiales de esta Administración..."[154] El tercer cargo estaba relacionado a la imputación de "incumplimiento en el deber", que de acuerdo a la representación legal del comisionado Alejandro Buitrago, no era motivo suficiente para separarlo de su cargo.[155]

La controversia en el seno de la Asamblea Municipal controlado por los socialistas de Guayama en contra del comisionado Alejandro Buitrago, se tornó agria y difícil, cuando esa misma noche, los asambleístas municipales decidieron adoptar una resolución que tenía el propósito de declarar con lugar la querella presentada y, a la vez, dejar vacante el cargo de Comisionado de Servicio Público, Policía y Prisiones.

> Por lo tanto: La Asamblea Municipal velando por su prestigio, declara solemnemente que las imputaciones hechas por el Sr. Alejandro Buitrago en carácter y capacidad de Comisionado de Servicio Público, Policía y Prisiones contra toda la administración municipal, ha tratado de poner en evidencia la buena fama y prestigio de que goza esta Corporación Municipal; y creyendo vicioso, malintencionada y atentatorio sus actuaciones al prestigio de esta Hon. Asamblea Municipal de Guayama, de la Corporación Municipal de Guayama, acuerda declarar con lugar y fundamentada la solicitud de impugnación presentada, y toda vez que el Sr. Alejandro Buitrago no ha comparecido para dar explicación á esta Asamblea,... la Asamblea Municipal acuerda declarar, como por medio de la presente declara vacante el cargo que dentro de esta administración se denomina Comisionado de Servicio Público, Policía, Prisiones e Instrucción, y que hasta el presente viene desempeñando el Dr. Alejandro Buitrago.[156]

---

[153] *Ibid.*
[154] *Ibid.*, fls. 53-54.
[155] *Ibid.*
[156] *Ibid.*, f. 70.

La votación para declarar con lugar la querella, y vacante el cargo de Comisionado de Servicio Público fue de 6 votos a favor y 2 en contra. Los votos a favor de la resolución fueron de los asambleístas municipales José Martínez Peña, Juan Sánchez, Juan Andújar Morales, Cándido Cora, Hipólito Fitzpatrick y José Ferrer y Ferrer. Los asambleístas Juan Rivera Vives y Luis Texidor Ortiz, votaron en contra de la destitución.[157] Estos últimos habían sido electos por el Partido Unión de Puerto Rico.

Tras esta determinación, meses más tarde, el comisionado, Alejandro Buitrago, decidió presentar su renuncia al cargo siendo sustituido por el comisionado de Obras Públicas, Rogelio Capestany. Con la retirada de Buitrago salieron a relucir abiertamente las rivalidades de los socialistas en Guayama, dejando heridas profundas que empañaron la gestión de aquella administración pro-obreros.

Hacia el año 1923, y durante el gobierno socialista en Guayama, estalló una nueva huelga obrera. Los periódicos isleños reseñaban a diario las huelgas obreras en el litoral guayamés. "Este movimiento continúa como los primeros momentos; todas las noches celebrándose mítines muy concurridos en distintos sectores de la ciudad."[158] Las huelgas que se desarrollaron en Guayama fueron por razones de salarios y horas de trabajo; las mismas causas de las ocurridas tres años antes. Uno de los guayameses que se distinguió en la defensa del movimiento obrero guayamés fue José Badé Pérez.

La Asamblea Municipal socialista de Guayama, llamó la atención en una resolución sobre la forma en que la prensa informaba la situación huelgaria en la ciudad durante ese año de 1923. Pero, sobre todo, la Asamblea Municipal mencionaba los problemas que le habían creado los patronos a los trabajadores de la caña en el litoral en una férrea defensa de estos últimos:

> Considerando: que los infelices e indefensos campesinos arrimados á las colonias cañeras de la parte de la Aguirre Central, Co. y Machete Sugar, Co. que dentro de las referidas corporaciones se dedican al cultivo, así como de otras colonias de particulares, han sido desahuciados sin el debido procedimiento de Ley; destechadas sus viviendas y sufridos vejámenes de colonos, capataces y mayordomos brutales, sin que ninguna de sus quejas hayan sido atendidas, ni perseguido á tales perturbadoras del orden y la paz y amenaza

---

[157] *Ibid.*
[158] *El Mundo*, 5 de marzo de 1923, p. 4.

de la vida de dichos honorables laboriosos campesinos."[159]

La resolución solicitaba que el gobernador y la prensa visitaran la ciudad para comprobar el estado en que viven los obreros de la caña. Es interesante notar que es la primera ocasión que el municipio se expresaba sobre asuntos que conciernen a la clase obrera y a las huelgas que se dieron en este período solidarizándose con estos movimientos obreros. Claro está, era de esperarse esta reacción de las autoridades municipales guayamesas, ya que los obreros habían votado por el Partido Socialista en las elecciones generales de 1920 en Guayama.

Al concluir el periodo de sesiones de la Asamblea Municipal de Guayama en 1924, el presidente de la Asamblea, Juan Andújar Morales, consumió un turno donde expuso la obra socialista de aquellos años en la ciudad, de la siguiente forma:

> Deseo aprovechar esta oportunidad, no tan solo para hacer una pequeña revisión de la labor por nosotros realizadas, sino hacer varias recomendaciones, para que si de momento no es posible llevarlas á la práctica, sirvan a manera de pauta para la vida y desarrollo de esta municipalidad, quien le brindó a los humildes hijos del trabajo la inapreciable ocasión de demostrar ante el mundo, que los hombres y los pueblos solo necesitan de iniciarse en cualesquiera de las actividades humanas para seguir y realizar aquella indispensable labor de buen administrador dentro de las modernas prácticas de democracia.[160]

El municipio confrontó muchas dificultades económicas durante el periodo socialista, entre las que se encuentran las creadas por "las grandes corporaciones azucareras", por no ser contribuyentes económicos primarios del municipio durante el gobierno socialista (como veremos en el siguiente capítulo), no fue excusa para realizar su obra municipal. Bajo el gobierno socialista se terminó la construcción de la Alta Escuela (hoy antigua escuela Rafael López Landrón). La explicación del por qué los socialistas gobernaron el Municipio de Guayama en el periodo de 1921 a 1924, la encontra-

[159] A.G.P.R. Fondo: Documentos Municipales, Serie: Guayama, Exp's: *Libro de Actas de la Asamblea Municipal de Guayama*. Caja 20. Sesión de 16 de marzo de 1923. F. 264. Por ser esta Resolución una importante ver Apéndice D.

[160] A.G.P.R. Fondo: Documentos Municipales, Serie: Guayama, Exp's: *Libro de Actas de la Asamblea Municipal de Guayama*. Caja 21. Sesión de 10 de marzo de 1924. Fols. 274-275.

mos en Francisco Meléndez Santiago, quien vivió este periodo; este señalaba que el Partido Socialista "socavó" a los unionistas, debido a que la gente "[...] tenía necesidades y los socialistas ofrecían en su programa remediar esas necesidades."[161]

En una carta dirigida a J. del Llano, editor de la *Enciclopedia de Puerto Rico*, el 28 de abril de 1924, en contestación a una solicitud de información que este requiriera al Municipio, se señalaba que el progreso de la Ciudad había sido muy lento. Entre las razones que daban los directivos municipales para esta afirmación se encontraba el que la propiedad no estaba valorada de acuerdo con su producción y, además, estaba en manos de cuatro o cinco personas y corporaciones. "Las obras que se han realizado y algunas que se realizarán ahora son las que demuestra el grado de cultura y progreso de los pueblo, se han hecho por medio de empréstitos."[162] Alegaba el Municipio que los presupuestos municipales no eran suficientes para hacer obras y, por consiguiente, los ingresos que entraban a las arcas del Municipio cada día iban disminuyendo. "Es este Municipio de primera clase en sus egresos y de segunda en sus ingresos"[163], demostrativo del estado en que se encontraba la economía guayamesa a finales del periodo socialista de gobierno.

Además, el gobierno municipal socialista de Guayama se quejaba de la compra de la Central Machete realizada por los intereses de la Central Aguirre de Salinas. Residía la misma en el sentido de que dicha compra había hecho disminuir el comercio en la ciudad y, por tanto, los ingresos por concepto de patentes pagadas por los

---

[161] Entrevista con Francisco Meléndez Santiago. Guayama, Puerto Rico, 19 de marzo de 1997. Grabado.

[162] A.G.P.R. "Carta al Sr. J. del Llano, editor de la *Enciclopedia de Puerto Rico*", 28 de abril de 1924. Fondo: Documentos Municipales, Serie: Guayama, Exp's: Correspondencia, 1924. Caja: 54. De la información brindada al editor los miembros de la Asamblea Municipal de Guayama para ese año de 1924, eran: Juan Andújar Morales, Presidente; Cándido Cora, vice- Presidente; Eliseo Pillot, Eugenio Fitzpatrick, Juan Sánchez, José A. Lamboglia, Juan Arroyo, Juan Rivera Vives y Luis Texidor Ortiz. El Consejo de Administración estaba constituido, luego de la renuncia del comisionado Alejandro Buitrago, por los siguientes comisionados: Ing. Rogelio Capestrany, Comisionado de Servicio Público, Policía y Prisiones; Lcdo. José I. Fernández, Comisionado de Educación; Dr. Emilio Vadi Collazo, Comisionado de Beneficencia; Manuel María Medina, Comisionado de Hacienda; Alberto García, Comisionado de Obras Públicas; y, Manuel Bernard Silva, Secretario Municipal. Francisco Moll Ferrer, actuaba como Auditor Municipal.

[163] *Ibid.*

comercios al Gobierno Municipal de Guayama, habían bajado. Al parecer, la corporación dueña de la Central Aguirre había establecido comercios en todas las colonias de caña, afectando de esa manera al comercio local, de la cual, el Municipio dependía como fuente de ingresos. Tenemos que recordar que en el sistema de tiendas en las colonias los trabajadores de dichas colonias o centrales se abastecían de productos de consumo y, al final de cuenta, el dueño de la colonia o de la central le descontaba de su salario la deuda contraída en dichas tiendas.

De acuerdo a los portavoces municipales, la Aguirre Sugar Company y sus prácticas monopolísticas, le había costado al Gobierno Municipal de Guayama más de tres mil dólares en el pago de patentes municipales. Sin embargo, de acuerdo a esa Memoria de 1924, en la ciudad de Guayama no existían fábricas ni industrias, excepto por una pequeña fábrica de trajes de dril. No obstante, el gobierno municipal socialista apuntaba al estado de los servicios en una serie de dependencias y de obras públicas, como la electricidad y el agua en la ciudad, que al menos nos puede arrojar información sobre las condiciones de dichos proyectos. Estos eran: el sistema de acueductos, que funcionaba- de acuerdo a la Memoria- regular; un sistema de alumbrado eléctrico, que era bueno; matadero y plaza del mercado, catalogados de regular; un hospital municipal, descrito en la Memoria como deficiente; un hospital de crónicos, que era regular; un sanatorio, Casa Alcaldía y plaza pública, todos buenos; tres edificios escolares modernos, y, por último, una escuela de artes manuales.[164] El panorama presentado por los administradores de la ciudad de Guayama en 1924 no era la mejor carta de presentación de un municipio, ya que, al parecer, la compra de la Central Machete, por parte de la corporación dueña de la Central Aguirre, había creado dificultades en la ciudad.

En las elecciones generales de 1924 el Partido Socialista perdió en Guayama y todos aquellos puestos que habían logrado en el 1920. Había surgido un nuevo movimiento político llamado La Alianza Puertorriqueña, que formaron miembros del Partido Unión de Puerto Rico y del Partido Republicano dirigidos, esta vez, por Antonio R. Barceló (por la Unión) y José Tous Soto (por los Republicanos), dirigentes de aquellos dos partidos. Valga señalar que cuando se

---

[164] *Ibid.*

formó la Alianza Puertorriqueña, tanto Luis Muñoz Rivera como José Celso Barbosa, habían muerto unos años antes, dando paso a un realineamiento político a mediados de la década de los veinte.

11. El Partido Obrero Guayamés y La Alianza Puertorriqueña, 1924-1928

Durante las Elecciones Generales de 1924 surgió en Guayama un nuevo movimiento político que se formó bajo un partido local llamado Partido Obrero Guayamés. El movimiento obrero organizado tuvo tal acogida en la ciudad que lograron obtener el triunfo para la alcaldía en el año 1920. Sin embargo, la situación de ese partido- Partido Socialista- no era la mejor. Uno de los líderes socialistas de la ciudad era José Badé Pérez. A este lo habían encarcelado por sus luchas a favor de los obreros de Guayama.[165]

Otro de los asuntos que no favorecía a los socialistas era la pugna entre el comisionado, Alejandro Buitrago, y la Asamblea Municipal de Guayama. La amplia mayoría que el Partido Socialista había obtenido en la elección general de 1920 se había esfumado en la elección general de 1924.

El Partido Obrero Guayamés fue un movimiento político relativamente pequeño. Quizás fue producto de las divisiones políticas de la época. El mismo era dirigido por dos obreros guayameses: Simeón Soto Pica y Pablo Pillot García.[166] De los datos obtenidos, ambos organizadores obreros laboraban como artesanos en la ciudad. Simeón Soto Pica era sastre. No podemos corroborar la condición laboral de Pablo Pillot García, quien había sido electo Representante a la Cámara por el Distrito Número 29 de Guayama en la elección de 1920 por la facción socialista.

Según Francisco Meléndez Santiago, este partido local lo único que buscaba era "defender los intereses de los obreros"[167] guayameses.

---

[165] El Sr. Francisco Meléndez Santiago nos proporciona este dato en la entrevista.

[166] Los nombres fueron suministrados por Francisco Meléndez Santiago, en entrevista de 4 de febrero de 1998. Pablo Pillot García, fue electo Representante a la Cámara por el antiguo distrito 29 de Guayama para el cuatrienio de 1920 a 1924 en representación del Partido Socialista.

[167] *Ibid.*

Los resultados de las elecciones generales de noviembre de 1924 en Guayama arrojaron solamente 11 votos para este partido local. Sin embargo, no deja de ser interesante el observar la formación de este movimiento local en Guayama, ya que nos brinda la oportunidad de conocer el perfil del pueblo y de lo que era capaz en medio de la miseria y desesperanza frente a los intereses de los principales partidos políticos puertorriqueños de la época.[168]

La Alianza Puertorriqueña triunfó en la elección general de 1924 para la Alcaldía de Guayama obteniendo 2,723 votos frente a 1,944 sufragios obtenidos por la coalición Socialista- Republicana. El nuevo alcalde de Guayama, en este periodo de gobierno electo por el bando aliancista, fue Joaquín Rovira Tomás. Los miembros de la Asamblea Municipal electos fueron: Genaro Cautiño Insúa, Matías Pomales Navarro, José Paler Jubien, Juan Torres Montes, Bernardino Ortiz Bracero, José J. Aponte Hernández, Francisco Cividanes Vicil, Gerardo Benito Fernández y Juan García Sánchez.[169]

Durante el cuatrienio de 1924- 1928, cabe destacar, que los aliancistas continuaron el desarrollo de la ciudad de diversas maneras, aunque la nueva administración municipal no dejó de evaluar las ejecutorias de la administración socialista anterior. En el *Informe Anual 1924- 1925...*, presentado por el alcalde aliancista, Joaquín Rovira Tomás, apuntaba al hecho de que los socialistas de Guayama habían "depleto" el presupuesto municipal, además de dejar en completa bancarrota al tesoro municipal. Aludía el alcalde que el Municipio de Guayama tenía deudas ascendentes a más de $20,000 y que los servicios municipales estaban desorganizados; mientras que "[los] edificios abandonados, y dislocada la organización municipal, fueron los restos recogidos para la labor de reconstrucción que debíamos iniciar al tomar posesión el doce de enero."[170]

---

[168] En nuestra investigación indagamos en distintos archivos sobre documentación política o electoral de estos partidos locales. En la prensa de la época apenas hace alusión sobre estos movimientos políticos locales. Nos hemos valido de la memoria y experiencia de don Francisco Meléndez Santiago, quien a sus 92 años mantiene recuerdos del Guayama de estas décadas.

[169] Junta Insular de Elecciones, *Estadísticas de las elecciones celebradas en Puerto Rico el 4 de noviembre de 1924*. [San Juan, Puerto Rico: s.e., s.f.], s.p.

[170] Municipio de Guayama. *Informe anual al Pueblo de Guayama y al Hon. Gobernador de Puerto Rico presentado por el alcalde Joaquín Rovira Tomas, Año Económico 1924- 1925*. (Guayama, Puerto Rico: Tipografía Carminely, 1925), p. 6.

Informaba el alcalde que para remediar la situación del municipio se hizo necesario recurrir a cobros pendientes y a economías, de tal manera, que los servicios públicos como los que brindaba el hospital municipal continuaran; y, además, recurrió, para sostener a esta última dependencia, a la caridad de algunos ciudadanos para que donaran de su peculio. El Gobierno Municipal de Guayama decidió tomar un empréstito por la cantidad de $7,000 para reparar edificios escolares y otro por $123,000 para el pago de deudas y mejoras a edificios municipales, el acueducto y el sistema eléctrico, entre otros. Sobre el Acueducto Municipal de Guayama es interesante notar como el alcalde Joaquín Rovira Tomás, describía aquella obra municipal al momento de tomar posesión del cargo.

> El servicio del acueducto fue entregado a la actual administración en el mayor estado de abandono; el embal[s]e de la presa lleno de tierra, de ramas, de troncos y detritus animales y vegetales, colmado el borde del muro de la presa ocupando el espacio destinado al agua, con detrimento de la salud pública y del funcionamiento normal de esta parte del sistema. La cañería de alimentación desde la presa a los depósitos, abandonado a su propia suerte, con una gran rotura oculta en el sifón primero del río Guamaní.[171]

El sistema de acueducto que administraba el Gobierno Municipal de Guayama, durante las primeras décadas del siglo XX, se nutría principalmente de dos concesiones otorgadas a la ciudad. La primera, por la Corona Española, consistía de seis litros por segundo, y la otra concesión, autorizada por el Servicio de Riego de Guayama, por diecinueve litros por segundo, que hacía un total de 25 litros por segundo, equivalente a 571,000 galones de agua en 24 horas que era servida a la población. De acuerdo al alcalde, dicha cantidad era suficiente para atender las necesidades básicas de los guayameses.

> En Puerto Rico donde las poblaciones no son fabriles ni hacen gran consumo de agua para riego de jardines y prados, una dotación de 100 litros por día y por habitante, es considerada ampliamente suficiente para todas las necesidades de la vida urbana; y por lo tanto, las actuales concesiones de agua que tenemos suplen a cada individuo con 215 litros en vez de 100 litros, o sea, el doble de lo que necesita la población.[172]

---

[171] *Ibid.*, p. 18.
[172] *Ibid.*, p. 19.

Podemos notar que las administraciones municipales de estos años en Guayama sentían orgullo por estos beneficios públicos que contaba la ciudad y que administraban con mucho celo. En un informe de la Comisión de Servicio Público en noviembre de 1930, se indicaba que el Acueducto Municipal de Guayama estaba valorado en $96,222.20 y dejaba una ganancia al Gobierno Municipal de Guayama de $21,768.00. En ese mismo año se había contabilizado en la ciudad, por lo menos, 2,170 edificios privados y 59 públicos, y de estos últimos, 47 eran propiedad del Municipio y el restante del Gobierno Insular. Del total de los edificios, entre públicos y privados, el Acueducto Municipal suplía de agua potable a por lo menos 1,228; existían 29 fuentes públicas y tres parques municipales no contaban con el servicio.[173] El suministro de agua potable por parte de la municipalidad se hizo indispensable en una ciudad moderna, y máxime en una ciudad como Guayama, por lo que la municipalidad buscaba la forma más idónea de mejorar dicho servicio.

El gobierno aliancista de Guayama, entre 1924 y 1928, fue en cierto sentido dinámico, a juzgar por los asuntos que trataron durante los años de su administración y que entendía podían afectar el curso de acción municipal. En una movida política, los Asambleístas Municipales de Guayama, entraron al debate legislativo insular para cuestionar la presentación de proyectos de ley que atentaban contra la reducida autonomía que gozaban los municipios durante las primeras décadas del siglo XX. La Asamblea Municipal de Guayama, presidida en esta ocasión por el ex alcalde, Genaro Cautiño Insúa, rechazó tres proyectos sometidos para la consideración de la Asamblea Legislativa de Puerto Rico dirigido, para que la beneficencia municipal, o sea, los sistemas de salud pública, pasaran a manos del Departamento Insular de Sanidad (hoy Departamento de Salud); un segundo proyecto, para eliminar los puestos de Director Escolar y restituir las Juntas Escolares y un último proyecto que le quitaría a los municipios la facultad de realizar obras públicas municipales asignando para tales propósitos al Departamento de lo Interior. Los proyectos legislativos presentados hacían inoperante a los gobiernos municipales, de acuerdo a la visión de los aliancistas guayameses.

---

[173] A.G.P.R. Fondo: Documentos Municipales, Serie: Guayama, Exp's: *Libro de Actas de la Asamblea Municipal de Guayama*. Libro Número 18. Sesión de 23 de diciembre de 1930. F. 173- s.s.

Los argumentos utilizados por la mayoría aliancista, entre otros, establecían que:

> Estas leyes son perjudiciales, innecesarias y antidemocráticas porque centralizan las facultades de los municipios, destruyen las iniciativas de cada pueblo para laborar por su propio engrandecimiento, é implican una declaración drástica de incapacidad administrativa no justificada por los hechos.[174]

De llegarse a aprobar dichas medidas legislativas los municipios hubiesen visto reducidos sus potencialidades de desarrollo y, "[...] porque ello implica un medio drástico de quitarles la escasa autonomía que queda a los municipios de la Isla."[175]

Las luchas de los municipios por lograr mayores poderes autonómicos se remiten a principios de siglo XX. Un ejemplo de esto, discutido en el capítulo anterior, fue cuando los concejales guayameses de 1898- a raíz de la invasión militar- solicitaban la autonomía para la ciudad, pero la misma fue rechazada por las autoridades militares estadounidenses. Las pocas leyes aprobadas por la propia Asamblea Legislativa de Puerto Rico, entre 1901 y 1924, le otorgaron algún grado de autonomía a los municipios puertorriqueños para gobernar en aquellos asuntos que entendieran fuera menester así hacerlo. Al menos, esta queja llegó ante la consideración de la Asamblea Legislativa, pero denotan nuevamente el celo con que los funcionarios municipales sentían por su gobierno local.

Al llegar el año de 1928, la última elección que veremos en este periodo estudiado, y en medio de la contienda electoral en Guayama, el Tribunal Supremo de Puerto Rico emitió una Orden de Certiorari el 16 de octubre de 1928, autorizando que fueran restablecidos en las listas electorales más de 300 electores de Guayama que fueron sacados de las mismas. En el caso *Francisco Rivera Santiago y otros vs. Corte Municipal de Guayama y C.H. Terry Comisionado de Elecciones*, se solicitaba la inclusión, nuevamente, en las listas electorales de aquellos 300 electores; sin embargo, el Juez que resolvió el caso en el Tribunal Superior de Guayama había decidido que los electores demandantes debían pagar los derechos para ser incluidos en las

---

[174] A.G.P.R. Fondo: Documentos Municipales, Serie: Guayama, Exp's: *Libro de Actas de la Asamblea Municipal de Guayama*. Caja 22. Sesión de 27 de abril de 1925. Fols. 175-176.

[175] *Ibid.*, f. 177.

listas electorales.[176] Estos electores alegaban que no podían pagar porque eran personas pobres. El abogado defensor lo fue Arcilio Alvarado, líder político de entonces.[177]

A pesar de la decisión del Tribunal Supremo, el Partido Alianza de Puerto Rico obtuvo una importante victoria en las Elecciones Generales de 1928 para la alcaldía por solamente 16 votos. Podemos destacar que durante parte del periodo estudiado, las ventajas de un partido sobre otro habían sido mínimas. El Partido Alianza en aquella elección general de 1928 obtuvo 2,321 votos y la coalición Republicano- Socialista, 2,304 sufragios.[178]

Observamos también que la coalición Republicana- Socialista logró un impresionante resultado, luego de los republicanos haber perdido la ciudad en 1914 y los socialistas en 1924. El voto obtenido por los socialistas ayudó a que la ventaja entre ambos movimientos políticos fuese estrecha.

---

[176] Para ver detalles de la decisión del Tribunal Supremo de Puerto Rico, ver: *El Mundo*, 18 de octubre de 1928, p. 3. Por ser una "Orden de Certiorari" estas no se publican en los libros de Decisiones de Puerto Rico del Tribunal Supremo, por lo menos en ese año.

[177] Para ver algunos de los alegatos sobre este caso, ver: A.G.P.R. Fondo: Tribunal Superior de Guayama, Serie: Expedientes Civiles, Caja 214. Esta caja contiene otros casos presentados y resueltos por la corte guayamesa durante esos años, especialmente en el ámbito civil.

[178] El Partido Alianza Puertorriqueña triunfó en la ciudad de Guayama en los comicios de 1928. Los candidatos municipales electos fueron:

Alcalde
Joaquín Rovira Tomas
Miembros de la Asamblea Municipal
José J. Aponte
Luis Blondet Delanoy
Virginio Morell
Pompilio Anselmi
Félix Berretiaga
Pedro Modesto
Pedro Villodas
José Paler
Gabriel Torres Laborde

Junta Insular de Elecciones. *Estadísticas de las elecciones celebradas en Puerto Rica el 6 de noviembre de 1928. Los nombres de los candidatos que recibieron el mayor número de votos, según resultare del escrutinio de dichas elecciones practicado por la Junta Insular de elecciones, y publicado en 19 de diciembre de 1928. C.H. Terry- Superintendente General de Elecciones de Puerto Rico.* (s.l., s.e., s.f.), s.p.

31. Vista calle pueblo de Guayama, (c.1920)

En el periódico *El Mundo*, se reseñó la contienda electoral en la ciudad. El socialista, Bernard Silva, quien había sido Secretario Municipal durante el gobierno Socialista en Guayama, demostró en un escrito que la Alianza Puertorriqueña no había ganado la Alcaldía de la ciudad en buena lid, debido a que los votos protestados le hubiesen otorgado la victoria a la coalición. También se informó que en medio de las elecciones fueron presionados residentes de los barrios Puente de Jobos y Las Mareas con "[...] desalojarlos de sus bohíos si votaban por el Partido Socialista Constitucional..."[179] Por esta denuncia se demuestra el trato a que eran sometidos los campesinos en estos años en que se acusaban de la compraventa del voto.

La victoria de la Alianza Puertorriqueña en Guayama en 1928 fue importante. Aunque por 17 votos, significó que en el municipio continuarían al frente los antiguos unionistas, el partido que había sido mayoría en la ciudad. Ahora se encontrarían con la difícil tarea

---

[179] *El Mundo*, 10 de noviembre de 1928, p. 14.

de la reconstrucción de la ciudad después de los destrozos ocasionados por el paso del huracán San Felipe el 13 de septiembre de 1928. Sin embargo, la obra de los aliancistas de Guayama en este período, vale la pena mencionarla. Según se desprende del mensaje del alcalde Joaquín Rovira Tomás, presentado ante la Asamblea Municipal de Guayama, dicho partido político trabajó en los siguientes proyectos municipales: 1. ampliación de la casa alcaldía; 2. reformas al Hospital Municipal; 3. mejoras al cementerio civil; 4. atención a tuberculosos; 5. asilo para locos; 6. servicios de agua y luz extendido al "suburbio" de Lomas del Viento; 7. parque de bombas; 8. campo atlético; 9. "se concedió" en usufructo más de 300 solares municipales; 10. construcción de escuelas en Guamaní, Las Mareas, Algarrobo y Caimital y, 11. embreado de calles en el centro de la ciudad.[180]

Al comenzar la década de 1930, Guayama continuaba su marcha, aunque con dificultades económicas provocadas por la devastación del huracán San Felipe. A esto se sumaban los efectos de la depresión económica que comenzaba a sentirse en los Estados Unidos y por consiguiente en Puerto Rico.

La política puertorriqueña de los primeros treinta años fue intensa. Ya para 1930 habían desaparecido de la escena política líderes insulares como Luis Muñoz Rivera, José Celso Barbosa, entre otros; líderes locales como José Muñoz Vázquez, Genaro Cautiño Insúa, Tomás Bernardini de la Huerta, Fernando Lugo Viñas, Alejandro Buitrago, Enrique González, solo por mencionar algunos que dieron lo mejor de sí contribuyendo al desarrollo político y administrativo de la ciudad; aunque algunos habían optado por el retiro político y otros continuarían participando en la vida local como fue el caso de Genaro Cautiño Insúa, quien para las elecciones generales de 1924 regresó a la política activa para formar parte de la Asamblea Municipal de Guayama, cuerpo legislativo que presidió durante cuatro años.

Tanto el Partido Unión como el Partido Republicano y el Partido Socialista tuvieron oportunidades de gobernar la ciudad. Sin embargo, notamos cómo fueron aquellas gestas políticas, que en ocasiones se llevaban al plano de la violencia, particularmente en los

---

[180] A.G.P.R. Fondo: Documentos Municipales, Serie: Guayama, Exp's: *Libro de Actas de la Asamblea Municipal de Guayama*. Caja 24. "Mensaje del alcalde Joaquín Rovira a la Asamblea Municipal." Sesión de 14 de enero de 1929. Fols. 11-18.

primeros años del siglo, donde reinaban los conflictos creados por el estatus político ante la negativa de la nueva potencia imperialista en reconocer que los puertorriqueños estaban preparados para gobernarse a sí mismos. Sin embargo, a pesar de esas luchas, no pusieron obstáculos en la búsqueda de soluciones adecuadas para atender las necesidades básicas de la comunidad guayamesa.

La introducción del elemento obrero en la política fue vital en la búsqueda de las reivindicaciones sociales. No cabe duda de que los alcaldes y legisladores que representaron a Guayama durante estos primeros treinta años del siglo XX echaron los cimientos para el Guayama de hoy; fue la política y sus múltiples variantes lo que abonó para ese desarrollo.

CAPÍTULO IV

La economía de Guayama, 1900-1930

La situación económica de Puerto Rico al tomar posesión las tropas de los Estados Unidos de América, no era la mejor. Recordemos que Puerto Rico vivía apenas de la exportación de productos agrícolas, tales como el azúcar y el café. Fue este último producto el que dio visible prosperidad al País en la última mitad del siglo XIX. La región montañosa, en particular, se caracterizó por una gran producción, aunque su decadencia comenzó a partir del azote del huracán San Ciriaco en el año 1899, unido a otros factores que llegaron con el cambio de soberanía de 1898.

Lo poco que Puerto Rico producía era para los mercados extranjeros. El café, que tanto España como otros países europeos compraban, quedó clasificado como producto extranjero y se le impuso tarifa aduanera.[1] Por otro lado, Estados Unidos no favoreció los productos puertorriqueños como el café, debido a que los ciudadanos estadounidenses no habían desarrollado el gusto para un café de alta calidad y preferían el proveniente de Brasil. También a finales del siglo XIX el tabaco era otro producto agrícola que Puerto Rico producía aunque, no en grandes cantidades. Cuba era un gran productor tabacalero, principal y de importancia. El gobierno estadounidense impuso una tarifa o impuesto de $5.00 con el propósito de proteger su industria tabacalera.[2]

Sin embargo, los estadounidenses preferían importar la producción de azúcar. A pesar de estar favorecida por el mercado de los Estados Unidos, el azúcar producida en Puerto Rico tenía que enfrentarse al problema arancelario. Para el año de 1897, el Congreso de Estados Unidos aprobó la "Tarifa Dingley" la cual imponía un impuesto que resultó oneroso para los productores azucareros puertorriqueños. La misma dispuso que el azúcar sin refinar pa-

---

[1] Blanca G. Silvestrini y María D. Luque de Sánchez, *Historia de Puerto Rico: trayectoria de un pueblo.* (San Juan, Puerta Rico: Cultural Panamericana, 1988), p. 384.

[2] *Ibid.*, p. 385.

garía un arancel de $1.65 por libra y, la refinada, $1.95 por libra. "El comercio general quedaba gravado con unos aranceles mayores que bajo el régimen español"[3], lo que creó graves problemas a los productores agrícolas locales. A eso se sumaba también el cambio en la moneda. Al entrar los estadounidenses a Puerto Rico se creó una gran crisis económica, sobre todo, por la aplicación de la "Tarifa Dingley". La situación se alivió algo cuando se acordó que el peso de oro provincial se canjearía por 60 centavos de dólar. Los comerciantes aceptaron el cambio, ya que esta era la clase económica que ofrecía crédito, especialmente a los pequeños y medianos agricultores y comerciantes puertorriqueños. Estos últimos, sin embargo, mostraron oposición al canje, que consideraban muy bajo, evitando que pudieran hacer frente a sus obligaciones económicas endeudándose más de lo que estaban. Al producirse toda esta debacle económica al momento del cambio de soberanía, el Gobierno Militar decretó la suspensión en la ejecución de las hipotecas, pero a la vez trajo la suspensión también del crédito. Esto ocasionó la ruina de muchos agricultores puertorriqueños, ya que tuvieron que ceder o vender sus propiedades a los grandes intereses extranjeros que ya venían estableciéndose en la Isla a partir de 1898.[4]

En la región de Guayama se observó el establecimiento progresivo de grandes intereses estadounidenses. Ejemplo de ello fue la corporación dueña de la Central Aguirre, que para octubre de 1898 había comenzado un proceso de acaparamiento de tierras con el objetivo de fundar una fábrica para la producción de azúcar en cantidades industriales.

1. La economía de Guayama en 1898

Al tomar posesión de la Isla las tropas del General Nelson A. Miles, Puerto Rico vivía de la agricultura y dependía del comercio exterior. Durante la última década del siglo XIX se destacaba el desarrollo de la industria azucarera y la producción de café, así como el desarrollo comercial, renglones principales, tanto en Guayama como en el resto de la Isla.

---

[3] *Ibid.*
[4] *Ibid.*

32. Vista de la ciudad de Guayama, (1908)

En Guayama, la industria que había en ese momento la podemos clasificar como liviana. Había industrias manufactureras que se dedicaban a la producción de alcoholado, ron, fabricación de ropa a escala pequeña, las cuales también formaban parte de la economía guayamesa:

> A fines de siglo XIX Guayama tomó el liderato comercial en esta zona para convertirse en centro de distribución en el distrito. Las [firmas mercantiles de Tomás Cano y Co., De Diego y Sobrinos, Mojardín y Co., Amorós Hermanos, Mateo Morazzani, y otros, constituyeron la palanca comercial que dio elevación a nuestro comercio con otros pueblos circunvecinos.[5]

La ponencia que ofreciera en el año 1899 el alcalde de Guayama, Celestino Domínguez, ante el comisionado especial, Henry K. Carroll, designado por el presidente de los Estados Unidos, William McKinley, para documentar el estado general del país informaba sobre las diversas industrias establecidas en la ciudad de Guayama y en algunos pueblos para los años de 1898 y 1899. De acuerdo a Domínguez, había fábricas de jabones, fábricas de chocolates, de alcoholado, fábricas de aceite de castor (en Guayama, Cayey y San Juan); fábricas de zapatos, que eran establecimientos pequeños en todos los pueblos de la isla; fábricas de quesos (en Guayama, Salinas, Arecibo, Yauco, etc...); fábricas de ron, alcohol y licores (Guayama, San Juan, Ponce, Mayagüez, Patillas, etc ...); fundición de hierro y máquinas (Ponce y San Juan); fábricas de enlatados (en el área de

---

[5] Adolfo Porrata Doria, *Guayama, sus hombres, sus instituciones*. (Barcelona, España: Jorge Casas, 1972), p. 106.

San Juan y Santurce); fábricas de cigarros (Cayey); fábrica de ciga-
rrillos (Ponce); fábricas de hielo, de fertilizantes y manufacturas de
sombreros, aceite de coco y molinos de café en Ponce y Mayagüez.[6]

Además de lo antes mencionado, la situación de los terrenos
identificados en Guayama para 1898 presentaba un total de 40,126
cuerdas de terrenos; el número de fincas ascendía a 642 dedicadas a
distintos cultivos, según se indica en la tabla X:

Tabla X

Riqueza agrícola en Guayama para 1898

PRODUCTOS	NUMERO DE CUERDAS SEMBRADAS Y/O UTILIZADAS PARA SIEMBRAS Y OTROS PROPOSITOS
Caña de azúcar	2,261
Café	1,282
Tabaco	35
Dedicado a pasto	16,945
Frutos menores	742
Otros cultivos	105
Montes y maleza	18,756
Total de cuerdas	40,126

Fuente: Cayetano Coll y Toste, *Reseña del estado social, económico e industrial de la
Isla de Puerto Rico al tomar posesión de ella los Estados Unidos.* (San Juan, Puerto Rico:
Imprenta de *La Correspondencia*, 1899), p. 143; United States War Department, *Re-
port of the Brigadier General, George W. Davis on Industrial and Economic Conditions
of Porto Rico.* (Washington, D.C.: Government Printing Office, 1900), pp. 18- 19;
Henry K. Carroll, "Report on the Island of Porto Rico, It's Population, Civil, Go-
vernment, Commerce, Industries, Productions, Roads, Tariff, and Currency."
En: Francisco Cordas, ed. *The Puerto Rican Experience.* (New York, New York:
Arno Press, 1975), p. 119.

El valor total de toda la tierra cultivada y no cultivada ascendía
a $1,028,588.18. Del informe Carroll se desprende que a finales del
siglo XIX había once ingenios azucareros identificados en Guayama
que todavía estaban en operación.

En cuanto a otros renglones de la economía de finales de siglo,
el panorama para la riqueza pecuaria era el siguiente:

---

[6] Henry K. Carroll, "Report on the Island of Porto Rico, It's Population, Civil, Go-
vernment, Commerce, Industries, Productions, Roads, Tariff, and Currency." En:
Francisco Cordas, ed. *The Puerto Rican Experience.* (New York, New York: Arno
Press, 1975), pp. 135- 137.

Tabla XI

Riqueza pecuaria en Guayama para 1898

RENGLON	TOTAL DE CABEZAS
Ganado caballar	1,478
Ganado mular	52
Ganado asnal	21
Ganado vacuno	5,279
Ganado lanar	96
Ganado cabría	2
Ganado de cerdo	56
Total de cabezas de ganado	6,984

Fuente: Cayetano Coll y Toste, *Reseña del estado social, económico e industrial de la Isla de Puerto Rico al tomar posesión de ella los Estados Unidos.* (San Juan, Puerto Rico: Imprenta de *La Correspondencia*, 1899), p. 144;

El valor total de ese ganado en dólares representaba $152,680.00. La riqueza urbana también nos llama la atención. A pesar de ser Guayama una ciudad donde debió existir un comercio bastante próspero en comparación con otros municipios, ya que se encontraba en las cercanías de un puerto marítimo, vemos que el mismo no se desarrolló lo suficiente para finales del siglo XIX. Veamos la siguiente tabla XII que ilustra la riqueza urbana en la ciudad:

Tabla XII

Riqueza urbana en Guayama para 1898

RENGLON	TOTAL
Casas de viviendas	924
Almacenes	14
Establecimientos de azúcar	8
Establecimientos de café	7
Establecimiento de tabaco	1
Para otras aplicaciones	56
Bohíos	161
Edificios de mampostería	52
Edificios de mampostería y madera	32
Edificios de madera	941
Edificios de pajas y yaguas	146
Total	2,342

Fuente: Cayetano Coll y Toste, *Reseña del estado social, económico e industrial de la Isla de Puerto Rico al tomar posesión de ella los Estados Unidos.* (San Juan, Puerto Rico: Imprenta de *La Correspondencia*, 1899), p. 144.

La riqueza urbana de Guayama tenía un valor de $476,025.07. Los oficios en Guayama para el año 1899 se dividían en distintas ramas: artesanos, profesionales, ramas del comercio, etc... El número de personas que ocupaban diversos oficios era el siguiente:

Almacenistas	2
Abastecedores de carnes	6
Agentes de negocios	1
Alquitaras	1
Abogados	10
Barberías	3
Camiserías	1
Cafés	2
Dentistas	1
Escribanos de actuaciones	2
Fábricas de aceite	1
Farmacias	2
Herreros	5
Importadores	3
Ladrilleros	3
Médicos cirujanos	3
Notarios	1
Panaderías (1,300 lbs. diarias)	9
Pulperías con tabaquería	2
Pulperías sin tabaquería	6
Posadas	3
Procuradores	2
Sastres	2
Tienda de tejidos	4
Tiendas de frutos del país	3
Tiendas de comestibles del país	23
Talleres de composición de carros	2
Talleres de imprimir	1
Talabarteros	2
Veterinarios	1
Zapaterías	3

Fuente: Cayetano Coll y Toste, *Reseña del estado social, económico e industrial de la Isla de Puerto Rico al tomar posesión de ella los Estados Unidos.* (San Juan, Puerto Rico: Imprenta de *La Correspondencia,* 1899), p. 146.

El presupuesto municipal de Guayama para 1898, de acuerdo al Informe Carroll, se dividía de la siguiente forma:

Presupuesto Municipal de Guayama, 1898

Total del presupuesto	[27,346] pesos

Salarios para la administración del Ayuntamiento

Alcalde	1,300
Secretario	1,000
Un empleado	600

Dos secretarios a $360 c/u.	720
Un secretario	240
Un secretario	180
Un portero	240
Un contable	420
Un depositario	900
Un secretario asistente	90
TOTAL	5,690

Policía Municipal (9 policías incluidos) 3,600

Instrucción Pública

Salarios	5,360
Materiales	3,696
TOTAL	9,056

(Incluye 10 escuelas e igual número de maestros)

Beneficencia Municipal

(Incluye tres médicos titulares; estudiante; un cargo de hospital; veterinario y subvención de equipos suministros):

TOTAL 6,950

Calles y caminos

Caminos vecinales	1,000
Calles	1,000
Para reparar la iglesia	50

Fuente: Henry K. Carroll, "Report on the Island of Porto Rico, It's Population, Civil, Government, Commerce, Industries, Productions, Roads, Tariff, and Currency." En: Francisco Cordas, ed. *The Puerto Rican Experience*. (New York, New York: Arno Press, 1975), pp. 555- 556.

Como podemos observar, las condiciones económicas del municipio de Guayama no eran las mejores, según las estadísticas que presentamos. El presupuesto municipal apenas alcanzaba para resolver los problemas apremiantes de la ciudad. No obstante, se destinaba más dinero para el área de instrucción pública que para el área de salud; preocupaciones de la municipalidad muy latentes.

2. Batalla por la autonomía municipal: el Bill Hollander

Entre los asuntos que preocupó más al municipio fue el proyecto de ley conocido como el "Bill Hollander", presentado en la Legislatura Insular en el año 1901. El Concejo Municipal de Guayama y el alcalde, José Juan Vidal, se opusieron a esta medida del Consejo Ejecutivo de Puerto Rico. En una moción presentada el 14 de enero de 1901 en el Concejo Municipal de Guayama se solicitaba una sesión extraordinaria para el siguiente día, con el propósito de expresar sobre los pasos a seguir por el Ayuntamiento guayamés ante la presentación de ese proyecto legislativo.[7]

El "Bill Hollander" venía a agravar la difícil situación económica por la que atravesaban los puertorriqueños. La misma imponía "[...] una contribución local del 10% del valor de toda propiedad incluyendo edificios, fincas, dinero y otros bienes."[8] Según los opositores a esta medida, Hollander (quien se desempeñaba como Tesorero Insular nombrado por el presidente de los Estados Unidos), había presentado su propuesta a espaldas de la opinión pública. "Apenas trascendió la ley al público, surgió la protesta en todas las clases contribuyentes porque, desde luego, se vio en ella una amenaza a la propiedad y al trabajo."[9]

Algunas de las entidades que protestaron por el proyecto fueron la Liga de Propietarios de Fincas Urbanas de San Juan, la Cámara de Comercio y algunos bancos que operaban tanto en San Juan como en el resto de la Isla.[10] Entre las disposiciones del "Bill Hollander" se establecía que la mitad del porciento impuesto iría a los gobiernos municipales y la otra mitad al gobierno insular.[11] Como parte de la argumentación contra dicha legislación, los propietarios, a quienes finalmente perjudicaba la misma, decían que era excesivamente alto y no podían pagar la misma debido a que la agricultura se encontraba en estado de abandono, entre otras cosas debido a la devastación del huracán San Ciriaco de 1899.[12]

El Ayuntamiento de Guayama sugirió "[...] que á no ser posible variar el sistema de tributación, el tipo de imposición como máximo sobre el capital se limite al medio porciento divisible entre el Tesorero Insular y los municipios."[13] El Concejo Municipal guayamés es-

---

[7] Archivo General de Puerto Rico (en adelante A.G.P.R.) Fondo: Documentos Municipales, Serie: Guayama, Exp's: *Libro de Actas del Concejo Municipal de Guayama.* Caja 14, Sesión de 14 de enero de 1901. Fols. 10- 10v.

[8] Silvestrini, *op. cit.,* p. 423.

[9] José G. del Valle, *A través de diez años, (1897- 1907). Trabajos políticos, económicos, históricos y sociales.* (Barcelona, España: Establecimiento Tipográfico de Feliú y Susanna, 1907), p. 82.

[10] *Ibid.*

[11] Silvestrini, *op. cit.,* p. 423.

[12] *Ibid.*

[13] A.G.P.R. Fondo: Documentos Municipales, Serie: Guayama, Exp's: *Libro de Actas del Concejo Municipal de Guayama.* Caja 14. Sesión de 15 de enero de 1901. F. 14v.

taba dispuesto, además, a enviar una delegación a Washington para elevar su protesta al Gobierno Federal.[14]

Entre los efectos que produciría, de convertirse en ley el "Bill Hollander", era que los pequeños propietarios se verían forzados a vender sus fincas, tal vez a los consorcios azucareros estadounidenses que venían estableciéndose en la Isla. De hecho, esta situación se hizo evidente en las primeras décadas del siglo XX, cuando pequeños propietarios fueron despojados de sus tierras para dar paso a las nuevas prácticas económicas de los estadounidenses, especialmente las grandes corporaciones azucareras. Otro efecto sería en la subida de precios en los productos de consumo, ya que se imponía una contribución más alta a los comerciantes. También los precios de los alquileres subirían como efecto de esta medida legislativa.[15]

> Lo que ha combatido el país contribuyente, y seguirá combatiendo, es la cuantía de la contribución del uno por ciento, los arbitrios establecidos por el bill y los procedimientos de imposición y cobranza.[16]

Estas medidas implementadas por el gobierno civil trajeron problemas entre la clase propietaria, particularmente en los guayameses que protestaron de las mismas. El "Bill Hollander", a pesar de la oposición de diversos sectores, fue aprobado y convertido en Ley por el poder ejecutivo.

3. El puerto de Arroyo y el ferrocarril Ponce and Guayama

Dos asuntos que requirieron la atención municipal durante los primeros años del siglo XX fueron el puerto de Arroyo y el ferrocarril Ponce and Guayama. El primero era importante para las operaciones comerciales diarias de los pueblos de Arroyo, Patillas y Guayama. De hecho, este puerto fue el principal en el área sureste de la Isla durante las postrimería siglo XIX. Por allí entraron las tropas militares estadounidenses en 1898 y por allí también se comerciaban los productos tanto de exportación como de importación. Contaba con una aduana para supervisar el cobro de los impuestos y derechos de embarques.

Se planteó ante el Concejo Municipal de Guayama el asunto del cierre del Puerto de Arroyo en septiembre de 1902. Para esa

---

[14] *Ibid.*, f. 15.
[15] Silvestrini, *op. cit.*, p. 424.
[16] Del Valle, *op. cit.*, p. 85.

fecha, Arroyo había sido anexado a Guayama, al igual que Salinas, por virtud de una Ley aprobada que consolidaba municipios. Los comerciantes y agricultores arroyanos presentaron ante el Concejo Municipal de Guayama su queja por el posible cierre del único puerto accesible en la zona. Los planes gubernamentales eran consolidar todas las operaciones portuarias en el de Aguirre, lugar donde ya se había establecido la Central Aguirre de capital estadounidense.

> Fue leído el escrito de protesta que varios comerciantes y agricultores de la Zona Urbana de Arroyo y el Concejo considerando los perjuicios que ocasionaría á los pueblos de Maunabo, Patillas y á esta plaza, el cierre del Puerto de Arroyo y su traslado al de Aguirre, se acordó por unanimidad adherirse a dicho escrito de protesta para los fines convenientes.[17]

Los concejales guayameses acordaron adherirse a las quejas presentadas. Cuando Aguirre construyó su propio puerto, el de Arroyo fue perdiendo importancia económica durante las primeras décadas del siglo XX. Sin embargo, durante el periodo estudiado, por Arroyo continuaba entrando mercancía, aunque no con la misma intensidad que en las postrimerías del siglo anterior. El puerto era utilizado mayormente por la Central Lafayette ubicado precisamente en Arroyo y por las pequeñas casas comerciales e industrias de la región.

33. Puerto de Arroyo. (Atilio Moscioni)

---

[17] A.G.P.R. Fondo: Documentos Municipales, Serie: Guayama, Exp's: *Libro de Actas del Concejo Municipal de Guayama*. Caja 14. Sesión de 8 de septiembre de 1902. F. 133v.

La economía puertorriqueña, como hemos apuntado, se basó en la producción de tres productos agrícolas principales: la caña de azúcar, el café y el tabaco. Para que la producción agrícola fuera exitosa tuvo que contar con ciertos elementos importantes como parte de su fase productiva. Una de ellas lo fue la operación de diversos medios que garantizaban el acarreo del producto, como el ferrocarril.

> Los gigantes del azúcar obtuvieron, además diversas franquicias o permisos para operar líneas ferroviarias, muelles y otras empresas consideradas de servicio público. Estas estaban localizadas casi siempre en las regiones donde radicaban las centrales, es decir, en los llanos costeros del sur y en la ciudad de Ponce.[18]

En el caso de la Central Aguirre de Salinas esta había creado una subsidiaria llamada *Ponce and Guayama Railroad Company*. El Consejo Ejecutivo de Puerto Rico concedió, en el año de 1901, los permisos para la operación de dicho ferrocarril. Sin embargo, esta corporación confrontó problemas en la Ciudad de Guayama para la construcción y operación del mismo. Desde julio de 1901 y hasta diciembre de 1906, el municipio de Guayama venía imponiendo una serie de condiciones para la adquisición de tierras, a pesar, que desde el primer momento que el asunto llegó a la atención del Concejo Municipal este le había brindado su apoyo, con el argumento de que el establecimiento de esa vía le daba muchos beneficios a la población guayamesa.[19]

Las vías del ferrocarril pasarían por el lado oeste de la ciudad, por la periferia del río Guamaní. Dichos terrenos pertenecían al municipio por formar parte de los llamados "ejidos municipales". El municipio entendía que el mismo le resultaría beneficioso económicamente y encargó al alcalde, Fernando Lugo Viñas, y a otros miembros del Concejo, llegar a acuerdos con los administradores de la Central Aguirre de Salinas. Los asuntos eran de índole económico para mayor beneficio del municipio.

La *Ponce and Guayama Railroad Co.*, solicitó al municipio de Guayama permiso para pasar parte de la línea férrea por diversos lugares de la ciudad de Guayama. Por ejemplo, solicitaban paso por:

> Las Mareas, el que va desde Machete al río Jobos pasando entre la finca Palmira y Porrata. El que va a la hacienda Pica entrando por el

---

[18] Francisco A. Scarano, *Puerto Rico: cinco siglos de historia.* (San Juan, Puerto Rico: McGraw Hill, 1993), p. 588.

[19] A.G.P.R. Fondo: Documentos Municipales, Serie: Guayama, Exp's: *Libro de Actas del Concejo Municipal de Guayama.* Caja 14.

sitio llamado "los palos de pana" y el que va á Salinas, saliendo de
éste pueblo por el punto que generalmente se le llama La Marea.[20]

Para este momento el municipio aparentaba no haber llegado a
un acuerdo económico con la *Ponce and Guayama Railroad* para la concesión de los "ejidos municipales", lo que llevó a la línea ferrocarri-
lera a demandar al municipio, pleito que culminaría en el año 1906.

34. Estación del tren de la Ponce and Guayama Railroad

En enero de 1902, el municipio informaba a la Central Aguirre
que debía pagar al municipio de Guayama por los terrenos que ocupaba la vía del tren y aquellos que quedaban entre la vía y el río, ya
que a esos pedazos era imposible sacarle provecho para beneficio
municipal.[21]

Tenemos que recordar que durante estos años en que la *Ponce
and Guayama Railroad* hacían acercamientos al municipio para desarrollar sus vías ferroviarias, el alcalde era Fernando Lugo Viñas,

---

[20] A.G.P.R. Fondo: Documentos Municipales, Serie: Guayama, Exp's: *Libro de Actas
del Concejo Municipal de Guayama*. Caja 14. Sesión de 21 de octubre de 1901. Fols.
194v- 195.

[21] A.G.P.R. Fondo: Documentos Municipales, Serie: Guayama, Exp's: *Libro de Actas
del Concejo Municipal de Guayama*. Caja 14. Sesión de 8 de enero de 1902. F. 2.

electo por el Partido Republicano. Si el Partido Republicano se identificaba con los postulados de las instituciones y con el capital estadounidense, entonces por qué le impuso trabas a esa compañía en su proyecto ferroviario. Tal vez la contestación pudiera estar en las condiciones imperantes en la población, por viviendas, trabajos y también por proteger a los intereses azucareros locales que comenzaban a sentir la presión del nuevo capital ausentista.

José Tous Soto, líder político de la época, figuró en 1906 como el abogado de la *Ponce and Guayama Railroad* en el reclamo que le hiciera al municipio de Guayama. En un escrito al Concejo Municipal le señalaba:

> La franquicia concedida por virtud de Ordenanza del Consejo Ejecutivo de Puerto Rico, de fecha de 28 de octubre de 1901 á la compañía de los ferrocarriles de Puerto Rico para extender sus líneas construidas y en explotación en la Isla, hacia entre varios puntos, entre los cuales se comprende la línea de Ponce a Guayama, declarándose tales extensiones de líneas de utilidad pública y de beneficio general para los efectos de la expropiación forzosa, fue cedida, con todos los derechos inherentes á ella, á la American Raílroad Company, Central Aguirre Operator", y por esta á la Corporación peticionaria con el asentimiento del Consejo Ejecutivo de 2 de abril de 1904; y que necesitando para la construcción de la expresada línea entre Ponce y Guayama, adquirir para estación, almacenes y tendido de la vías la propiedad de varias parcelas de terrenos pertenecientes á esta municipalidad, las cuales describe en su petición, solicite del Concejo Municipal, acuerde venderle las mencionadas porciones de terrenos.[22]

La controversia por los terrenos municipales para la vía del tren concluyeron el 20 de diciembre de 1906 con un acuerdo adoptado por el Concejo Municipal por orden de la Corte de Distrito de Guayama, donde utilizando el procedimiento de expropiación forzosa a favor de la corporación dueña del ferrocarril, el municipio perdió parcelas de terrenos "[...] de su propiedad con objeto de utilizarlas la dicha compañía para establecer la vía del ferrocarril de Ponce-Guayama y construir estación y almacenes..."[23] El municipio obtuvo compensación por esta venta forzada de sus "ejidos municipales" por la cantidad de $919.02.

---

[22] A.G.P.R. Fondo: Documentos Municipales, Serie: Guayama, Exp's: *Libro de Actas del Concejo Municipal de Guayama*. Caja 48. Sesión de 12 de julio de 1906. Fols. 23v-24.

[23] A.G.P.R. Fondo: Documentos Municipales, Serie: Guayama, Exp's: *Libro de Actas del Concejo Municipal de Guayama*. Caja 48. Sesión de 20 de diciembre de 1906. F. 71v.

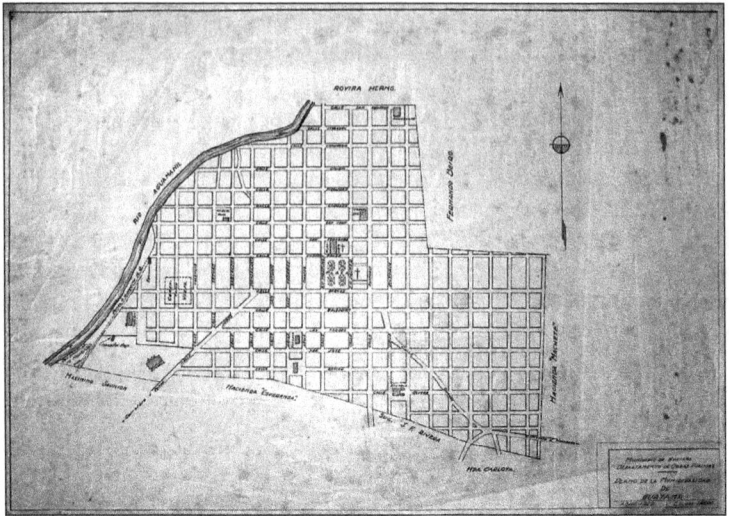

35. Plano de la Ciudad de Guayama, (abril de 1922)

Este asunto de las vías ferroviarias por Guayama puso de manifiesto lo que las corporaciones estadounidenses eran capaces de hacer para buscar su mejoramiento económico a través de los medios que fuera necesario. La batalla del municipio por garantizar, tal vez, un pago justo por estas tierras llevó a defender los mejores intereses de la ciudad. Este pleito fue iniciado por un gobierno republicano y terminado por un gobierno unionista, de posiciones encontradas, pero, sin embargo, se observa la protección de los mejores intereses municipales. Hacia los años de 1901 a 1902 el presupuesto municipal de Guayama ascendía a $22,493.43.[24]

4. Agricultura y comercio a inicios del siglo XX

Al comenzar el régimen estadounidense en Puerto Rico la economía se basaba mayormente en la agricultura. En Guayama predominaba el cultivo de la caña de azúcar, así como otros renglones de la agricultura. Como apuntamos en secciones anteriores, en Guayama había cerca de 2,261 cuerdas de terrenos dedicadas a la siembra

---

[24] A.G.P.R. Fondo: Documentos Municipales, Serie: Guayama, Exp's: *Libro de Actas del Concejo Municipal de Guayama*. Caja 14. Sesión de 20 de noviembre de 1901. F. 210.

de la caña de azúcar hacia el año 1898.

En el año 1903, en la ciudad de Guayama se dedicaban un total de 2,525 de cuerdas de terrenos al cultivo de la caña de azúcar, lo que pudiera significar un aumento en comparación con los datos de finales del siglo XIX. Sin embargo, hacia el año fiscal de 1900-1901 el área cultivada de caña de azúcar en Guayama ascendía a 3,656 cuerdas de terrenos.[25] "Las inversiones que en este cultivo se hicieron determinaron el carácter agrícola del desarrollo guayamés... "[26], según nos confirma Jalil Sued Badillo en su estudio; la mayoría de las haciendas azucareras mencionadas en el primer capítulo, que operaban a principios y mediados del siglo XIX, no pudieron con el empuje que significó la "gran central" que fue ocupando su lugar en el ámbito económico.

Sin embargo, desde 1900 a 1930, la caña de azúcar tuvo que compartir su riqueza con otros productos que se sembraban en Guayama. De 1900 a 1930 los terrenos guayameses se dedicaban al cultivo de varios productos agrícolas, como la caña de azúcar, café, tabaco, frutos menores y, también, se dedicaba gran parte de los terrenos para la crianza de ganado, que "[...] fue la segunda actividad económica más importante durante la primera mitad del siglo 20."[27]

En la siguiente tabla vemos el total de tierras cultivadas de diversos productos agrícolas durante varios años fiscales hasta 1929:

Tabla XIII
Producción agrícola en Guayama
Total de cuerdas dedicadas a la agricultura, 1900-1930

Año Fiscal	Caña	Café	Tabaco	Pastos	Cocos	Frutos menores	Tierras pantanosas	Maderas	Otras tierras
1900 1901	3656	1515	3	29,962	---	---	1340	---	---
1905 1906	6194	1541	70	18,915	---	1492	---	11,517	---

[25] Gobernador de Puerto Rico. First Annual Report of Charles H. Allen, Governor of Porto Rico, Covering the Period From May 1, 1900 to May 1, 1901. (Washington, D.C.: Government Printing Office, 1901), p. 334.
[26] Jalil Sued Badillo, Guayama: notas para su historia. (San Juan, Puerto Rico: Oficina de Asuntos Culturales de la Fortaleza, 1983), p. 124.
[27] Sued Badillo, op. cit., p. 125.

1906 1907	6303	1385	54	19,378	---	1850	---	10,820	---
1907 1908	6909	1447	27	19,226	---	1857	152	10,587	---
1909 1910	7050	1532	23	21,241	46	1012	120	7927	---
1910 1911	6324	1519	19	20,691	46	876	120	8949	179
1911 1912	6611	905	---	26,711	157	290	933	3520	211
1912 1913	661	905	---	26,711	157	290	933	3520	211
1913 1914	6709	865	---	26,295	161	406	933	3835	199
1914 1915	6709	866	---	26,295	161	406	933	3835	199
1915 1916	7625	897	---	25,215	156	510	401	4712	454
1916 1917	8580	880	---	24,148	101	496	301	5296	186
1917 1918	7447	1164	---	20,203	94	618	---	8881	1308
1918 1919	7237	1141	---	20,824	94	594	---	8149	1146
1919 1920	7225	1108	---	---	52	2193	---	10,526	1147
1920 1921	7306	1105	2	21,380	95	558	70	8034	1162
1921 1922	7366	1076	2	21,390	97	579	70	8041	1130
1924 1925	7823	988	---	21,286	381	562	80	7597	1048
1928 1929	7784	841	47	21,579	146	658	265	7518	939

*No hay datos disponibles para los años fiscal de: 1901- 02; 1902- 03; 1903- 04; 1904- 05; 1908- 09; 1922- 23; 1923- 24; 1925- 26; 1926- 27; 1927- 28; 1929- 30; 1930- 31. Fuente: *Annual Reports of the Governor of Porto Rico*. Varios años fiscales. (Washington, D.C.: Government Printing Office).

Otro renglón importante por el cual se identifican los pueblos es su comercio e industria. "Hasta el año 1900 el comercio local... era patrimonio exclusivo particularmente de los de los extranjeros, españoles, que enyugando la agricultura a sus casas comerciales, tenían el control casi absoluto de la economía de los pueblos."[28] A inicios de este capítulo mencionamos los oficios, el comercio e industria que se establecieron en la ciudad al comenzar el siglo XX.

Durante el año 1903, el cuadro industrial guayamés era el siguiente: "[...] dos fábricas de hielo, fábrica de producir ron, alco-

---

[28] Porrata Doria, *op. cit.*, p. 107.

holado, aceite de castor y pequeños de tabaco."[29] Otras industrias que contribuyeron en alguna medida al desarrollo económico de la población guayamesa eran una fábrica de jabones, otra para hacer pastas para sopas y fideos, fábricas de vinos, de vinagre, una para la fabricación de coches para la transportación, varias herrerías y un buen número de costureras para coser ropas de hombres y mujeres, toda la ropa se elaboraba aquí.[30] Este último renglón fue sumamente importante en nuestra Isla. "La industria de la aguja se desarrolló rápidamente durante la década de 1920."[31] En el 1928, y ya casi a los inicios de la depresión económica, eran pocas las industrias que empleaban obreros. Algunas de ellas, como la planta eléctrica y fábricas de ropa, eran los patronos principales en Guayama, aparte de los empleos agrícolas. Es menester destacar que las oficinas del Riego generaban algunos empleos en la ciudad, en particular, había empleos especializados como ingenieros y operadores de planta.

5. Primera Guerra Mundial y sus efectos en Guayama

Con los inicios de las hostilidades bélicas en 1914 que conocemos como la Primera Guerra Mundial en Europa, esta se dejó sentir en América en términos económicos. La misma afectó la economía de nuestra Isla, especialmente a los municipios que no contaban con suficientes recursos financieros para aplacar la desesperanza de sus habitantes.

Para enfrentar el asunto de la falta de empleos para los habitantes de Guayama en tiempos de guerra el Concejo Municipal de

---

[29] Secretary of Porto Rico. *Register of Porto Rico for 1903*. (San Juan, Puerto Rico: Press of Louis E. Tuzo and Comp., 1903), p. 184.

[30] Porrata Doria, *op. cit.*, pp. 108-109.

[31] Scarano, *op. cit.*, p, 594. Lamentablemente en nuestra investigación no contamos con estadísticas que reflejen el número de mujeres que laboraban en la industria de la aguja en Guayama en estos años. Sin embargo, hay redactada una tesis sobre la ex alcaldesa de Guayama, Obdulia Velázquez de Lorenzi. La autora nos señala que uno de los factores por la cual doña Obdulia resultó electa alcaldesa fue su trabajo precisamente en la industria de la aguja, como Presidenta de la Unión que las organizó en Guayama. Ver: Mary Francés Gallart Calzada, *Mujer, aguja y política en el siglo 20 en Puerto Rico: Obdulia Velázquez de Lorenzi, alcaldesa de Guayama, 1952-1956.* Disertación para optar el grado de Doctora en Historia, Universidad de Puerto Rico, Recinto de Río Piedras, Departamento de Historia, 1992.

Guayama discutió la deseabilidad de que se construyera una vía ferroviaria entre Guayama y Carolina. La propuesta en cuestión provenía del alcalde de Maunabo. La vía del tren, de acuerdo a los concejales guayameses, sería "[...] de gran trascendencia para el litoral que carece de vías de comunicación que hagan factibles trasladar sus frutos á las poblaciones más importantes de la Ysla de una manera económica."[32] A pesar del respaldo que brindó el municipio de Guayama, y que el medio endosado era una vía económica a los agricultores de la costa este de la Isla para trasladar sus frutos a los mercados más importantes de una manera más económica[33], el proyecto nunca se realizó porque económicamente no era viable y los accesos entre el este y el norte de Puerto Rico para la época resultaban un tanto difíciles para realizar la obra. A parte del alto costo que resultaría una obra de infraestructura como la que se proponía.

Durante la época de la guerra, a partir de 1914, la desocupación de los obreros guayameses era un mal que el municipio tenía que enfrentar. Varios obreros solicitaron al municipio que se crearan plazas de trabajos en distintos proyectos, entre estos la remodelación del acueducto que el municipio estaba realizando. De esa forma, el Gobierno Municipal de Guayama, podía proporcionar "los medios" de subsistencia a dicha clase trabajadora. Por la crisis económica que agobiaba al País como consecuencia directa de la Primera Guerra Mundial, los obreros pidieron, además, la intervención del Concejo Municipal de Guayama para que "[...] influya con los dueños de panaderías, vaquerías y abastecedoras de carnes para que limiten en todo lo posible los precios de dichos artículos considerados de primera necesidad, de manera que estén al alcance de la clase trabajadora..."[34] Resulta interesante esta solicitud de los obreros ya que dejó claro que tanto la municipalidad, como el resto del país, estaba sufriendo los estragos económicos y sociales de esa guerra. Los obreros solicitaban que se intercediera con los agricultores azucareros para que mejoraran los jornales y que el "[...] alza de precios del azúcar, [para] que reciban un jornal mayor que el actualmente

---

[32] A.G.P.R. Fondo: Documentos Municipales, Serie: Guayama, Exp's: *Libro de Actas del Concejo Municipal de Guayama*. Caja 17. Sesión de 28 de mayo de 1914. F. 193.
[33] *Ibid.*

[34] A.G.P.R. Fondo: Documentos Municipales, Serie: Guayama, Exp's: *Libro de Actas del Concejo Municipal de Guayama*. Caja 17. Sesión de 24 de septiembre de 1914. F. 348.

reciben."[35] Otros renglones que se afectaron con la crisis mundial, fueron los precios de los artículos de primera necesidad. El Concejo Municipal de Guayama, a petición de uno de los suplidores del municipio, adoptó una resolución autorizando a pagar más por la compra de artículos. Los artículos en cuestión eran para la manutención a los enfermos, asilados en el Hospital Municipal.

Los artículos de primera necesidad que sufrieron alzas en sus precios para abastecer al Hospital Municipal Toribio fueron los siguientes:

Arroz Japón 1ra clase	de $4.25 á $5.50
Arroz Japón 2da clase	de $3.50 á $4.25
Habichuelas coloradas americanas	de $7.00 á $8.25
Manteca de cerdo 1ra clase	de $13.50 á $14.50
Manteca compuesta	de $11.00 á $12.00
Azúcar central marca "Aguila"	de $6,00 á $7.25
Azúcar del país "Mercedita"	de $4.50 á $5.00
Azúcar del país "Lafayette"	de $4.00 á $5.00
Tocino superior	de $12.00 á $12.50

Fuente: Archivo General de Puerto Rico. Fondo: Documentos Municipales, Serie: Guayama, Exp's: Libro de Actas del Concejo Municipal de Guayama. Caja 17. Sesión de 15 de octubre de 1914. Fols. 504-506.

Para esta fecha, en plena crisis de la guerra, el presupuesto del municipio de Guayama ascendía a $42,108.62.

6. La Central Machete

De las empresas que produjeron empleos y bienes económicos a Guayama se destacó la Central Machete fundada en 1906 por la familia McCormick. "Su fundador fue don Carlos McCormick, activo financiero y hombre de gran capacidad industrial."[36] Al iniciar sus operaciones confrontó problemas con los accesos a la finca propiedad de la familia McCormick. En el lugar donde finalmente se construyó la Central, hacia el siglo XIX, había varias haciendas dedicadas a la molienda azucarera. Dichos molinos azucareros eran de construcciones rudimentarias y de escasos recursos económicos y tecnológicos para la elaboración de azúcar a gran escala. Con la

---

[35] *Ibid.*

[36] Luis Felipe Dessus, *El álbum de Guayama*. (San Juan, Puerto Rico: Tipografía Cantero Fernández & Co., 1918), p. 205.

introducción de maquinarias modernas para la producción a gran escala, las pequeñas haciendas azucareras fueron desapareciendo y, algunas de ellas, fueron absorbidas por las grandes centrales, como la "Aguirre" en Salinas.

Para agosto de 1906, William McCormick le escribió una carta al Concejo Municipal de Guayama solicitando al municipio que intercediera para abrir varios caminos que condujeran a la fábrica que se establecía en el barrio Machete al sur de la ciudad. Solicitó a la Junta de Caminos del Distrito que concediera el permiso correspondiente para poder pasar por las fincas Barrancas, Pica, Palmira, Porrata y Mercedes:

> [...] pero como tal disposición no ha tenido á la fecha el cumplimiento debido y como por otra parte ha cesado en sus funciones aquel organismo ... solicita de la Corporación que con vista de los antecedentes que del asunto acompaña adopte una resolución tendente á que se cumpla lo acordado sin más demora.[37]

El Concejo acordó acceder a la petición.

Este asunto planteado por la Central Machete es interesante, por el hecho de que la misma era de inversionistas que residían en Guayama desde el siglo XIX y habían hecho su fortuna en la ciudad, contrario a la de Aguirre y sus subsidiarias que eran de capital ausentista. Por lo tanto, el ánimo de los concejales municipales guayameses fue importante para que se desarrollara esta corporación de capital local.

La producción azucarera de la Central Machete, Inc. hay que estudiarla dentro de la competencia que reinaba en el mundo azucarero de entonces, dominado por las empresas ausentistas de Aguirre y Guánica, entre otras. Por ser la tercera central en el litoral después de Aguirre y Lafayette su producción tuvo a lo largo de 19 años alzas y bajas. De los datos recopilados, la operación de Machete bajo la familia McCormick hasta el año 1924 fue rentable a juzgar por la producción azucarera en esos años a pesar de la competencia que suponía en el litoral tanto Lafayette y Aguirre. A partir de 1924, la Central Machete fue adquirida por la corporación dueña de la Central Aguirre quienes pagaron a la familia McCormick $9.50

---

[37] A.G.P.R. Fondo: Documentos Municipales, Serie: Guayama Exp's: *Libro de Actas del Concejo Municipal de Guayama*. Caja 48. Sesión de 16 de agosto de 1906. F. 41v.

36. Central Machete de Guayama, (c. 1910- 1920)

por acción.[38] Al comprar la Central Machete por parte del emporio azucarero de Aguirre, "[...] la Central Aguirre tiene bajo su dominio prácticamente todo el distrito azucarero entre Guayama y Ponce, cuyas tierras son consideradas las más fértiles de la Isla."[39]

Sin embargo, en el 1910, la producción azucarera de la Central Machete fue de 8,643 toneladas de caña de azúcar, mientras que el total de Puerto Rico fue de 346,785 toneladas de caña de azúcar.[40] En 1916, los McCormick, habían realizado inversiones en la Central por un valor de $100,000.00 construyendo, además, un embarcadero que "[...] son [de] las más importantes que en Puerto Rico han levantado compañías particulares.[41] La producción en sacos de 250 libras para 1918 fue de 85,000, superando la de años anteriores.[42]

La siguiente tabla demuestra la producción de la Central Machete a partir de 1910 y hasta 1929, comparado con las centrales Lafayette y Aguirre:

---

[38] *El Mundo*, 24 de octubre de 1924, p. 1.

[39] *Ibid.*

[40] *La Democracia*, 10 de octubre de 1910, p. 1.

[41] *Ibid.*, 27 de diciembre de 1916, p. 1.

[42] Dessús, *op. cit.*, p. 205.

Tabla XIV

Producción por toneladas de azúcar de la Central Machete de Guayama
en comparación con las centrales Lafayette y Aguirre, años 1910-1929

Año	Central Machete	Central Lafayette	Central Aguirre
1910	8,643	---	---
1911	4,410.00	6,151.00	20,799.90
1912	6,055.75	8,582.00	26,162.14
1913	7,691.00	8,078.50	17,889.82
1914	8,156.00	8,958.00	26,916.00
1915	9,890.00	9,196.88	31,981.92
1916	11,589.00	9,378.00	39,530.00
1917	10,557.00	8,685.00	48,900.00
1918	10,237.00	7,826.00	47,200.00
1919	9,645.00	13,093.75	44,632.00
1920	12,150.00	15,334.75	50,483.00
1921	11,215.87	15,458.50	49,660.14
1922	12,311.38	12,912.63	44,503.60
1923	11,286.00	14,339.00	39,915.91
1924	11,050.00	14,881.00	34,695.00
1925	15,830.00	19,782.75	59,024.00
1926	16,175.00	15,413.00	51,470.70
1927	19,142.97	17,178.00	61,574.68
1928	21,171.90	23,401.75	79,899.00
1929	13,373.00	17,477.50	51,972.00

Fuente: Gobernador de Puerto Rico. *Annual Report of the Governor of Porto Rico.*
(Washington, D.C.: Government Printing Office). Varios años.

7. El pleito Machete vs Municipio de Guayama: el cobro de impuestos

La Asamblea Legislativa de Puerto Rico había facultado a los municipios puertorriqueños para que pudiesen cobrar impuestos por distintas actividades comerciales que se realizaran en las poblaciones. Se refería al cobro de impuestos municipales, cuyo producto de dicho cobro sería utilizado en el municipio para realizar proyectos de obras públicas, entre otras necesidades identificadas por el Gobierno Municipal en su día.

Durante la administración del Partido Socialista en Guayama (a partir de 1921), la Asamblea Municipal de Guayama controlada

37. Procesamiento de la caña de azúcar en la Central Machete, (c. 1910-1920)

por dicho partido político adoptó una Ordenanza para imponer contribuciones a las centrales o factorías dedicadas a la elaboración de azúcar. Este asunto revestía importancia, ya que el Partido Socialista y su brazo obrero, la Federación Libre de Trabajadores, había promovido varias huelgas en Guayama, especialmente, en las que elaboraban azúcar. Esa legislación local se aprobó en los primeros días de la gestión socialista con el propósito de imponer el "impuesto al azúcar", es decir, toda la producción de azúcar que se elaboraba en las factorías azucareras guayamesas pagarían un impuesto al Municipio. La justificación de los administradores socialistas era que "[...] la municipalidad de Guayama, Puerto Rico tiene un presupuesto de ingresos muy raquítico que apenas alcanza para llenar las necesidades públicas."[43]

El impuesto aprobado, y por el cual la corporación dueña de la factoría elaboradora de azúcar debía pagar, era de "[...] cinco (5¢) centavos por cada quintal de azúcar de caña elaborada en cualquiera central o factoría dedicada a la elaboración de caña en esta

---

[43] A.G.P.R. Fondo: Documentos Municipales, Serie: Guayama, Exp's: *Libro de Actas de la Asamblea Municipal de Guayama*. Caja 19. Sesión de 23 de febrero de 1921. F. 47.

municipalidad."[44] La Ordenanza dispuso, además, que la central o factoría debería:

> Entregar una liquidación exacta del número de quintales de caña dulce entregada por cada colono á la central o factoría para su elaboración y el número de quintales de azúcar elaborado que corresponde á cada colono, según tanto porciento convenido para la central y el colono.[45]

Los Asambleístas del Partido Unión de Puerto Rico votaron en contra de dicha Ordenanza indicando que tal tributo:

> Es injusto é ilegal; y sobre todo ruinoso para la riqueza sacarina debido a la depreciación del producto en los mercados que le hace atravesar una situación angustiosa determinante de una verdadera crisis económica en el país, por ser esta la riqueza que se consideraba más sólida y en condiciones de mayor resistencia en nuestro radio económico.[46]

Este impuesto municipal afectaba, en gran medida, a la Central Machete de Guayama por ser esta la única que funcionaba en la ciudad en la elaboración de sacarina; las otras eran de menor importancia. Por tal motivo la Central Machete, en manos de la Central Aguirre a partir de 1920, comunicó al municipio la decisión de no pagar dicho impuesto por entender que el mismo "es anticonstitucional y nulo"[47], amparando su determinación por una decisión del Tribunal Supremo de los Estados Unidos.

En el año 1925, el Partido Alianza Puertorriqueña gobernaba en la ciudad y la Central Machete insistía en no pagar dicha tributación impuesta en el año 1921. Para el año 1928 la Central Machete era clasificada como un contribuyente municipal en el Grupo A del negocio del azúcar con un volumen de $700,000 anuales y una contribución de $337.50.[48]

---

[44] *Ibid.*, f. 49.

[45] *Ibid.*, fols. 50-51.

[46] *Ibid.*, fols. 54-55. (Voto de la minoría en la Asamblea Municipal de Guayama, por los señores Luis Texidor Ortiz y Juan Rivera Vives).

[47] A.G.P.R. Fondo: Documentos Municipales, Serie: Guayama, Exp's: *Libro de Actas de la Asamblea Municipal de Guayama.* Caja 22. "Carta que dirige el abogado, Manuel Martínez Dávila respecto a un injuction interpuesto contra el municipio por la Central Machete." Sesión de 24 de junio de 1925. F. 321.

[48] A.G.P.R. Fondo: Documentos Municipales, Serie: Guayama, Exp's: *Libro de Actas de la Asamblea Municipal de Guayama.* Caja 23. "Contribuyentes por industria y comercio para el Año Fiscal 1928-1929." Sesión de 30 de junio de 1928. F. 210.

38. Maquinaria de la Central Machete. (Atilio Moscioni)

La situación provocada por el municipio a la Central Machete puso de manifiesto la crítica situación por la que atravesaba el municipio de Guayama y que, además, con el huracán San Felipe (1928) se había agravado la situación económica de la ciudad.

Para el 10 de diciembre de 1929, la Asamblea Municipal resolvió, de una vez y por todas, los problemas financieros con la Central Machete, que venía arrastrando deudas con el Gobierno Municipal de Guayama desde los años fiscales 1924- 25; 1925- 26; 1926- 27; 1927- 28 y 1928- 29.[49] La deuda de la Central alcanzaba la cantidad de $1,527.13[50], cantidad irrisoria hoy día, pero en aquel momento significaba mucho para la economía local.

La Central Machete formó parte de la economía local guayamesa. Tanto es así, que en el *Informe Anual del Gobernador año fiscal 1915-1916*, el sector del azúcar empleaba en la ciudad de Guayama cerca

---

[49] A.G.P.R. Fondo: Documentos Municipales, Serie: Guayama, Exp's: *Libro de Actas de la Asamblea Municipal de Guayama*. Caja 24. Sesión de 19 de febrero de 1929. F. 131.

[50] A.G.P.R. Fondo: Documentos Municipales, Serie: Guayama, Exp's: *Libro de Actas de la Asamblea Municipal de Guayama*. Caja 24. Sesión de 10 de diciembre de 1929. Fols. 84 y s.s.

de 4,000 trabajadores, siendo la principal fuente de ingresos en la ciudad.[51] Otros sectores de la agricultura, como el café, empleaba a 250 personas; el tabaco y los frutos menores cerca de 100 personas.[52]

8. Presupuesto municipal

El presupuesto municipal de Guayama dependía de las contribuciones que se imponían por diversos conceptos. Entre estos el municipio imponía contribuciones sobre la propiedad mueble e inmueble además de los recaudos por el pago de patentes municipales por los negocios que se establecían en la población.

39. Calle frente a la Casa Alcaldía y a la Plaza de Recreo. (Atilio Moscioni)

Al constituirse la Asamblea Legislativa de Puerto Rico en el año 1900, esta promovió una serie de leyes imponiendo cargas contributivas a los ciudadanos. Como anotáramos al iniciar el capítulo, una de esas medidas fue la Ley Hollander que impuso contribuciones a los propietarios.[53] Otra contribución fue el llamado "School Tax",

---

[51] Gobernador de Puerto Rico. *Sixteenth Annual Report of the Governor of Porto Rico, Fiscal Year Ended June 30, 1916.* (Washington, D.C.: Government Printing Office, 1916), p. 443.

[52] *Ibid.*

[53] Supra.

con el propósito de recaudar dinero para el financiamiento de escuelas y obras públicas relacionadas. Sobre este renglón en 1903 la
contribución total pagada por los guayameses ascendía a $4,920.00 y
los datos hasta 1907 era de $2,628.00.[54] Otra forma de allegar fondos
al erario público utilizada por el gobierno civil estadounidense en la
Isla fue el relacionado al valor de la propiedad. El valor total de la
propiedad en Guayama entre los años fiscales de 1902 a 1908 fluctuó
entre $2,081,036 y $2,536,576.[55] En la siguiente tabla observamos el
presupuesto municipal de Guayama en los años fiscales de 1901-
1902 hasta 1930- 1931:

Tabla XV
Presupuesto municipal de Guayama
desde el año fiscal 1901- 1902 hasta el 1929- 1930

Año Fiscal	Presupuesto Municipal
1901-1902	22,493.43
1902-1903	---
1903-1904	---
1904-1905	25,334.89
1905-1906	30,250.58
1906-1907	32,399.41
1907-1908	---
1908-1909	39,106.24
1909-1910	37,427.22
1910-1911	39,303.89
1911-1912	45,788.35
1912-1913	47,691.45
1913-1914	46,280.90
1914-1915	42,108.62
1915-1916	43,207.45
1916-1917	48,166.32
1917-1918	---
1918-1919	54,720.33
1919-1920	---

---

[54] Gobernador de Puerto Rico. *Seventh Annual Report of the Governor of Porto Rico, for
the Fiscal Year Ending June 30, 1907*. (Washington, D.C.: Government Printing Office,
1907), p. 186.
[55] *Ibid.*, p. 139.

1920-1921	83,738.65
1921-1922	118,056.44
1922-1923	107,139.00
1923-1924	110,223.36
1924-1925	114,086.25
1925-1926	113,992,43
1926-1927	---
1927-1928	134,369.93
1928-1929	139,646.17
1929-1930	---
1930-1931	139,278.06

Fuente: Ver los distintos presupuestos en los libros de *Actas Municipales* y los Informes Anuales de los diferentes alcaldes.

Para el Año Fiscal de 1914- 1915, el municipio de Guayama recaudaba, por concepto de contribución sobre la propiedad, $21,846.02 y por patentes de Industrias y Comercios $5,979.00.[56] En el año 1920, el municipio recaudaba en contribuciones a la propiedad $55,975.66.[57]

Otros ingresos que obtenía el municipio para su funcionamiento, especialmente durante la década de los veinte, era por los impuestos a espectáculos, sobre carnes, patentes, licencias y permisos, ventas de tickets de cines, valoración del quintal del azúcar, venta de fluido eléctrico y acueducto, entre otros. También los usos de la propiedad municipal como el acueducto, mercado, matadero, carnicería, corral de animales, cementerio, edificios municipales, solar municipal, hospital, multas, impuesto sobre postes de teléfonos, certificaciones, etc...[58]

Como observamos, el municipio se nutrió de diversas fuentes para obtener ingresos suficientes para la operación del municipio.

---

[56] A.G.P.R. Fondo: Documentos Municipales, Serie: Guayama, Exp's: *Libro de Actas del Concejo Municipal de Guayama.* Caja 17. Sesión de 28 de mayo de 1914. Fols. 184-191.

[57] A.G.P.R. Fondo: Documentos Municipales, Serie: Guayama, Exp's: *Libro de Actas del Concejo Municipal de Guayama.* Caja 17. Sesión de 10 de junio de 1920. Fols. 120-124.

[58] A.G.P.R. Fondo: Documentos Municipales, Serie: Guayama, Exp's: *Libro de Actas de la Asamblea Municipal de Guayama.* Caja 19. Sesión de 17 de marzo de 1921. F. 111 y s.s.

En ocasiones, y según se demuestra en los Libros de Actas, el municipio se encontraba en condiciones críticas, como por ejemplo en el
Año Fiscal 1908- 1909, donde el alcalde Enrique González, se mostraba inconforme a juzgar por su *Informe Anual*:

> He procurado hacer en el transcurso del año fiscal cuanto me ha
> sido posible en beneficio de todas las ramas de la administración
> confiada a mi dirección, y si más no se ha hecho, culpa es del redu-
> cido presupuesto con que cuenta esta municipalidad, y cuyos ingre-
> sos apenas sí alcanzan para cubrir la más perentorias necesidades
> del municipio haciéndose imposible asignar lo necesario siquiera
> para una mala reparación de las calles de la ciudad.[59]

La situación económica en Guayama, se agravó a partir de 1928
con el azote del huracán San Felipe.

9. Huracán San Felipe de 1928

El huracán San Felipe que azotó a Puerto Rico en septiembre de
1928 fue, junto al huracán San Ciriaco de agosto de 1899, de los peo-
res huracanes que han azotado a la Isla.

El 13 de septiembre de 1928, San Felipe dejó destrucción y desolación a su paso por la Isla; destruyó la agricultura casi en su totalidad con el agravante de que era el medio de subsistencia de muchos
puertorriqueños. Como si fuera poco, se iniciaba en estos años un estancamiento económico que alcanzaría su máxima expresión durante
la siguiente década, tanto en Puerto Rico como en Estados Unidos.

El huracán San Felipe midió vientos de 150 millas por hora y
dejó sobre 29 pulgadas de lluvia en diversos sectores.

> Los ríos desbordados deslizándose por las montañas, arrastrábanlo
> todo; casas, gente, ganado y cuanto encontraba a su paso. Los in-
> formes oficiales hacen llegar el total de muertos a consecuencia de
> golpes recibidos durante el ciclón y ahogados por las crecientes a
> 295 y a 3,755 los heridos...[60]

Este fenómeno atmosférico entró por la ciudad de Guayama sa-

---

[59] Municipio de Guayama, *Informe anual que el Alcalde de Guayama dirige al pueblo y
al Hon. Gobernador de Puerto Rico, en cumplimiento de lo dispuesto por la Ley Municipal,
(Ejercicio de 1908- 1909).* (Guayama, Puerto Rico: Tipografía Álvarez, 1909), p. 4.

[60] Cruz Roja Americana, *El ciclón que azotó a Puerta Rico septiembre 13 de 1928. Labor,
auxilio y rehabilitación de las víctimas llevada a cabo por la Cruz Roja Americana. Resumen
parcial.* (San Juan, Puerto Rico: s. e., 1929), p. 3. (Folleto.)

liendo por algún lugar entre Aguadilla e Isabela; mantuvo sus vientos fuertes y lluvia por cerca de 18 horas, la presión barométrica más baja se registró en la ciudad de Guayama y fue de 27.50 pulgadas a las 2:30 p.m. de ese día.[61] Esta medida ha sido una de las más bajas que se haya registrado en algún temporal que haya azotado a la región del Caribe que se tenga conocimiento.[62]

Los daños en la ciudad de Guayama fueron cuantiosos, pero los que sufrieron más las consecuencias fueron los pobres de la ciudad:

> Las casas de los pobres e infelices fueron derribadas y destruidas. Millares de personas se encuentran en una triste y dolorosa situación, en primer lugar por el hambre y en segundo lugar por la falta de un sitio donde refugiarse y protegerse contra las inclemencias del tiempo. Da pena contemplar este cuadro de miseria.[63]

Esta descripción hecha por el corresponsal del periódico *El Mundo* era muy triste para los ciudadanos de Guayama.

Los edificios públicos como escuelas, tanto en la zona rural como urbana, sufrieron destrozos; el teléfono, el telégrafo, la energía eléctrica y el hospital resultaron en pérdida total. El sistema de riego de Guayama informó perdidas ascendentes a $75,000.[64] El sistema escolar de Guayama tuvo pérdidas en equipos por $3,000 y en libros y materiales por $1,500.[65] La agricultura sufrió gran descalabro, especialmente en las plantaciones de caña y en los pocos sembradíos de café y tabaco en la región montañosa de Guayama.

Veamos otra descripción del estado en que quedó la ciudad, por parte del director financiero de la Cruz Roja, Charles W. Carr, al periódico *El Mundo*:

> De noche llegamos el jueves a la ciudad de Guayama, desde, que salimos de Río Piedras hasta llegar a esta municipalidad, dolorosamente nos impresionaba la situación en que habían quedado los campos de la isla. Podríamos muy bien hacer una general... una

---

[61] Luis A. Salivia, *Historia de los temporales de Puerto Rico y las Antillas*. 2da edición revisada y aumentada. (San Juan, Puerto Rico: Editorial Edil, 1972), p. 289.

[62] *Ibid.*, p. 290.

[63] *El Mundo*, 21 de septiembre de 1928, p. 5.

[64] "Informe preliminar sobre los efectos del temporal de septiembre 13 [de] 1928 a las obras del Servicio de Riego y Utilización de las Fuentes Fluviales, sometido por el Ing. Antonio Luchetti, Jefe del Riego en Guayama al Comisionado del Interior." En: *Ibid.*, 22 de septiembre de 1928, p. 16.

[65] *Ibid.*, 6 de octubre de 1928, p. 3.

completa devastación. Destrucción casi total de los bohíos y casas de los campesinos, las escuelas rurales desmanteladas y en su mayor parte derribadas. Oficialmente se nos informó que habían muerto 13 personas a consecuencia del temporal... Que en el pueblo habían quedado destruidas 400 casas, y un 80 por ciento en la zona rural; que cerca de mil familias estaban sin albergue y sin recursos para obtener los alimentos indispensables para su subsistencia; que se habían registrado 30 casos de influenza después del ciclón, y tres de fiebre tifoidea; que el acueducto no estaba funcionando debido a desperfectos sufridos, que un 30 por ciento de las plantaciones de caña habían quedado destrozadas y que la cosecha de café quedó totalmente destruida. Las autoridades municipales insistieron era de urgente necesidad obtener de la Cruz Roja no menos de 200 casas de campaña, catres y ropa para auxiliar a las víctimas del vendaval.[66]

Ahora bien, ¿qué medidas tomó el municipio para remediar los efectos de San Felipe? Varias fueron las medidas de carácter económico. Una de ellas fue rebajar el pago de las patentes municipales que pagaban los comercios al municipio. En algunos casos la reducción oscilaba entre $15.00 y $37.00 a comercios e industrias que así lo solicitaran al municipio.[67] Otra medida adoptada fue solicitar un préstamo por $20,000.00 "para reparar los daños ocasionados, por el ciclón de San Felipe al sistema de alumbrado público, acueducto, edificios municipales, y para otros fines..."[68]

En esta última Ordenanza, en uno de los "por cuantos", se hacía incapié en la preocupación de las autoridades municipales por el estado imperante o por lo que pudiese ocurrir en la ciudad.

> Sobrevendría por consecuencia lógica la propagación de varias epidemias, además de un posible estado de anarquía promovido por aquella clase poco escrupulosa y común en todos los pueblos, que aprovechando la obscuridad de la noche se entregaría a toda clase de desórdenes.[69]

Otra medida dispuso la utilización de un empréstito anterior

---

[66] *Ibid.*, 23 de septiembre de 1928, p. 1.

[67] A.G.P.R. Fondo: Documentos Municipales, Serie: Guayama, Exp's: *Libro de Actas de la Asamblea Municipal de Guayama.* Caja 24. "Resolución de la Asamblea 194." F. 89.

[68] A.G.P.R. Fondo: Documentos Municipales, Serie: Guayama, Exp's: *Libro de Actas de la Asamblea Municipal de Guayama.* Caja 23. "Proyecto de Ordenanza #139." Sesión de 17 de septiembre de 1928. F. 255.

[69] *Ibid.*

y sobrantes de otro y reprogramado de varias partidas en el presupuesto municipal para reparar escuelas.[70] También el hospital municipal y el alumbrado público recibieron prioridad en la asignación
de fondos provenientes de un empréstito anterior, porque

> [...] siendo además imposible a las autoridades municipales alojar
> en el antes dicho hospital, los enfermos que por centenares perma-
> necen a la intemperie careciendo de albergues que les caliente y
> proteja en medio de la desgracia, de los rigores del sol, del agua y
> las tinieblas de la noche.[71]

Para esta fecha se calculaba el valor total de la propiedad en
Guayama en $7,237,230.00. Además, el alcalde de la ciudad, Joaquín
Rovira Tomás, escribió a los contribuyentes locales para que pres-
taran su ayuda al municipio en las medidas que se estaban implementando.[72] San Felipe, unido a los problemas económicos del País,
especialmente en su agricultura, agravó los males sociales tanto en
Guayama como en el resto de la Isla. El desempleo elevado era la
orden del día en la ciudad.

10. Panorama de la ciudad a 1930: reclamo de industrias

Entrada la década de 1930, y ante los problemas de la ciudad
en cuanto a su economía se refiere, la Asamblea Municipal de Guayama aprobó una resolución creando la "Comisión Permanente Pro
Industrias para Guayama." En Guayama, aunque no se ha podido
identificar la tasa de desocupación al iniciar dicha década, la misma
parecía ser alarmante, especialmente entre el campesinado pobre y
rural de la población.

Recordemos que para la primera mitad de la década del 20 el
principal patrono era la industria azucarera con la Central Machete
y otras de menor importancia. Sin embargo, este ingenio azucarero
había pasado a manos de la Central Aguirre.

La depresión económica iniciada en 1929, sin duda alguna,

---

[70] *Ibid.*, "Proyecto de Ordenanza #140." F. 262.

[71] *Ibid.*, "Proyecto de Ordenanza #141." F. 263.

[72] A.G.P.R. Fondo: Documentos Municipales, Serie: Guayama, Exp's *Libro de Actas
de la Asamblea Municipal de Guayama.* Caja 24. "Carta que envía el alcalde, Joaquín
Rovira y el presidente de la Asamblea, Sr. José J. Aponte a los contribuyentes del
municipio." Sesión de 12 de marzo de 1929. Fols. 165- 166.

puso de manifiesto lo débil que estaba la economía isleña ya que esta dependía de los movimientos económicos de los Estados Unidos. Cuando estalló la crisis los inversionistas ausentistas dependían "[...] de las alzas y bajas de los precios en los mercados internacionales, el desempleo y la pobreza aumentaron rápidamente con la crisis."[73] La situación llegó al extremo de que las industrias dejaban de producir porque no podían vender sus productos[74], quedando de esta forma gran parte de la población sin empleo.

Sin embargo, la Comisión Legislativa para Investigar el Malestar y Desasosiego Industrial y Agrícola que origina el desempleo, llegó a varias conclusiones en su primer informe sobre el porqué el país tenía ciertos problemas económico. Decía el informe, entre otras cosas, que se debía:

1. Al aumento de la población que alcanza ya un promedio de 400 habitantes por milla cuadrada.

2. A la carencia de industrias febriles que pudieran absorber todos los brazos disponibles...

3. A la carencia de recursos tanto del Gobierno Insular como de los respectivos municipios... para abrir trabajos públicos y poder emplear parte del enorme exceso de brazos.[75]

La Resolución de la Asamblea Municipal de Guayama 203 aprobada por el cuerpo legislativo municipal expresó preocupación sobre los problemas del desempleo. En sus por cuantos, varios de ellos hablan por sí solo;

Por Cuanto: El pequeño agricultor que en todo el país constituye el nervio de acción y progreso, pues de pequeñas parcelas en cultivo se proporciona el sostén de los suyos y agregados, creando así un ambiente de cierta independencia económica a la que todos debemos aspirar, ha abandonado el cultivo de la tierra por no tener fé en la agricultura, trasladándose a las ciudades.

Por Cuanto: El desempleo que en sí era un difícil problema antes del temporal, se ha agravado en extremo con la inmigración de la población rural a la zona urbana.[76]

---

[73] Silvestrini, *op. cit.*, p. 461.

[74] *Ibid.*, p. 462.

[75] Asamblea Legislativa de Puerto Rico, *Primer informe de la Comisión legislativa para investigar el malestar y desasosiego industrial y agrícola que origina el desempleo en Puerto Rico.* (San Juan, Puerto Rico: s. e., 3 de febrero de 1930), p. 10.

[76] A.G.P.R. Fondo Documentos Municipales, Serie: Guayama, Exp's: *Libro de Actas*

Estos dos "por cuantos" eran los más neurálgicos, de acuerdo a la Asamblea Municipal de Guayama. Sabemos que a partir de este momento la inmigración de los residentes de la zona rural a la urbana fue en aumento, tanto en Guayama como en el resto de la Isla, especialmente el área metropolitana, donde se sintió más fuerte ese impacto.

Como solución la Asamblea Municipal de Guayama propuso la utilización de terrenos al este de la ciudad (conocidos como los Ejidos Municipales) para emplazar allí edificios propios para industrias.[77]

Al llegar el año de 1930 la crisis económica se agravó y el municipio no contaba con recursos suficientes para afrontar el mismo. Desde 1900 la agricultura fue la fuente principal generadora de riquezas para los guayameses. Tanto el huracán San Felipe como la depresión económica de 1929 causaron que la ciudad comenzara a decaer. Comenzó a perderse el interés en las faenas agrícolas y la población se movió a otros lugares en busca de mejor vida. El comercio sobrevivía como podía, pero ya no era como las primeras décadas del siglo XX.

---

de la Asamblea Municipal de Guayama. Caja 24. "Resolución de la Asamblea 203." Sesión de 18 de febrero de 1930. F. 237. Ver: Apéndice E.
[77] *Ibid.*, f. 238.

CAPÍTULO V

Condición social en Guayama, 1900-1930

Como hemos mencionado en capítulos anteriores, Puerto Rico sufrió una gran transformación en términos políticos y económicos a finales del siglo XIX y principios del siglo XX que tuvo un impacto directo en la población puertorriqueña, y que aún, hoy día, persisten en nuestra sociedad. Los habitantes de finales del siglo XIX lidiaron con la situación reinante tanto en lo político como en lo económico, pero también debemos tomar en cuenta el aspecto social, en especial en los primeros treinta años del pasado siglo XX.

La sociedad guayamesa, al entrar el nuevo siglo, tuvo que luchar por mantener todo aquello que le identificaba como pueblo. Sin embargo, la situación social en la ciudad de Guayama era muy deprimente. La invasión militar de 1898 fue recibida en la ciudad, al igual que en el resto de la Isla, con mucha esperanza. La economía puertorriqueña estaba cimentada en la producción agrícola, en particular en la caña de azúcar y en el café. El comercio era lo que sostenía a la población, a pesar de los tropiezos que tuvo bajo la dominación española y las muchas restricciones que impusieron los Estados Unidos al iniciarse su dominio de Puerto Rico.

Ahora bien, cabe preguntarnos, ¿cómo vivía aquella sociedad guayamesa? La misma, de acuerdo a nuestro estudio, sufría de los problemas y males cotidianos que les aquejaban y que eran, en parte, debido a las muchas enfermedades y malas condiciones sanitarias que abundaban en el País, y que también, se reflejarían en la sociedad guayamesa de finales de siglo y durante todo el periodo aquí expuesto. La educación también fue importante en todo este proceso de cambio social. No obstante, en términos poblaciones la misma aumentó en forma rápida tanto en Guayama como en el resto del País.

1. Visión social de Guayama en el Informe Carroll

Henry K. Carroll, comisionado especial enviado por el presidente de los Estados Unidos William McKinley, rindió un informe sobre las condiciones sociales, políticas y económicas prevalecientes en Puerto Rico al tomar posesión el Gobierno de los Estados Unidos en 1898. Este tuvo la oportunidad de visitar algunos municipios, de manera tal, que pudo ser testigo de las condiciones en que se encontraba la Isla. La ciudad de Guayama fue uno de los municipios visitados por el comisionado especial.

Sobre los puertorriqueños, Carroll mencionaba en su informe que, "The Puerto Ricans are a kindly, hospitable, polite people, very sociable, and always ready to do Americans a friendly service."[1] Estos atributos hacían de los puertorriqueños personas buenas y serviciales, aun dentro de la miseria que encontró este funcionario. Recordemos el documento suscrito por Alejandro O'Reilly en 1765 que mencionaba lo leal que era el puertorriqueño, especialmente el respeto que tenían hacia la figura del rey.

Cuando el comisionado Carroll visitó a Guayama en febrero de 1899 escuchó diversos testimonios como, por ejemplo, el del alcalde de Guayama, Celestino Domínguez, así como de otros funcionarios y personas particulares que manifestaron sus observaciones de lo que ocurría en el País en los aspectos político, económico y social.

El testimonio del alcalde Domínguez, es el que llamó más la atención del comisionado. Este compartió con el funcionario de la Casa Blanca las condiciones de los pobres en la ciudad, que también pudieran proyectarse al resto de la Isla. En su ponencia, el alcalde llamaba la atención a la clasificación que en términos sociales estaba dividida Puerto Rico. Se refería a que existían en ese momento de tres a cuatro clases sociales: "They are divided into three or four classes, which I will mention."[2]

Según Domínguez, las clases sociales en que se dividía Puerto Rico eran las siguientes:

La primera clase era la de los pobres, y señalaba que: "who work for their daily food with their hands."[3] Pero las condiciones de este grupo eran totalmente inaceptables pues según Domínguez, este conglomerado no era dueño de las tierras. Justificaba la condición de estos aduciendo que los hacendados no podían hacer más de

---

[1] Henry K. Carroll, *Report on the Island of Porto Rico, its Population, Civil, Government, Commerce, Industries, Productions, Roads, Tariff and Currency.* En: Francisco Cordas, ed. *The Puerto Rican Experience.* (New York, New York: Arno Press, 1975), p. 36.

[2] *Ibid.*, p. 737.

[3] *Ibid.*, p. 738.

lo que estaban realizando.[4] Recordemos que para este momento había un alto número de agregados en las fincas y haciendas agrícolas tanto en el litoral de Guayama como en el resto del País.

La segunda clase, de acuerdo a la clasificación del alcalde, eran los artesanos. Dicha clase estaba constituida por los pequeños manufactureros. Estos hacían artículos como muebles para los ricos y, sin embargo, estaban en una condición desafortunada. En Guayama, explicaba el alcalde que "where building are not going up every day, six months in the year the bricklayer has nothing to do; the carpenter also has nothing to do, and the tailor is often without work."[5]

La tercera clase eran aquellos que Domínguez llamaba los más desafortunados y residían en la montaña. Dicha clase social, también estaba integrada por los más pobres:

> [...] suffer from what is called anemia or want of blood, which makes them appear as indolent, when they are not so, and makes them appear as dishonest when they really are honest, and they are in a state of continental struggle for existence.[6]

Domínguez le propuso al comisionado Carroll, como una posible solución remediativa, que se cambiara de inmediato el sistema monetario, para que de esa manera se pudiera dar trabajo y subsistencia a estas familias necesitadas.[7] También propuso el fomento de la agricultura y el desarrollo de las obras públicas en los municipios, tales como la construcción de carreteras, de edificios escolares, entre otros proyectos que mitigarían en algo los problemas de los ciudadanos.[8]

Sin embargo, otro deponente ante el comisionado especial, el carpintero guayamés, Ricardo Espendez, señaló que se identificaban en Guayama alrededor de sesenta carpinteros, y que no estaban agrupados en gremios. Expresó que durante dos meses y medio habían trabajado y, que en su caso, lo que había ganado fue poco menos de cien dólares comparado con el periodo anterior a la invasión. Señalaba el carpintero Espendez como un grave problema, la introducción de maderas procedentes de los Estados Unidos, ya que

---

[4] *Ibid.*
[5] *Ibid.*
[6] *Ibid.*
[7] *Ibid.*
[8] *Ibid.*

dicho material tenía un alto costo que les imposibilitaba realizar los trabajos por dicha situación.[9]

El alcalde Domínguez solicitó que, para ayudar a las clases pobres de Guayama, debía establecerse con urgencia un sistema apropiado de instrucción pública, porque el "[...] 80 percent of the people in this Island who do not know how to read and write."[10] Situación que, señalaba el alcalde, no era nada nuevo en la realidad guayamesa y puertorriqueña.

2. Instrucción pública en Guayama hasta 1930

Hemos establecido los esfuerzos que se realizaron para dotar a Puerto Rico de instituciones educativas. Un pueblo que carecía de los adelantos modernos de instrucción pública, sin embargo, fue titánica la labor que tuvo que realizarse durante el siglo XIX, gracias al apoyo decido de algunas instituciones y de los propios gobiernos municipales. En algunas colonias hispanoamericanas contaban desde el siglo XVI con centros educativos de enseñanza superior. Tal fue el caso de la universidad de Santo Domingo, dirigida por religiosos.

En Puerto Rico la educación no era responsabilidad primaria del estado, sino que se dejaba a los municipios, a los religiosos y a entidades y personas encargarse de los menesteres educativos. En la ciudad de Guayama la educación a finales del siglo XIX estuvo subvencionada por el municipio, ya que asignaban los recursos económicos y se contrataba el personal necesario para atender la educación de los niños en la ciudad.

Como ejemplo de la participación municipal debemos destacar que en el presupuesto municipal guayamés para el ejercicio fiscal 1876- 1877, se asignó 2,783.20 pesos[11] para atender, solamente, las necesidades educativas de la población. De hecho, era la mayor asignación de fondos, después de la seguridad pública, en un presu-

---

[9] *Ibid.*, p. 739.

[10] *Ibid.*, p. 738.

[11] Manuel Ubeda Delgado, *Isla de Puerto Rico: Estudio histórico geográfico y estadístico de la misma.* (San Juan, Puerto Rico: Establecimiento Tipográfico del Boletín, 1878), p. 248.

puesto que tenía ingresos ascendentes a 22,713.13 pesos.[12] Para ese año operaban en el territorio municipal de Guayama ocho escuelas repartidas tanto en la zona urbana como en los barrios de Carite, Palmas y Guamaní.[13] Sin embargo, ya en el año 1820 se habían establecido, al parecer, las dos primeras escuelas.[14]

El sueldo de los maestros era de quince pesos mensuales, "[...] y la mayor parte de las veces no cobraban sus haberes por no haber fondos disponibles en el tesoro del municipio"[15], según lo apunta Luis Felipe Dessús en su trabajo *El álbum de Guayama* publicado en 1918. Los esfuerzos educativos en Guayama durante gran parte del siglo XIX no rindieron el fruto que la situación exigía, debido a los pocos recursos municipales destinados a ello. Para 1897, en el "censo de almas por instrucción", las cifras de analfabetismo en Guayama reflejaban los siguientes datos:

Saben leer y escribir	2,510	19.41%
Saben leer solamente	213	1.65%
No saben leer ni escribir	10,211	78.94%[16]

No debe sorprendernos la cantidad tan enorme de ciudadanos que no sabían leer ni escribir; un 78% de la población guayamesa era completamente analfabeta. Claro está, dicha cifra era solo para Guayama, lo que pone de manifiesto el poco interés que mostraba el gobierno español hacia la educación de los puertorriqueños.

Como si fuera poco, en la propia nación española no había una tradición educativa, salvo por algunas instituciones de enseñanza al alcance de aquellos que podían pagar.

> La educación en el viejo continente, generalmente, era elitista, donde los hijos dé los pobres estaban destinados a los oficios manuales mientras que la instrucción escolar era para los que pudieran pagarla. Solamente el espíritu caritativo de la Iglesia y la bondad de las sociedades filantrópicas, que abundaban en toda Europa, rompían este monótono patrón que se consideraba corriente, normal y apropiado.[17]

---

[12] *Ibid.*

[13] *Ibid.*

[14] Luis Felipe Dessús, *El álbum de Guayama.* (San Juan, Puerto Rico: Tipografía Cantero Fernández & Co., 1918), p. 23.

[15] *Ibid.*

[16] Adolfo Porrata Doria, *Guayama, sus hombres, sus instituciones.* (Madrid, España: Jorge Casas, 1974), p. 129.

[17] Alfonso López Yustos, *Historia documental de la educación en Puerto Rico.* (San Juan,

Esta situación se reflejó igualmente en la Isla durante los cuatrocientos años de dominación española.

Al iniciarse el régimen militar estadounidense en 1898, más del ochenta por ciento de la población puertorriqueña era analfabeta.[18] Una de las primeras órdenes generales emitidas por el Gobernador Militar, John R. Brooke, se dispuso a atender la organización escolar en todo Puerto Rico. Para ello solicitó la ayuda de John Eaton para que estableciera el sistema educativo acorde con las nuevas expectativas de los estadounidenses en Puerto Rico.

El comisionado Eaton preparó el primer "Código Escolar". El mismo creaba "[...] una Junta Insular de Educación y juntas locales en cada municipio."[19] En Guayama se formó dicha junta en el año 1901, siendo sus primeros integrantes Luis de Jesús, Rafael Suliveres, Rodulfo Arroyo, Juan Dalmau, Joaquín Villodas Curet y George V. Moore.[20]

Resulta interesante apuntar un asunto que el Concejo Municipal de Guayama atendió durante las sesiones del mes de diciembre de 1898, meses después de la invasión y el inicio del gobierno militar estadounidense en la Isla, y que estaba relacionado a los medios educativos en la ciudad. Para entonces, los puertorriqueños notaban que iban a enfrentarse a un proceso de asimilación cultural por parte del nuevo régimen estadounidense y que incluía la enseñanza en el idioma inglés. Puerto Rico luchó durante todo el siglo XX contra los intentos de asimilación cultural, inclusive, contra el establecimiento del idioma inglés en la enseñanza, aunque recordemos que en las primeras cuatro décadas del siglo pasado, la enseñanza era en ese idioma.

El Concejo Municipal de Guayama recibió una solicitud del educador Enrique Huyke, referente "á que se adquiera un número de las cartillas para aprender el idioma inglés que [se] está publicando, con destino á las Escuelas de este término..."[21] Es interesante que

---

Puerto Rico: Publicaciones Puertorriqueñas, Inc., 1991), p. 77.

[18] *Ibid.*

[19] Ramón Mellado Parsons, *La educación en Puerto Rico.* (Hato Rey, Puerto Rico: Ramallo Bros. Printing, 1976), p. 26.

[20] Dessús, *op. cit.*, pp. 24- 25.

[21] Archivo General de Puerto Rico (en adelante A.G.P.R.) Fondo: Documentos Municipales, Serie: Guayama, Exp's: *Libro de Actas del Concejo Municipal de Guayama.* Caja 13. "Cartillas para aprender el idioma inglés." Sesión de 2 de diciembre de

40. Oficina del Superintendente de Escuelas de Guayama, (c. 1920)

el Concejo Municipal no asignara los recursos con prontitud, porque: "hasta... no [era] obligatoria tal asignatura."[22] A pesar de que el Concejo Municipal de Guayama para esta fecha había recibido respuestas negativas a solicitudes de mayor autonomía peticionada a las autoridades militares estadounidenses, aún mantenían alguna fe en los nuevos dirigentes del país.

Otro de los intentos de implementar la cultura educativa de los estadounidenses en Puerto Rico de forma inmediata fue la creación de los llamados "Jardines de Infancia" en toda la Isla. El Ayuntamiento de Guayama recibió una carta enviada por el Secretario de Fomento de Puerto Rico, donde notificaba que:

> Se va á proceder al establecimiento en esta Ysla de los "Jardines de [I]nfancia" trayendo al efecto personas americanas que se dedicarán exclusivamente a esta enseñanza a los párvulos en lengua inglesa...[23]

Solicitaba al Concejo que asignara para el pago de dichos maes-

---

1898. Fols. 203v.- 204.

[22] *Ibid.*, f. 204.

[23] A.G.P.R. Fondo: Documentos Municipales, Serie: Guayama, Exp's: *Libro de Actas del Concejo Municipal de Guayama.* Caja 13. "Sobre establecimiento en esta Ysla de los Jardines de Ynfancia." Sesión de 30 de diciembre de 1898. F. 230v.

tros, así como el pago de casas u hospedajes para estos.[24] El Ayuntamiento acordó de inmediato desembolsar los fondos.

Podemos observar a través de estas dos peticiones los intentos de asimilación. La educación escolar se conduciría en el idioma inglés y, para ello, se utilizarían maestros provenientes de los Estados Unidos. Era el Gobierno Municipal el que pagaría los gastos, o parte de los mismos para mantener la nueva estructura educativa, aunque solo en sus inicios.

En un informe suscrito por la Junta Escolar de Guayama en el 1904, se rendía cuenta de la enseñanza en el idioma inglés en el sistema educativo guayamés. Son sumamente interesantes estas notas, porque en pleno gobierno civil, se levantaron quejas sobre dicha política asimilista referente al idioma. Observemos cómo la Junta Escolar de Guayama se refería a ese escabroso asunto:

> Maestros de inglés:
>
> S[i] bien sentimos un gran placer en hacer justas y merecidas manifestaciones, con respecto á los profesores nativos, lamentamos tener que decir todo lo contrario respecto á los maestros de inglés.
>
> Con excepción de algunos de estos profesores, en general el trabajo de estos maestros en este distrito ha sido en extremo deficiente. De acuerdo con el Sr. Superintendente, y por las manifestaciones de muchos padres de familia, declaramos que el curso se ha perdido casi en su totalidad. Y como es preciso no permitir que el entusiasmo y empeño en generalizar el idioma de la nación no decaiga, nosotros suplicamos encarecidamente á ese Departamento [de Instrucción] y á V. H. una cuidadosa atención en el nombramiento de esos maestros, pues con personas deficientes en la enseñanza de ese idioma, se estrellan los deseos y esfuerzos para adquirirlo de parte de los educandos.
>
> Creemos que tales maestros, para que sean eficientes, deben poseer el español, pues el poco conocimiento de esta lengua que han mostrado los que tuvimos el curso pasado, así como también su deficiencia en transmitir el idioma inglés, han sido la causa primordial de la falta de éxito. Insistimos, pues, en que para no tener que lamentar las consecuencias pésimas del curso anterior, ese Departamento [de Instrucción] debería hacer el nombramiento de tales maestros, eligiendo personas aptas para enseñar el idioma inglés á maestros y alumnos.[25]

---

[24] *Ibid.*

[25] Junta Escolar de Guayama. *Informe que presenta la Junta Escolar de Guayama al pueblo y al Hon. Comisionado de Educación.* ([San Juan, Puerto Rico]: Imprenta del Boletín Mercantil, s.f.), pp. 3-4. No contamos para estudio con otros informes de la Junta

41. Graded School Guayama (Escuela Washington). (Atilio Moscioni)

Nos llama la atención el planteamiento de dicha Junta de que para enseñar en el idioma inglés los maestros deben, al menos, tener conocimientos del idioma español.

Al comenzar el gobierno civil en 1900 una de las principales prioridades de ese régimen era dotar a los municipios de instalaciones educativas, es decir, la construcción de edificios escolares para la enseñanza. Para el año fiscal 1900-1901 se propuso la construcción en Guayama de salones de concreto y ladrillos, solo cuatro para construirse a un costo de $11,000.[26] A partir de 1903 se ordenó la construcción de la escuela Washington[27] y así, sucesivamente, se fueron construyendo varios planteles escolares a lo largo de estas primeras tres décadas del siglo XX, como la escuela Eleuterio Derkes, con seis salones, entre los años 1907 a 1908 a un costo de $11,000; la de "Jobos", con dos salones, a un costo de $9,350.[28] Es decir, según el Comisionado de lo Interior en trece años de gobierno civil estadounidense se habían construido en Guayama solo tres edificios con

---

Escolar en otros años. El superintendente de Escuelas de Guayama lo era John W. Zimmerman.

[26] Gobernador de Puerto Rico. *First Annual Report of Charles H. Allen, Governor of Porto Rico, Covering the Period from May 1, 1900 to July 1, 1901.* (Washington, D. C.: Government Printing Office, 1901), p. 356.

[27] Porrata Doria, *op. cit.*, p. 131.

[28] Gobernador de Puerto Rico. *Ninteenth Annual Report of the Governor of Porto Rico, Fiscal Year Ended June 30, 1919.* (Washington, D. C.: Government Printing Office, 1919), p. 441.

una inversión que totalizaba la cantidad de $20,350.[29] En la década de los veinte hasta los treinta se construyeron las escuelas Rafael López Landrón y Genaro Cautiño Vázquez. En los barrios se contaban también con escuelas limitadas solamente a los primeros grados. Luego los estudiantes se trasladaban a las escuelas del centro urbano para proseguir estudios secundarios.

a. Progreso educativo

Para 1898 solamente el 19% de la población sabía leer y escribir y el 78% no sabía leer ni escribir. Es decir, la población guayamesa era analfabeta, a pesar de contar con escuelas auspiciadas por el municipio y escuelas particulares.[30]

Al implementarse las medidas educativas en todos los municipios como fue la construcción de escuelas, contratación de maestros para realizar la labor de enseñanza a los habitantes, adquisición de los materiales necesarios para llevar a cabo dicha labor, entre otras medidas, los resultados se observaron por lo menos en Guayama.

42. Escuela Industrial, Taller de Ebanistería, (c. 1920)

Para el año 1910 el por ciento de las personas que no sabían leer ni escribir se redujo de 78% en 1899 a 64.1% en 1910.[31] Sin embargo, solo el 46.5% de los elegibles de edad escolar entre los seis a veinte años asistían a la escuela. El total informado en el censo entre esa población era de 5,874 y de esos solo 2,736 asistían a la escuela. Veamos en la siguiente tabla el total por edades y de esos cuántos asistían a la escuela.

---

[29] *Ibid.*

[30] Las cifras aparece en: Cayetano Coll y Toste, *Reseña del estado social, económico e industrial de la Isla de Puerto Rico al tomar posesión de ella los Estados Unidos.* (San Juan, Puerto Rico: Imprenta de *La Correspondencia*, 1899), p. 143.

[31] United States Government. *Report on the Census of Porto Rico, 1910.* (Washington, D.C.: Government Printing Office, 1910), s. p.

Tabla XVI
Total que asistían a la escuela en Guayama según censo de 1910

Edad	Número Total	Asistían a la escuela	Por Ciento
6-9 años	1,680	968	57.6%
10-14 años	1,997	1,377	68.9%
15-17 años	1,027	335	32.6%
18-20 años	1,170	56	4.7%
Total	5,874	2,736	46.5%

Fuente: United States Government. *Report on the Census of Porto Rico, 1910*. (Washington, D.C.: Government Printing Office, 1910), s. p.

Como dato interesante que notamos en la anterior tabla, advertimos que en la población joven, entre los quince y veinte años de edad, había una gran deserción escolar. Esto pudo deberse en parte a que no había el estímulo necesario para que el joven pudiera proseguir alguna carrera vocacional. Este patrón se repitió en la década de los veinte a los treinta. El sector joven de la población, muy posiblemente, se integró a las labores agrícolas.

Sin embargo, también observamos que la población de edad escolar entre los seis y catorce años asistía en masa a la escuela. Es por ello que, a pesar de llegar en su gran mayoría a la Escuela Superior, la tasa de analfabetismo se redujo en estos años. Por lo menos ya tenían conocimiento sobre lectura y escritura.

Según el censo poblacional del año 1920, se redujo a 50%[32] el analfabetismo y al iniciarse la década del los treinta las cifras habían llegado a 39.5% de la población que no sabía leer ni escribir.[33] Es decir, la política

43. Grupo de estudiantes; escuela del Sr. Haines en Guayama, (c. 1920)

[32] United States Government. *Report on the Census, of the United States Taken in Year, 1920. Population*. Vol. 1. (Washington, D.C.: Government Printing Office, 1921), s. p.
[33] United States Government. *Fifteenth Census of the United States, 1930; Outlying Te-*

implementada por el gobierno militar y luego el civil estadounidense de educar y bajar la tasa de analfabetismo dio resultados positivos, por lo menos en Guayama, aunque muchos, especialmente las personas de mayor edad, no sabían leer ni escribir ya entrado los primeros treinta años del siglo XX. Por lo menos rindió frutos en la población de edad escolar.

En la próxima tabla vemos la población de edad escolar que asistía a la escuela, según el censo de 1920.

Tabla XVII

Total que asistían a la escuela en Guayama según censo de 1920

Edad	Número Total	Asistían a la escuela	Por Ciento
5-13 años	4,537	2,631	57.9%
14-17 años	1,636	593	36.2%
18-20 años	1,157	89	7.6%
	7,330	3,313	45.1%

Fuente: United States Government. *Report on the Census, of the United States Taken in Year, 1920. Population.* Vol. 1. (Washington, D.C.: Government Printing Office, 1921), s. p.

De igual modo la próxima tabla ilustra la población de edad escolar para el censo de 1930.

Tabla XVIII

Total que asistían a la escuela en Guayama según censo de 1930

Edad	Número total	Asistían a la escuela	Por Ciento
7-13 años	4,036	2,495	61.8%
14-15 años	1,023	424	41.4%
16-17 años	1,019	214	21.0%
18-20 años	1,869	132	7.0%
Total	7,947	3,265	41.0%

Fuente: United States Government. *Fifteenth Census of the United States, 1930; Outlying Territories and Possessions.* (Washington, D.C.: United States Department of Commerce, Bureau of the Census, 1930), p. 156.

---

rritories and Possessions. (Washington, D.C.: United States Department of Commerce, Bureau of the Census, 1930), p. 156.

Como podemos observar, durante los primeros treinta años, el gobierno estadounidense en Puerto Rico implementó su política educativa, dirigida a asimilar a los puertorriqueños en la cultura anglosajona. No obstante, el gobierno insular aumentó considerablemente el número de escuelas construidas, pero se notaba que entre la población de edad escolar el número de alumnos matriculados bajó considerablemente en el periodo estudiado. De un 46% en 1910 a 41% en 1930, fue la reducción de la participación escolar.

3. Condiciones sanitarias en Guayama, 1900-1930

Durante el régimen español en Puerto Rico, las condiciones de salud de los puertorriqueños eran precarias. Abundaban las enfermedades tales como la viruela, la tuberculosis, la peste, la anemia, la uncinariasis, la malaria, entre otras, que afectaban a la población, especialmente a los campesinos. Muchas de estas enfermedades se debían, en parte, a la pobre alimentación del puertorriqueño y, además, a la insuficiencia en el servicio de agua potable. También, no menos importante, a la jornada de trabajo que resultaba difícil para el jornalero puertorriqueño. "El régimen alimenticio del obrero rural era muy deficiente, su indumentaria sencilla, la jornada de trabajo de sol a sol, y el jornal entre los 35 y 75 centavos diarios..."[34] Todo esto contribuyó a que el país estuviera sumido en una miseria profunda, que se extendió hasta bien entrado el siglo XX.

Al estudiar los libros de *Actas del Concejo Municipal de Guayama* entre los años de 1889 a 1890, descubrimos que la ciudad de Guayama se estaba enfrentando a epidemias como la viruela. El municipio tuvo que hacer ajustes en su presupuesto del área de beneficencia pública para atender la epidemia llamada la "variolosa":

> Que ha reinado en esta Villa desde hace un año... [y] puesto que merced á la eficacia de las medidas de prevención adoptadas y á los socorros y recursos facilitados á los enfermos pobres se ha logrado delimitar la propagación de la epidemia á determinados barrios de la jurisdicción y pueblo...[35]

---

[34] Sol Luis Descartes, *Puerto Rico: Trasfondo de su economía (fondo físico, histórico e institucional)*. (Hato Rey, Puerto Rico: Inter American University Press, 1973), p. 46.
[35] A.G.P.R. Fondo: Documentos Municipales, Serie: Guayama, Exp's: *Libro de Acta del Concejo Municipal de Guayama*. Caja 10. Sesión de 24 de octubre de 1890. F. 91.

De esta manera el municipio atendía dicha necesidad de salud pública. Al año siguiente, 1890, la epidemia aún se manifestaba en varios lugares de la población.[36] Sin embargo, las enfermedades no tuvieron cambios significativos al llegar el nuevo siglo.

En 1900, el gobernador Allen informaba que en Puerto Rico continuaban prevaleciendo las enfermedades como la tuberculosis, la anemia, la malaria y la disentería, y que las mismas atacaban mayormente a los pobres. Entre los factores para estas enfermedades, señalaba el gobernador, que se debía entre otras, a "[...] the impure water, and the inferior and insufficient food..."[37] La epidemia de tuberculosis afectaba a numerosos pueblos, como resultado "[...] from overcrowding in the damp and unventilated habitations where these poor sleep."[38] Todas estas enfermedades tenían su foco en la pobre atención de la salud, especialmente en los sectores pobres. En los Estados Unidos la situación de salud era algo parecido a Puerto Rico a finales del siglo XIX. Por ejemplo, en el sur de los Estados Unidos hacia el año 1900, "[...] la tuberculosis, la fiebre tifoidea, la malaria y la difteria estaban entre las principales causas de muertes"[39], entre aquella población. Puerto Rico, no era la única jurisdicción de los Estados Unidos que hacia el año 1900 padecía de condiciones de salud precaria. Los Estados Unidos, aun con todo los adelantos de la época, mantenían serios problemas de salubridad pública.

Entre los años de 1904 y 1905, se atendieron varios casos de viruelas en la ciudad de Guayama provocando la intervención de las autoridades municipales. En el *Informe Anual 1904- 1905*, el alcalde señalaba que: "[...] tuvo necesidad esta administración de proveer un hospital provisional al objeto de evitar la propagación de aquella enfermedad..."[40] La anemia también formaba parte de las enferme-

---

[36] *Ibid.*

[37] Gobernador de Puerto Rico. *First Annual Report...*, *op. cit.*, p. 30.

[38] *Ibid.*

[39] Blanca G. Silvestrini, "El impacto de la política de salud pública de los Estados Unidos en Puerto Rico, 1898- 1913." En: Blanca G, Silvestrini, ed. *Politics, Society, and Culture in the Caribbean, Selected Papers of the XIV Conference of Caribbean Historians.* (San Juan, Puerto Rico: Universidad de Puerto Rico y Asociación de Historiadores del Caribe, 1983), p. 70.

[40] Municipio de Guayama. *Informe que da el Alcalde de esta municipalidad y al honorable Gobernador Civil de Puerto Rico en cumplimiento con lo dispuesto en la Sección 29 de la Ley Municipal vigente. Año 1904- 1905.* (Guayama, Puerto Rico: Imprenta Álvarez,

dades que aquejaban a la sociedad guayamesa durante los primeros años del siglo XX. En el año 1905, la ciudad contó con una "Sub- estación de Anemia" para combatir dicha enfermedad. Para entonces se habían atendido 3,891 casos.[41] En el Año Fiscal de 1908 a 1909 se habían atendido en Guayama solamente a 130 pacientes con síntomas de anemia, habiéndose reducido considerablemente los casos de dicha enfermedad.[42]

El alcalde Enrique Amy, en su *Informe Anual 1909- 1910*, señalaba que:

> A pesar de las deficiencias del servicio de sanidad, debido á la escasez de recursos, el estado sanitario de la población es bueno, pues aun cuando en estos últimos meses hemos tenido algunos casos de enfermedades contagiosas, no puede tomarse esto como base para acusar un mal estado sanitario.[43]

Entre los problemas que confrontaba la ciudad de Guayama y que trajo consigo muchas de las enfermedades, era el estado del acueducto local. Según el alcalde Amy, en la ciudad de Guayama:

> Es también la calidad del agua más que sospechosa. De los análisis practicados en el Laboratorio Clínico Insular se desprende que se hallan contaminados intermitentemente... los mismos casos de tifoidea, disentería y otras enfermedades del tubo digestivo que hemos tenido en estos últimos meses corroboran esta afirmación.[44]

La solución que presentó el alcalde era la instalación de un filtro que asegurara "la calidad de sus aguas."

El paludismo fue otra enfermedad que padeció el guayamés de principios del siglo XX. Entre los años de 1912 a 1913 se produjo una epidemia entre los residentes del barrio Puerto de Jobos. La solución fue la construcción de un pozo ya que "[...] el agua [que] consumían

---

1905), p. 6.

[41] Municipio de Guayama. *Informe que el Alcalde de Guayama dirige al pueblo y al Hon. Gobernador dé Puerto Rico en cumplimiento de lo dispuesto por la Ley Municipal, (ejercicio de 1905- 1906).* (Guayama, Puerto Rico: Tipografía Álvarez, 1906), p. 4.

[42] Gobernador de Puerto Rico. *Ninth Annual Report of the Governor of Porto Rico (1908- 1909).* Washington, D.C.: Government Printing Office, 1909), p. 331.

[43] Municipio de Guayama. *Informe Anual que el Alcalde de Guayama dirige al pueblo y al Hon. Gobernador de Puerto Rico, en cumplimiento a lo dispuesto por la Ley Municipal vigente (ejercicio de 1909- 1910).* (Guayama, Puerto Rico: Tipografía Cervoni Gely & Co., 1910), p. 7.

[44] *Ibid.,* p. 9.

los moradores de aquel pintoresco sitio... [estaba] contaminada"[45], de acuerdo al alcalde José Muñoz Vázquez.

Sin embargo, a pesar de tomarse las medidas necesarias por parte de las autoridades, el paludismo y la uncinariasis eran las enfermedades más comunes que se atendían en el Hospital Municipal Toribio para el año fiscal 1913- 1914.[46] Si para este último año se habían informado once casos de paludismo, para el año fiscal 1915-1916, se atendieron cuarenta y ocho casos,[47] y de uncinariasis veinte casos, en 1913- 1914, y de dieciocho casos en el año fiscal 1915- 1916.[48]

El médico inspector, José M. Muñoz, en su informe sobre la salud de los guayameses entre 1915 y 1916, señalaba que "[...] la tuberculosis también es muy frecuente y casi puede asegurarse que de anemia y uncinaria sufren cincuenta por ciento de los vecinos residentes en los barrios de ca[i]mital, Guamaní y Carite ..."[49] Esto solamente en los barrios mencionados. En el otro sector que se dividía la ciudad y que incluía a los barrios de Puente y Puerto de Jobos, así como el oeste de Guayama, el médico inspector, José González, informaba que:

> Entre las enfermedades que debemos mencionar y que con más persistencia nos azotaron, tenemos en primer orden el paludismo en todas sus formas o aspectos, que ha llegado a ser endémico en esta comarca; después las afecciones intestinales, sobre todo la enteritis muco membranosa, de la cual mueren la mayor parte de los niños...[50]

Si para el año fiscal 1915- 1916, las enfermedades que padecían los residentes de Carite era la uncinariasis y la anemia, la primera se

---

[45] Municipio de Guayama. *Informe al pueblo de Guayama y al Hon. Gobernador de Puerto Rico presentado por el Alcalde, José Muñoz Vázquez, (año económico 1912- 1913).* (Guayama, Puerto Rico: Tipografía Rodríguez & Co., 1913), p. 9.

[46] Municipio de Guayama. *Informe anual al pueblo de Guayama y al Hon. Gobernador de Puerto Rico presentado por el alcalde, José Muñoz Vázquez, (año económico 1913- 1914).* (Guayama, Puerto Rico: Tipografía Rodríguez & Co., 1914), pp. 8- 10.

[47] Municipio de Guayama. *Informe anual al pueblo de Guayama y al Hon. Gobernador de Puerto Rico rendido por el alcalde Don Genaro Cautiño Insúa, en cumplimiento lo que dispone la Sección 29 de la vigente Ley Municipal, años económico 1915- 1916.* ([Guayama, Puerto Rico]: Tipografía. de Luis Carminely, 1916), pp. 15- 16.

[48] *Ibid.*

[49] "Informe del médico inspector, José M. Muñoz." En: *Ibid.*, p. 18.

[50] "Informe del médico inspector, José González." En: *Ibid.*, p. 19.

hizo más común para el año fiscal 1916-1917[51] y, la tuberculosis "[...] tiende a alimentar sus estragos, sobre todo en la zona urbana."[52]

Como hemos apuntado, estas enfermedades eran las causantes de la mayoría de las muertes en la ciudad de Guayama. El afán del Gobierno Insular en atender en una forma conveniente los problemas sociales de los puertorriqueños rindió algunos frutos, por lo menos en la primera década del siglo XX, aunque no del todo. La mortalidad en Guayama, en todas sus manifestaciones, para 1900 fue de 861 personas. En 1909 bajó a 361.[53] Sin embargo, para el año fiscal 1911-1912 se observó un aumento en las muertes de 572 personas, siendo en los infantes de un año o menos donde se registró la mayor tasa; para ese año fiscal ciento veintidós niños menores de un año fallecían por diversas causas.[54] En la siguiente tabla observemos las estadísticas sobre la mortalidad en Guayama entre los años de 1900 y 1919.

Tabla XIX
Tabla que representa las defunciones en Guayama desde 1900 hasta 1919

Año Fiscal	Total Defunciones
1900-1901	861
1901-1902	491
1902-1903	406
1903-1904	418
1904-1905	467
1905-1906	622
1906-1907	439
1907-1908	441

[51] Municipio de Guayama. *Informe anual al pueblo de Guayama y al Hon. Gobernador de Puerto Rico rendido por el alcalde Don Genaro Cautiño Insúa, en cumplimiento de lo que dispone la Sección de la vigente Ley Municipal (año económico 1916-1917)*. (Guayama, Puerto Rico: Tipografía de Luis Carminely, 1917), p. 14.
[52] *Ibid.*
[53] Municipio de Guayama. *Informe anual que el alcalde de Guayama dirige al pueblo y al Hon. Gobernador de Puerto Rico, en cumplimiento de lo dispuesto por la Ley Municipal, (ejercicio de 1908-1909)*. (Guayama, Puerto Rico: Tipografía Álvarez, 1909), p. 7.
[54] Municipio de Guayama. *Año económico de 1911 a 1912. Informe anual al pueblo de Guayama y al Hon. Gobernador de Puerto Rico*. Estadística del Registro Civil, Juan A. Blondet, Director. (Guayama, Puerto Rico: Tipografía Rodríguez & Co., [1912]), pp. 6-9.

1908-1909	361
1909-1910	---
1910-1911	---
1911-1912	572
1912-1913	556
1913-1914	447
1914-1915	530
1915-1916	715
1916-1917	823
1917-1918	---
1918-1919	686

Fuente: Municipio de Guayama. *Informes anuales del Municipio de Guayama*, diversos años.

Entrada la década de los veinte se registró una leve disminución en las defunciones, 502 en el año 1920- 1921.[55]

No debe sorprendernos que en el grupo de defunciones, los niños menores, entre uno y cinco años de edad, hayan sido los que más defunciones se registraron en Guayama entre los años de 1911 y 1912 notificando 256 muertes.[56] Por ello, "La mortalidad de niños menores de cinco años representaba el 35 por ciento de todas las muertes. El tétano era responsable de más del 90 por ciento de las muertes entre los recién nacidos."[57] Para el año fiscal 1916- 1917 se registró un aumento considerable, 823 defunciones.[58] Para el año fiscal 1918- 1919 se atribuye a las enfermedades del paludismo, la tuberculosis pulmonar e intestinal, así como la influenza, fueron los que "[...] han causado el alto número de las defunciones..."[59] en la

---

[55] A.G.P.R. Fondo: Documentos Muncipales, Serie: Guayama, Exp's: *Libro de Actas de la Asamblea Municipal de Guayama*. Caja 19. "Informe del Sr. Manuel N. Arroyo, escribiente del Registro Civil, rinde al mismo Comisionado de Sanidad y Beneficencia Municipal." Sesión de 8 de septiembre de 1921. F. 236.

[56] Ver: Municipio de Guayama. *Informe anual 1911- 1912. op. cit.*

[57] Silvestrini, "El impacto de la salud pública en..." *op. cit.*, p. 77.

[58] Municipio de Guayama. *Informe anual 1916- 1917. op. cit.*, p. 6.

[59] Municipio de Guayama. *Informe anual al pueblo de Guayama y al Hon. Gobernador de Puerto Rico rendido por el Alcalde don Jorge Grau, en cumplimiento de lo que dispone la Sección 99 de la vigente Ley Municipal, año económico 1918- 1919).* "Informe del Registro civil por Luis Texidor, Secretario Municipal, 1 de agosto de 1919." (Guayama, Puerto Rico: Tipografía Luis Carminely, 1919), p. 8.

ciudad, también las enfermedades del aparato digestivo por diversas causas, afectaron al guayamés de este tiempo.

Entrada la década de los treinta, el director de Beneficencia Municipal, Dr. García Soltero, le informaba a la Asamblea Municipal de Guayama, dos males que aquejaban a la sociedad guayamesa: el desempleo y las enfermedades todo esto asociado, al parecer, al desastre del huracán San Felipe de 1928.

> En la ciudad son dos de los factores que constituyen uno de los más grandes problemas que tenemos que afrontar. Estas enfermedades y el desempleo fueron causadas por el pasado ciclón de San Felipe y necesita mucho tiempo para que se regularice totalmente, no obstante yo estoy dedicando todas mis energías porque este problema disminuya cada día.[60]

La condición social de los guayameses durante los primeros treinta años del siglo XX era deprimente. Más aún:

> Aunque la salud mostró cierta mejoría como resultado de medidas como las vacunaciones contra la viruela y el control de mosquitos, la tuberculosis y las lombrices intestinales constituían enfermedades que minaban la salud. Se estimaba que entre 13 y 18 por ciento de los niños que nacían para 1922 morían antes de cumplir un año.[61]

Ciertamente en Guayama la tasa de mortalidad infantil era muy elevada en este periodo, a pesar de los esfuerzos que realizó el gobierno por mejorar las condiciones de vida del puertorriqueño.

4. Población en Guayama

a. Censos poblacionales

A partir de 1900 Guayama tuvo un rápido crecimiento poblacional reflejado en los censos llevados a cabo en los años de 1910 a 1930. El primer censo practicado bajo la dominación estadouniden-

---

[60] A.G.P.R. Fondo: Documentos Municipales, Serie: Guayama, Exp's: *Libro de Actas de la Asamblea Municipal de Guayama, 1930*. Caja 24. "Informe del Director de Beneficencia Dr. García Soltero a la Asamblea Municipal." Sesión de 10 de febrero de 1930. Fols. 178-179.

[61] Gilberto Cabrera, *Puerto Rico y su historia íntima. Siglo XIX- XX.* (San Juan, Puerto Rico: Academia Puertorriqueña de la Historia y Centro de Estudios Avanzados de Puerto Rico y el Caribe 1997), p. 802.

se fue en 1899 durante el régimen militar. Veamos en números ese crecimiento.

Censo de 1899	12,749
Censo de 1910	17,379
Censo de 1920	19,192
Censo de 1930	23,624

La población de Guayama creció a un ritmo de 36.6 por ciento entre 1899 y 1910. Entre 1910 y 1920 un 10 por ciento y entre los años de 1920 y 1930, un 23 por ciento. Es decir, este crecimiento pudo deberse a varios factores que incidieron en la ciudad de Guayama y en muchos lugares de la costa: el auge en los cultivos de la caña de azúcar. "Estos abandonaban los campos, especialmente los de la región cafetalera, donde la tierra fértil pertenecía cada vez a menos gente. Se mudaban a lugares en la región cañera o en las ciudades en busca de trabajo y mejores oportunidades."[62] Hacia el año 1922 se había reducido la población en los campos de Puerto Rico de un 85.4 por ciento en 1899 a 76.8 por ciento para dicho año.[63]

44. Puente y carretera en Guayama hacia el barrio Jájome de Cayey, (c. 1920)

---

[62] Francisco A. Scarano, *Puerto Rico: cinco siglos de historia*. (San Juan, Puerto Rico: Mc Graw-Hills, 1993), p. 600.
[63] Cabrera, *op. cit.*, p. 802.

Observemos cómo fue tanto la disminución como el aumento poblacional, en los barrios de Guayama, según los censos:

Tabla XX

Tabla referente a la población en los barrios de Guayama disminución y aumento en algunos casos según los censos poblacionales

Habitantes en barrios incluye sectores	Censo 1899	Censo 1910	Censo 1920	Censo 1930
Guayama (Centro)	5,334	8,321 +2,987	8,924 +603	10,953 +2,029
Algarrobo	1,080	789 -291	906 +117	2,141 +1,235
Pozo Hondo	[1,080]	749	665 -84	1,086 +421
Caimital	603	859 +256	1,068 +209	1,428 +360
Carite	834	1,109 +275	1,324 +215	1,039 -285
Carmen	784	711 -73	750 +39	549 -201
Guamaní	1,360	1,359 -1	1,492 +133	1,637 +145
Jobos	1,186	1,725 +539	2,037 +312	2,842 +805
Machete	368	594 +226	1,028 +434	1,075 +47
Palmas	1,200	1,154 -46	998 -156	874 -124
Total	12,749	17,370	19,192	23,624

Fuente: Tomado de los Censos poblacionales de: 1910, 1920 y 1930.

Notamos en la tabla anterior que sectores montañosos como Palmas y Carmen disminuyeron su población, en cambio, los sectores Jobos, Algarrobos y el barrio pueblo vieron aumentar sus pobladores. Los primeros dos barrios (Carmen y Palmas) en tiempos de España eran sectores cafetaleros, mientras que Jobos y Algarrobos se identificaban como sectores tradicionalmente azucareros. El centro urbano de la ciudad también tuvo su crecimiento debido al comercio y a la industria de servicios, aunque limitados, debido a los problemas económicos que enfrentaba la ciudad. Para 1925 el 45.9 por ciento de la población vivía en la zona urbana y el 54.1 por ciento en la zona rural.[64]

También podemos notar el alto número de nacimientos en todo el periodo estudiado aunque, como indicamos anteriormente, hubo mucha mortalidad infantil. La tasa de nacimientos por cada 1,000 habitantes en Guayama para 1925 era de 37.2 por ciento.[65]

La sociedad guayamesa vivió en una miseria profunda en los primeros treinta años del siglo XX, no obstante, las mejoras que introdujo el gobierno estadounidense a la sociedad no fueron suficientes para erradicar los distintos males en que estaba sumida la misma. Es evidente la pobreza en los campos y en el centro de la ciudad de Guayama durante estos años. Además, observamos mucha migración del campo a la ciudad.

La historia social de la ciudad de Guayama es la historia de la gente, para ello es que la contamos tal y como nos lo dicen los documentos. La sociedad guayamesa tuvo muchos contratiempos a lo largo de los primeros siglos de existencia como ciudad, así como en las tres primeras décadas del siglo XX. Sin embargo, los guayameses supieron mantener viva la fe y la llama de la esperanza, para convertir a esta ciudad, en una ciudad de progreso y habitable; en una ciudad de bienestar tanto para aquellos que han nacido en este terruño, como para aquellos que, aunque no hayan nacido aquí, ya forman parte de la sociedad guayamesa y afirman sus valores. *¡Historia de una Ciudad...!*

---

[64] Gobernador de Puerto Rico. *Twenty Fifth Annual Report of the Governor of Porto Rico, Fiscal Year Ended June 30, 1925.* (Washington, D.C.: Government Printing Office, 1926), p. 414.

[65] *Ibid.*, p. 415.

CONCLUSIONES

Es a partir del siglo XVIII que tenemos noticias sobre las condiciones en que se encontraba la población de Guayama bajo el dominio de España. No obstante, desde mediados del siglo XVI tenemos conocimiento de la existencia de una región a la que llamaban Guayama. En el siglo XIX la Villa de Guayama se encaminaba a convertirse en una ciudad, con una numerosa población, con una economía fuerte dedicada al cultivo de la caña de azúcar y, donde el elemento extranjero formaba parte de la sociedad.

Con la invasión militar estadounidense a Puerto Rico, en julio de 1898, comenzó un nuevo proceso por el cual los puertorriqueños, por lo menos durante los primeros años de dominación, no tuvieron ningún tipo de injerencia. Los únicos organismos de participación puertorriqueña residían en los ayuntamientos y en la Cámara de Delegados, hasta que en 1917 se autorizó, mediante la Ley Jones, la creación del Senado de Puerto Rico.

Los procesos políticos, económicos y sociales en la ciudad de Guayama se vieron afectados por las nuevas políticas del régimen estadounidense. En Guayama se observaron los procesos y los cambios que también afectaban al País, en mayor o menor grado, comparado con otras regiones de la Isla. Resulta interesante que en el ámbito político, los tres partidos principales, que durante los primeros treinta años del siglo XX gobernaron la ciudad, cada uno por su parte, intentó introducir a la administración municipal elementos de gobierno diferentes de acuerdo con las condiciones económicas que prevalecían en la ciudad.

Sin embargo, la administración municipal que llamó más la atención fue la del Partido Socialista, que gobernó la ciudad, entre 1920 y 1924, tratando de implementar reformas fundamentales basadas en su programa político, y que iban dirigidas al bienestar de la clase obrera, en particular, a brindarles a estos hogares seguros. En el periodo de 1898- 1930 se resaltan los problemas políticos de la época; la presencia de las llamadas "turbas republicanas" que vislumbraban sus acciones en el ánimo del electorado guayamés; los pleitos políticos, que culminaron con decisiones de los tribunales del País, eran el reflejo de la política divisionista alentada por la condición política en que los Estados Unidos había sumido a Puerto Rico.

La situación política en la ciudad en dicho periodo (1898- 1930) no fue un proceso dominado por un solo grupo político, sino que los electores demostraron la suficiente sensatez, capacidad y madurez política para seleccionar aquello que les convenía más para el mejor funcionamiento administrativo de la ciudad.

En el orden económico la ciudad continuó, como lo estuvo bajo la dominación española, desarrollando la agricultura, que siguió siendo, entre 1898 y 1930, su fuente principal de riqueza económica, aunque pasara por momentos de crisis. El comercio tuvo sus alzas y sus bajas. Se prestó atención, a partir de 1900, al sistema contributivo implantado por el nuevo régimen, tan necesario para allegar recursos al Gobierno Insular y también el Municipal.

Las luchas entre el Municipio de Guayama y las grandes centrales azucareras de capital absentistas, queriendo estas últimas imponer su criterio sobre la poca o casi ninguna autonomía de gobierno local, fue parte fundamental del proceso histórico de Guayama entre 1898 y 1930. Evidencia de ello fue la pugna por el desarrollo del ferrocarril interurbano y de transportación de la caña de azúcar y las patentes de las centrales. Basta con recordar el pleito legal del Gobierno Municipal con la Central Machete de Guayama de intereses estadounidense a partir de 1920.

La división social puertorriqueña en las primeras tres décadas del siglo XX se reflejó, como era de esperarse, en Guayama. Sin embargo, esta comunidad costera desplegó, a pesar de las políticas culturales establecidas entre 1898 y 1930, una gran actividad en el quehacer cultural y literario. No obstante, y para los efectos de este libro y la temática aquí presentada, el tema social en la ciudad de Guayama lo concentramos en los temas de salud, educación y los censos poblacionales de principios del siglo XX. El sistema educativo apenas ayudaba a rescatar al hombre de la miseria, del hambre y de la desesperanza, por lo menos en Guayama, y aunque hubo ciertos adelantos, estos no fueron suficientes para mitigar las necesidades de aquella sociedad guayamesa posterior al 1898.

Los niños morían antes de alcanzar un año de vida; la edad promedio era de treinta y cinco años; la población esencialmente rural, comenzó a emigrar al centro urbano de la ciudad, para luego verse obligada a regresar a la tierra. Era un proceso de continuo desasosiego que afectó a los guayameses.

En los primeros treinta años miles fueron los pobladores de Guayama que vivieron la transición que representó el 1898, de una potencia conocida a otra que era totalmente desconocida. El desarrollo de Guayama, tal y como lo conocemos hoy día, se debió, en gran medida, a esos seres humanos que dieron lo mejor de si para sacar a su ciudad hacia adelante. Los trabajadores de la caña, los campesinos, los jornaleros, los puertorriqueños en general, y los extranjeros que, en gran medida, contribuyeron a echar a rodar la rueda de la economía en un momento dado son los protagonistas de un proceso histórico que apenas comienza a estudiarse.

Miles fueron los niños y jóvenes que comenzaron sus estudios escolares y que no pudieron concluir los mismos; otros a duras penas, tuvieron la oportunidad de llegar a obtener algún grado de escolaridad. La pobreza extrema en que estaba sumida la ciudad no permitió que muchos progresaran. Solo aquellos que contaban con los medios económicos eran los que podían progresar en la sociedad de entonces.

El Guayama de hoy se lo debemos a tantos hombres y mujeres que se levantaban con el cantar del gallo para que otros pudieran sazonar su café, a cambio de un mísero jornal. *La Historia de una ciudad…* aún comienza a estudiarse.

APÉNDICE A[1]

Moción presentada por los concejales Juan Ignacio Capó, Facundo Cuevas Sotillo, Fernando Calimano y Jacinto Texidor solicitando a las autoridades militares estadounidense la desestimación de cargos contra el alcalde, Celestino Domínguez Gómez. 16 de septiembre de 1898.

"Abierto el acto, á invitación del Sr. Capó se retiró del salón el Sr. Alcalde, ocupando la Presidencia el Sr. 1er Teniente de Alcalde quien dispuso la lectura de la siguiente moción:

"Sres. Concejales: No dudamos los que suscribimos que habrá llegado á vuestra noticia, que una parte exigua de vecinos de esta Villa, ataca al digno y probo Alcalde Presidente de esta Corporación, Don Celestino Domínguez y Gómez, denunciándolo un día y otro, á las Autoridades Civiles y Militares americanas que nos gobiernan hoy; y no contentos los acusadores del Alcalde Sr. Domínguez con acudir á dichas autoridades con quejas infundadas, también se han presentado á la Audiencia de lo Criminal de Ponce, denunciándolo, como reo del delito de abuso de Autoridad, en tiempos de la dominación española.

"Con el beneplácito de V.S.S., vamos á hacer una breve reseña de los actos, como hombre público, del referido Sr. Alcalde, Don Celestino Domínguez.

"Existía aquí en Guayama, como en toda la Ysla de Puerto Rico un partido político llamado, Incondicionalmente Español, desde tiempo inmemorial: nunca pudieron los elementos del país ganar aquí unas elecciones, jamás pudieron ocupar puestos, en las Corporaciones Municipales, ni tener participación en la Administración de los intereses públicos, los liberales puertorriqueños de esta Villa: claro está, con un censo electoral preparado por el partido español, con todos los amaños y con todas las malas artes, los elementos del país, suspiraban, por la redención de esta tierra: los españoles lo habían

---

[1] Fondo: Documentos Municipales, Serie: Guayama, Exp's: *Libro de Actas del Consejo Municipal de Guayama*. Caja 13. Sesión de 16 de septiembre de 1898. Fols. 145- 149.

monopolizado todo, destinos públicos y servicios retribuidos y los privilegios de todas clases, y de ahí la preponderancia y riqueza de un partido que, con el apoyo de todos los gobiernos que se sucedían en 1a metrópolis era aquí poderoso: y los habitantes de Puerto Rico, insulares, sentían sobre su cuello el duro yugo del dominador rudo, fuerte é impecable, que nos condenaba á callar y á hundir la protesta en nuestras corazones, y ocultar nuestros pensamientos en nuestros cerebros y a sentir en nuestra alma, los espantosos tormentos de una desesperación indecible, el corazón sentía una cosa, el cerebro formulaba ideas de rebelión; pero nuestros labios sonrientes proferían palabras de adhesión á España.

"Allá para el mes de enero del presente año, después de una lucha de titanes y de siglos, pudo por fin constituirse el país bajo una forma de gobierno autonómica y fue nombrado el primer gobierno insular que, como natural era, puso al frente de las Alcaldías á los puertorriqueños liberales: el día tres de dicho mes fue nombrado Alcalde de esta Villa Don Celestino Domínguez y Gómez: desde este instante empezó una lucha, á brazo partido entre el Alcalde y el resto del Ayuntamiento, que, con honrosísimas excepciones, se componía en su gran mayoría de españoles peninsulares incondicionales, los que levantaron bandera de rebelión contra el nuevo estado de cosas, haciendo una campaña terrible contra el Alcalde Don Celestino Domínguez y Gómez, obstruccionando todos sus actos, buscando toda clase de recursos para entorpecer su administración, para dificultar sus actos y para ahogar sus generosos pensamientos de moralizarlo todo, de mejorar la higiene pública, de impulsar las obras de fomento y de hacer florecer la riqueza y los intereses generales que habían sido encomendados á su inteligencia y actividad.

"Cada sesión del Ayuntamiento se convertía en una verdadera borrasca; porque como si aquellos Sres. fueran movidos todos por un mismo resorte, sin duda por, haber recibido la consigna de arriba salvo entre ellos, repetimos, honrosísimas excepciones, venían al Ayuntamiento a hacer toda clase de provocaciones y á promover disturbios. El Alcalde Sr. Domínguez, apoyado en la Ley Municipal, siempre los tuvo á raya, rechazó todos sus ataques y consiguió la lucha duró mucho tiempo y dentro de las leyes y sin apartarse ni un momento del cumplimiento de sus deberes, el Alcalde los venció.

"Viendo quizás algunos de estos Sres. que se encontraban impotentes y que un solo hombre del país, los había derrotado siempre, apelaron á un recurso odioso, á un contubernio monstruoso: atrajeron con dádivas y con promesas de destinos y con obsequios, a una parte del populacho y lo lanzaron contra el Alcalde: unidos con estos elementos perturbadores hicieron desde aquella fecha una campaña de odios y de rencor es contra el Alcalde Sr. Domínguez: en sus tertulias, en sus casinos, en las barberías, en las sastrerías, no se hizo entonces, ni se hace otra cosa hoy, que conspirar y usar toda clase de medios indignos para hacer impopular á Domínguez, para indisponerlo con el Gobierno actual y para ver si pueden conseguir que se pierda la confianza que tienen en él hoy depositada, las autoridades americanas.

"Este procedimiento no lo pueden, consentir, no lo pueden tolerar; los hombres honrados de Guayama; y nosotros que representamos en el Ayuntamiento, la riqueza Agrícola y Sacarina, el Comercio, la Industria, la Urbana y la Pecuaria, y todo, en fin, lo que paga aquí contribución, debemos protestar, de este procedimiento.

"¿Cuál es el último delito del Alcalde Sr. Domínguez? Pues que no consintió que fueran atropellados, ni vejados, y que fueran, tal vez, saqueados y robados los españoles peninsulares, precisamente los antiguos contrarios en el Ayuntamiento del Sr. Domínguez, el día de la llegada de las tropas americanas á esta población: en ese día, ese populacho desbordado los delataba y los denunciaban á las tropas americanas conduciéndolos á la cárcel, hasta el número de cuarenta de ellos, más o menos: y el Sr. Alcalde Domínguez, siempre noble y siempre generoso, ante tanta iniquidad, interpuso ante la Autoridad Militar Americana, no solo su influencia, como Alcalde, sino hasta su persona, respondiendo á aquella superior autoridad, de la neutralidad de aquellos españoles vejados y encarcelados á instigación del populacho. Ese es el último delito, del Alcalde Sr. Domínguez.

"Nosotros creemos que ha llegado ya el momento de poner coto á la maldad y á la maledicencia: nosotros creemos que la honra del Alcalde de Guayama Don Celestino Domínguez y Gómez, es nuestra honra: nosotros creemos que esta Corporación está en el deber de reivindicar aquella honra, que es la suya propia: y por todos los medios que esté á nuestros alcance destruir con una manifestación de indignación, la calumnia propalada por esos hombres: no porque el que se portó con honradez y siempre cumplió con sus deberes, le tema á esa calumnia, sino por aquel proverbio que dice 'Calumnia que algo queda.'

"Por tanto, Sres. Concejales, en vista de lo expuesto rogamos a V.S.S. que por los merecimientos del referido Alcalde Sr. Domínguez, se sirvan acordarle un voto de confianza levantando á la vez protesta solemne de indignación, contra sus detractores y acusadores, haciendo el Ayuntamiento suya esta moción.

"Acordar además que se libren dos copias certificadas de esta acta la una para entregar al Sr. Domínguez, y la otra que nombrando una Comisión compuesta de tres individuos del seno de esta Corporación, vayan á ponerla respetuosamente en manos del Sr. Gobernador Militar.

"Acordar también por último que el presente acuerdo, como de carácter urgente, sea ratificado en este acto, declarando desde luego ejecutado el acuerdo, para los efectos de su cumplimiento. Guayama, Puerto Rico, 16 de septiembre de 1898."

Juan Ignacio Capó	Fernado Calimano
Facundo Cuevas Sotillo	Jacinto Texidor

(Aprobada por ocho votos)

Miembros del Concejo Municipal de Guayama
durante la ocupación estadounidense de 1898.

Juan Ignacio	Jacinto Texidor
Fernando Calimano	Francisco G. Bruno
Sergio Matta	Facundo Cuevas
Nicolás Colón	Agustín Calimano
José M. López	Casiano Matos

Celestino Domínguez Gómez
Alcalde

APÉNDICE B[1]

Moción al Concejo presentada por el Hon. Celestino Domínguez Gómez para que se reconociera al general Frederick Grant, Comandante en Jefe de las tropas estadounidenses estacionadas en la Ciudad de Guayama

"Concesión de un voto expresivo de gracias al caballeroso y digno General Grant.

"Por el infraescrito se hizo lectura de la siguiente moción:

"Ylustre Ayuntamiento:

"El que suscribe tuvo el honor de presidir ayer una numerosa y distinguida Comisión compuesta de representantes del Comercio, Industria, Agricultura y demás personas de arraigo y prestigio de esta población, que se presentó a nuestro digno Gobernador Militar, el Caballeroso General Grant, en solicitud de ciertas y determinadas medidas de carácter económico que se consideran beneficiosas para los intereses generales de esta comarca,

"La Comisión que fue acogida por el Gobernador con la cortesía y benevolencia que le distingue y enaltece, obtuvo de él una cumplida satisfacción á sus legítimas aspiraciones y deseos.

"Allí tuvimos el honor de oír de sus autorizados labios, francas y amplias declaraciones en pro del bienestar del pueblo puertorriqueño y muy especialmente de la región encomendada a su dirección y gobierno. Sus ideas en materias económicas, la rigidez de sus principios en el orden moral y social, sus sentimientos nobles y generosos, llevaron al ánimo de la distinguida Comisión el firme convencimiento y la profunda persuasión de que la designación del general Grant, uno de los más distinguidos Jefes del Ejército Americano, ilustre por su apellido y por su proceder para Gobernador Militar de esta importante región de la Ysla, es una garantía para el

---

[1] Archivo General de Puerto Rico. Fondo: Documentos Municipales, Serie: Guayama, Exp's: *Libro de Actas del Concejo Municipal de Guayama*. Caja 13. Sesión del 30 de septiembre de 1898. Fols. 157v- 160v.

presente y para el porvenir de nuestro pueblo.

"Por esto, haciéndome eco de la opinión unánime y entusiasta de todo este pueblo, propongo al Ayuntamiento, se sirva acordar un expresivo voto de gracias al caballeroso y digno General Grant por sus nobles ideas y sentimientos en pro del bienestar del país puertorriqueño y con especialidad de la Villa de Guayama. En Guayama, Puerto Rico, Septiembre 18 de 1898.

Celestino Domínguez"

"El Concejo identificado con la idea de la anterior moción de su digno Presidente, la hizo suya en todas sus partes con unánime y entusiasta asentimiento, acordando, en consecuencia, se consigne en Acta, que el Ayuntamiento de Guayama, legítimo representante de los intereses locales, inspirándose en las espontáneas manifestaciones de la opinión pública, se complace en reconocer al General Grant, uno de los más Ylustres caudillos del Ejército Americano y actual Gobernador Militar y Político de esta región altas dotes de gobernante que le hacen merecedor al vivo y respetuoso aprecio y estimación de los pueblos colocados bajo la égida de su mando con efecto, como jefe militar de las fuerzas del Ejército Americano acantonadas en esta Villa le hemos visto atender con solicito interés á las necesidades del soldado, mejorando sus condiciones de vida en el campamento, velando asiduamente por su salud hasta el punto de lograr disminuir considerablemente el número de sus enfermos y los casos de defunciones, y llevando el ánimo de unidades tan heterogéneas como las que constituyen un ejército, la satisfacción interna que produce una dirección acertada é inteligente.

"En lo civil, lo hemos visto siempre como cumplido, caballeroso, deferente y cortés con todos, atender con igual interés á la solicitud individual ó colectiva de la persona de distinción que á la humilde suplica del pobre, y no son pocas las veces que á este han llegado las dádivas de su Corazón generoso por sus propias manos prodigadas. En orden al Gobierno local nada ha escapado á su constante observación y solícito interés [en] la higiene pública, saneamiento de la población, policía urbana y de seguridad personal, todo cuanto significa orden, adelanto y bienestar del pueblo, ha sido objeto de su atención y estudio; y sus indicaciones en tal sentido, debidamente

atendidas por nuestro digno Alcalde, que como autoridad municipal se ha identificado siempre con las ideas de nuestro Gobernador,
secundándolo con el mejor deseo, han sido en la práctica de inne-
gable utilidad y provecho á los fines que se proponían en bien del
régimen y administración de esta localidad. El porvenir de nuestra
riqueza, el desarrollo de nuestra producción, el adelanto moral é in-
telectual de nuestro pueblo, todos estos problemas que con razón
nos preocupan en los albores de la nueva era de Justicia y Progreso
que comienza con la trascendental transformación que acabamos de
experimentar, todas estas cuestiones de vitalísima importancia para
la vida económica y social del país puertorriqueño ocupan la atención de nuestro ilustrado Gobernante que con altezas de miras las
considera y estudia inspirado en la idea del bienestar de este pueblo
que son los anhelos de la gran nación Americana á que tenemos hoy
la dicha de pertenecer. Por todas estas consideraciones el Ayuntamiento acuerda por unanimidad tributar un expresivo y entusiasta
voto de gracias al Ylustre General Grant, cuya designación para este
gobierno considera altamente beneficiosa á los intereses generales y
á las clases todas de esta sociedad con cuya simpatía cuenta; acordando así mismo que de esta Acta se dirija una copia a certificada al
referido General y otra al Sr. Presidente de la gran República Norte
Americana, como expresión de los sentimientos de esta parte importante del pueblo puertorriqueño."

APÉNDICE C

Tabla que demuestra la trayectoria electoral en Guayama, 1899- 1928[1]

Día de elecciones	Partido Federal Americano	Partido Republicano	Partido Socialista	Otros
1899 Bajo Gobierno Militar 31 de oct. de 1899	474	461		
6 de nov. 1900 Bajo Ley Foraker	2	1,831		
4 de nov. 1902	671	4,724		
8 de nov. 1904	3,268[2]	1,757		
6 de nov. 1906	1,628	1,576		
4 de nov. 1908	1,558	1,376		10[3]
6 de nov. 1910	1,914	1,928		
8 de nov. 1912	1,546	1,629		41[4]
3 de nov. 1914	1,942	1,753		144[5]
16 de jul. 1917	1,466	537	1,055	
2 de nov. 1920	1,673	123	2,204	
4 de nov. 1924	2,299[6]	424	1,944[7]	11[8]
6 de nov. 1928	2,321[9]		2,304[10]	3[11]

NOTAS

[1] Tomado de: Fernando Bayrón Toro, ed. *Estadísticas de las elecciones municipales de Puerto Rico, 1900- 1988*. (Mayagüez, Puerto Rico: Comisión Estatal de Elecciones, 1992), p. 64; y Junta Insular de Elecciones, *Resultados y estadísticas. Elecciones desde 1900- 1928*. Folletos.

[2] Desde entonces y hasta 1924 se conocerá Partido Unión de Puerto Rico.

[3] Se dividen 8 votos para el Partido Liberal Autonomista y 2 para la Federación Libre.

[4] Se dividen en los siguientes partidos; 18 votos para el Partido Izquierdo de la Unión de Puerto Rico para oficiales de la Corte Municipal y 23 para el Partido Unionistas Puros de Guayama, en Guayama y Arroyo, para Secretario y Alguacil de la Corte Municipal. (Estos dos partidos obtuvieron votos únicamente en Guayama y Arroyo).

[5] Se dividen en los siguientes partidos; 18 votos para el Partido Izquierdo de la Unión de Puerto Rico para oficiales de la Corte Municipal y 23 para el Partido Unionistas Puros de Guayama, en Guayama y Arroyo, para Secretario y Alguacil de la Corte Municipal. (Estos dos partidos obtuvieron votos únicamente en Guayama y Arroyo).

[6] El Partido Unión de Puerto Rico y algunos líderes del Partido Republicano combinan sus fuerzas en lo que se conoce como el Partido Alianza Puertorriqueñas. Sus votos por separado son: Unión de Puerto Rico, 2,299 y Republicano, 424. Total 2,723 votos.

[7] El Partido Socialista une sus fuerzas con el Partido Constitucional Histórico. El primero recibe 1,923 votos y el segundo 12 votos.

[8] Partido Obrero Guayamés, 11 votos.

[9] Se trata del Partido Alianza Puertorriqueña.

[10] Se une al Socialista Constitucional.

[11] Se une al Socialista Constitucional.

APÉNDICE D[1]

Resolución

"Estableciendo la más enérgica protesta ante el Gobierno Insular y el País en general, contra la forma aparatosa, festinada y desacreditadora con que algunos patronos, oficiales del gobierno, así como varios periódicos, ya en inglés o en castellano, han venido tratando de hacer aparecer al pueblo de Guayama, como una comunidad revoltosa ó incivil.

"Considerando: Es enteramente incierto la existencia de estado de violencia tal, dentro del distrito municipal de Guayama, que altere su acostumbrada normalidad y vida laboriosa de esta vecindad, que justificare los alardes y refuerzos del destacamento policial en esta comunidad, siempre pacífica y respetuosa con nuestras leyes.

"Considerando: Que los principales patronos de este distrito municipal dedicados específicamente en los negocios de los azúcares, han manifestado directamente al Gobierno Insular y al público, ya por medio de la prensa diaria o por medio de la agencia del gobierno conocida por Comisión de Mediación y Conciliación, la no existencia de estado huelgario en esta zona y que por lo tanto no podían aceptar cooperación alguna para zanjar un conflicto que siempre han alegada no ha existido.

"Considerando: Que los infelices e indefensos campesinos arrimados a las colonias cañeras de la parte de la Aguirre Central, Co., y Machete Sugar, Co., que dentro de las referidas corporaciones se dedican al cultivo, así como de otras colonias de particulares, han sido desahuciados, sin el debido procedimiento de Ley; destechadas sus

---

[1] Archivo General de Puerto Rico. Fondo: Documentos Municipales, Serie: Guayama, Exp's: *Libro de Actas de la Asamblea Municipal de Guayama*. Caja 20. Sesión de 16 de marzo de 1923. Fols. 262- 268.

viviendas y sufridos vejámenes de colonos, capataces y mayordomos brutales, sin que ninguna de sus quejas hayan sido atendidas, ni perseguido a tales perturbadoras del orden y la paz y amenaza de la vida de dichos honorables laboriosos campesinos y obreros.

"Considerando: Que ninguna de las razones del gobierno se ha mostrado diligente ni activo para garantizar la vida de los trabajadores, ni su única propiedad que es el salario dimanante de su diaria labor, base del progreso superiorísima a la propiedad adquirida por la explotación y rapiña desmedida; ni que tales actividades, por ejemplo, han sido desplegadas para impedir que la epidemia denominada influenza, que azota al barrio de Puerta de Tierra en San Juan, por indolente descuido se haya ido difundiendo por otras regiones de la Isla; ni se han dispuesto de los fondos del Pueblo de Puerto Rico con la largueza a como se viene haciendo en complacencia y por el temor de media docena de magnates y en descrédito al buen nombre y prestigio del vecindario de Guayama, Puerto Rico,

"Considerando: Que si bien es cierto se han suscitado algunos hechos aislados, y que tanto las autoridades locales, como todo ciudadano recto y amante de la ley están en la obligación de contribuir a esclarecer, ello no justifica la infantil alarma de los patronos orgullosos é intransigentes, quienes siempre han sido valerosos para esclavizar, explotar y matar de miseria al pueblo laborioso y productor.

"Por Tanto: La Asamblea Municipal de Guayama, Puerto Rico por medio de la presente resuelve:

"Sección 1: Hacer pública la más formal protesta de todo acto de violencia resgistrado, así como las injustificadas condiciones creadas por elementos poco escrupulosos del orden y de la paz industrial, cuya norma siempre ha sido expoliar al trabajo, y ocultar sus verdaderas riquezas para en tal forma despojar al tesoro público de una gran parte sus ingresos.

"Sección 2: Que a fin de que el país en general pueda darse cabal entendimiento de la gran ponderación que se le ha querido dar a las condiciones verdaderas en que se halla esta comunidad, se haga una formal invitación al Honorable Gobernador de Puerto Rico, al objeto de que se traslade á esta ciudad y personalmente dirija una amplia investigación en todo el distrito municipal, así como extender dicha investigación a los representantes de la prensa en el país, y que objetivamente puedan convencerse de la verdad, y puedan llegar á la conclusión que cuanto se ha venido propagando á informado, ha sido el producto de interesados malintencionados, guiados por privativas pasiones, infligiendo una grave ofensa á la verdad.

"Sección 3: Que el estado de violencia nerviosa que se ha pretendido hacer ver, solo ha tenido por finalidad someter á los infelices campesinos al designio y voluntad de los barones de los azúcares.

"Sección 4: Que copias certificadas de la presente resolución se remitirá sin demora por Secretaría al Honorable Gobernador de Puerto Rico y a los Honorables directores de la prensa del país, para conocimiento general á su vez del pueblo de Puerto Rico, a los fines procedentes.

"Debidamente aprobada [el] 16 de marzo de 1923."

La mayoría socialista de la Asamblea votó a favor, excepto el señor Martínez Peña, quien votó en contra.

La minoría unionista compuesta por los señores Luis Texidor Ortiz y Juan Rivera Vives, votaron en contra.

APÉNDICE E[1]

Resolución 203

"Para facilitar el establecimiento de industrias en esta municipalidad de Guayama, Puerto Rico."

"Por cuanto: Con motivo al temporal de San Felipe, acaecido el 13 de septiembre de 1928, la agricultura del país que representaba la mayor fuente de ingresos y proporcionaba el empleo del mayor número de obreros quedó casi totalmente arruinada;

"Por cuanto: El pequeño agricultor que en todo el país constituye el nervio de acción y progreso, pues de pequeñas parcelas en cultivo se proporciona el sostén de los suyos y agregados, creando así un ambiente de cierta independencia económica a la que todos debemos aspirar, ha abandonado el cultivo de la tierra por no tener fé en la agricultura, trasladándose a las ciudades;

"Por cuanto: El desempleo que en sí era un difícil problema antes del temporal, se ha agravado en extremo con la inmigración, de la población rural a la zona urbana;

"Por cuanto: Como resultado directo de esta situación las enfermedades se han multiplicado el vicio ha encontrado material propicio para su propagación y las mentes atrofiadas siguen el curso natural del crimen;

"Por cuanto: Esta situación sigue subsistiendo sin que hasta la fecha se haya conseguido efectuar nada substancial para conjurarla;

"Por cuanto: Esta Asamblea Municipal así como la administración

---

[1] Archivo General de Puerto Rico. Fondo: Documentos Municipales, Serie: Guayama, Exp's: *Libro de Actas de la Asamblea Municipal de Guayama*. Caja 24. "Resolución 203 para promover industrias en Guayama." Sesión de 18 de febrero de 1930. Fols. 230- 240. Esta Resolución fue publicado en el periódico *El Mundo*, 1 de marzo de 1930, pp. 3 y 15.

toda está vivamente interesada de poder, por lo menos, atenuar en parte la situación existente;

"Por cuanto: Con el advenimiento del Honorable Gobernador, Teodoro Roosevelt a Santa Catalina se ha iniciado en grado máximo una campaña de acercamiento, entre los intereses americanos y los de esta isla, al extremo de que muchas y poderosas casas manufactureras han expresado su intención de radicar algunas fábricas en el país;

"Por cuanto: Este municipio está en posesión de una gran extensión de terrenos contiguo a la ciudad, situado en el extremo Este, punto estratégico para fabricación de edificios propios para industrias;

"Por cuanto: Por no tener fondos suficientes este municipio no está en condiciones de proceder a la urbanización de esta zona, pudiendo sin embargo, bajo ciertas bases, ceder en usufructo estos terrenos para levantar las construcciones necesarias a ese respecto;

"Por cuanto: Esta jurisdicción es ideal para la instalación de nuevas industrias por contar entre otras cosas con abundante materia prima, fuerza eléctrica, personal inteligente, etc...;

"Por tanto: Resuélvase por la Asamblea Municipal de Guayama, Puerto Rico:

"Sección 1: Nombrar una Comisión Permanente que se denominará: "Comisión Permanente pro Industrias para Guayama";

"Sección 2: Esta Comisión deberá componerse del Alcalde Municipal, el Presidente de la Asamblea, el Director de Obras Públicas, el Secretario Municipal; don Genaro Cautiño Insúa, don Antonio Luchetti, don Pompilio Anselmi, don Rafael López Antongiorgi, don Aurelio M. Gatty, don José R. Colón, don Jesús de Jesús, don W. C. Rice, don Miguel Truyol y don Domingo Gilormini.

"Sección 3: Esta Comisión deberá hacer un detenido estudio de la potencialidad de esta jurisdicción en cuanto a materia prima, fuerza eléctrica, eficiencia del personal, facilidades de servicios públicos, exención de contribuciones por un tiempo razonable, cesión de terrenos en usufructo para levantar edificios para las nuevas industrias, etc., a fin de inducir inteligentemente a las casas manufactureras americanas deseosas de hacer negocios en la Isla, creando industrias para que escojan a Guayama preferentemente;

"Sección 4: Esta Comisión deberá trabajar de alguna manera similar a la Porto Rico Service, Inc., y sí posible fuera en cooperación con ella;

"Sección 5: Cualquier idea, sugerencia, etc., que tuvieran tanto los miembros de la Asamblea como los funcionarios administrativos, que de alguna manera pudiera redundar en la cristalización de los fines de dicha Comisión de acuerdo con la que la Resolución persigue, deberá ser endosado a ella por mediación de la Secretaría Municipal;

"Sección 6: Tan pronto como haya posibilidad de la creación de alguna nueva industria y se necesitare posterior legislación por parte de esta Asamblea, la Comisión por mediación del Honorable Alcalde, podrá referirse a ella, pudiendo entonces el Alcalde proceder a convocar en sesión extraordinaria; Disponiéndose que cuando dicha sesión se tratare exclusivamente asuntos relacionados ya directamente o indirectamente con la creación de nuevas industrias, los asambleístas, renunciarán, como por la presente renuncian a las dietas que según la Ley Municipal tienen derecho;

"Sección 7: Los gastos en que incurra esta Comisión, hasta tanto se resuelva posteriormente, deberán ser satisfechos con cargo a la partida de Imprevistos de este municipio del presupuesto en vigor y subsiguientes;

"Sección 8: Copia de esta Resolución será remitida al Hon. Gobernador de Puerto Rico, a la prensa del país, a la Cámara de Comercio, al Comité de Manufactureros del Senado y Cámara de Representantes de los Estados Unidos, así como a todas aquellas entidades interesadas en establecer industrias en Puerto Rico;

"Sección 9: ....
....
....

"Sección 10:..
....
.........."

Aprobado por el alcalde, José Juan Aponte el 19 de febrero de 1930.

Esta Resolución fue presentada por el señor Pedro Modesto, del Partido Alianza Puertorriqueña.

ÍNDICE DE TABLAS

Página

ÍNDICE DE ILUSTRACIONES

BIBLIOGRAFÍA

Fuentes primarias

A. Manuscritos

Archivo General de Puerto Rico. Fondo: Documentos Municipales, Serie: Guayama, Exp's: *Libros de Actas del Concejo Municipal de Guayama.* Años: 1889, 1890, 1891, 1898, 1901, 1902, 1903, 1905, 1906 y 1914.

_____. Fondo: Documentos Municipales, Serie: Guayama, Exp's: *Libros de Actas de la Asamblea Municipal de Guayama.* Años: 1920, 1921, 1922, 1923, 1924, 1925, 1928, 1929 y 1930.

_____. Fondo: Documentos Municipales, Serie: Guayama, Exp's: Correspondencia, s.f., Caja 50.

_____. Fondo: Documentos Municipales, Serie: Guayama, Exp's: Correspondencia (1910-1919), Caja 51.

_____. Fondo: Documentos Municipales, Serie: Guayama, Exp's: Correspondencia (varios años), Caja 52.

_____. Fondo: Documentos Municipales, Serie: Guayama, Exp's: Correspondencia (1924), Caja 54.

_____. Fondo: Oficina del Gobernador, Serie: Correspondencia, Caja 106, año 1902.

_____. Fondo: Tribunal Superior de Guayama, Serie: Expedientes Civiles, Sub serie: Guayama, Caja 214, año 1928.

B. Impresos

Asamblea Legislativa de Puerto Rico. *Primer informe de la Comisión Legislativa para investigar el malestar y desasosiego industrial y agrícola que origina el desempleo en Puerto Rico.* San Juan, Puerto Rico: s. e., 1930.

Asamblea Municipal de Guayama. *Ordenanza regulando la venta del fluido eléctrico del servicio eléctrico municipal de la Ciudad de Guayama.* Guayama, Puerto Rico: Tipografía La Nueva Libertad, Inc., 1920.

Cara Costa, Aida R. ed. *Antología de lecturas de Historia de Puerto Rico, (siglos XV-XVIII).* 4ta reimpresión. San Juan Puerto Rico: s. e., 1989.

Cruz Roja Americana. *El ciclón que azotó a Puerto Rico Septiembre 13 de 1928. Labor de auxilio y rehabilitación de las víctimas llevada a cabo por la Cruz Roja Americana. Resumen parcial.* San Juan, Puerto Rico: s. e., 1929. (Folleto).

Gobernador de Puerto Rico. *First Annual Report of the Governor of Porto Rico, Covering the Period From May 1, 1900 to May 1, 1901, by William H. Hunt, Governor of Porto Rico.* Washington, D.C.: Government Printing Office, 1902.

_____. *Second Annual Report of the Governor of Porto Rico, Covering the Period From May 1, 1901 to July 1, 1902, by William H. Hunt, Governor of Porto Rico.* Washington, D. C.: Government Printing Office, 1902.

_____. *Third Annual Report of the Governor of Porto Rico, Covering the Period From July 1, 1902 to June 30, 1903, by William H. Hunt, Governor of Porto Rico.* Washington, D. C.: Government Printing Office, 1903.

_____. *Fifth Annual Report of the Governor of Porto Rico Covering the Period From July 1, 1904 to June 30, 1905.* Washington, D.C.: Government Printing Office, 1905.

_____. *Sixth Annual Report of the Governor of Porto Rico Covering the Period From July 1, 1905 to June 30, 1906.* Washington, D.C.: Government Printing Office, 1906.

_____. *Seventh Annual Report of the Governor of Porto Rico for the Fiscal Year Ending June 30, 1907*. Washington, D.C.: Government Printing Office, 1907.

_____. *Eighth Annual Report of the Governor of Porto Rico for the Fiscal Year Ended June 30, 1908*. Washington, D. C.: Government Printing Office, 1908.

_____. *Ninth Annual Report of the Governor of the Porto Rico, 1908-1909*. Washington, D.C.: Government Printing Office, 1909.

_____. *Tenth Annual Report of the Governor of Porto Rico, Fiscal Year Ended June 30, 1910*. Washington, D.C.: Government Printing Office, 1910.

_____. *Eleventh Annual Report of the Governor of Porto Rico, Fiscal Year June 30, 1911*. Washington, D.C.: Government Printing Office, 1911.

_____. *Twelfth Annual Report of the Governor of Porto Rico, Fiscal Year June 30, 1912*. Washington, D.C.: Government Printing Office, 1912.

_____. *Thirteenth Annual Report of the Governor of Porto Rico, Fiscal Year Ended June 30, 1913*. Washington, D.C.: Government Printing Office, 1913.

_____. *Fourteenth Annual Report of the Governor of Porto Rico, Fiscal Year Ended June 30, 1914*. Washington, D.C.: Government Printing Office, 1914.

_____. *Fifteenth Annual Report of the Governor of Porto Rico, Fiscal Year Ended June 30, 1915*. Washington, D.C.: Government Printing Office, 1915.

_____. *Sixteenth Annual Report of the Governor of Porto Rico, Fiscal Year Ended June 30, 1916*. Washington, D.C.: Government Printing Office, 1916.

_____. *Seventeenth Annual Report of the Governor of Porto Rico, Fiscal Year Ended June 30, 1917*. Washington, D.C.: Government Printing Office, 1917.

_____. *Eighteenth Annual Report of the Governor of Porto Rico, Fiscal Year Ended June 30, 1918*. Washington, D.C.: Government Printing Office, 1918.

_____. *Nineteenth Annual Report of the Governor of Porto Rico, Fiscal Year Ended June 30, 1919*. Washington, D.C.: Government Printing Office, 1919.

_____. *Twenthieth Annual Report of the Governor of Porto Rico, Fiscal Year Ended June 30, 1920*. Washington, D.C.: Government Printing Office, 1920.

_____. *Twenty First Annual Report of the Governor of Porto Rico, Fiscal Year Ended June 30, 1921*. Washington, D.C.: Government Printing Office, 1922.

_____. *Twenty Second Annual Report of the Governor of Porto Rico, Fiscal Year Ended June 30, 1922*. Washington, D.C.: Government Printing Office, 1923.

_____. *Twenty Third Annual Report of the Governor of Porto Rico, Fiscal Year Ended June 30, 1923*. Washington, D.C.: Government Printing Office, 1923.

_____. *Twenty Fourth Annual Report of the Governor of Porto Rico, Hon. Horace M. Towner*. San Juan, Puerto Rico: Bureau of Supplies, Printing, and Transportation, 1924.

_____. *Twenty Fifth Annual Report of the Governor of Porto Rico, Fiscal Year Ended June 30, 1925*. Washington, D.C.: Government Printing Office, 1926.

_____. *Twenty Six Annual Report of the Governor of Porto Rico, Fiscal Year Ended June 30, 1926*. San Juan, Puerto Rico: Bureau of Supplies, Printing, and Transportation, 1926.

_____. *Twenty Seventh Annual Report of the Governor of Porto Rico, Fiscal Year Ended June 30, 1927*. San Juan, Puerto Rico: Bureau of Supplies, Printing, and Transportation, 1927.

_____. *Twenty Eigth Annual Report of the Governor of Porto Rico, Fiscal Year Ended June 30, 1928*. San Juan, Puerto Rico: Bureau of Supplies, Printing, and Transportation, 1928.

_____. *Twenty Ninth Annual Report of the Governor of Porto Rico, Fiscal Year Ended June 30, 1929*.

Washington, D.C.: Bureau of Supplies, Printing, and Transportation, 1930.

_____. *Thirtieth Annual Report of the Governor of Porto Rico, Fiscal Year Ended June 30, 1930*. Washington, D.C.: Government Printing Office, 1930.

Junta Escolar de Guayama. *Informe que presenta la Junta Escolar de Guayama al pueblo y al Hon. Comisionado de Educación*. [San Juan, Puerto Rico]: Imprenta del Boletín Mercantil, s. f.

Junta Insular de Elecciones. *Results of Elections November 6, 1906; Shown by Votes for Alcaldes, and Statistics for Votes Cast Shown by Votes for Commissioner to the United States Elections of 1908, 1910, 1912, and 1914.* s. l.: s. e., s. f. (Folleto).

_____. *Candidatos elegidos y proclamados en las elecciones celebradas el 16 de julio de 1917.* s. l.: s. e., [1917]. (Folleto)

_____. *Estadísticas de las elecciones celebradas el 2 de noviembre de 1920 y candidatos elegidos y proclamados.* s. l.: s. e., [1920] (Folleto)

_____. *Estadísticas de las elecciones celebradas en Puerto Rico el 4 de noviembre de 1924 y los nombres de los candidatos que recibieron el mayor número de votos, según resultare del escrutinio de dichas elecciones practicado por la Junta Insular de Elecciones. E. W. Keíth, Superintendente General de Elecciones de Puerto Rico.* s. l.: s. e., [1924]. (Folleto).

_____. *Estadísticas de las elecciones celebradas en Puerto Rico el 6 de noviembre de 1928 y los nombres de los candidatos que recibieron el mayor número de votos, según resultare del escrutinio de dichas elecciones practicado por la Junta Insular de Elecciones. C, H. Terry, Superintendente General de Elecciones en Puerto Rico.* s. l.: s. e., 19 de diciembre de 1928.

Municipio de Guayama. *Informe que da el alcalde de esta ciudad a los habitantes de la municipalidad y al Gobernador Civil de Puerto Rico, en cumplimiento de lo dispuesto en la sección 29 de la Ley Municipal vigente (Año 1905)*. Guayama, Puerto Rico: Tipografía Álvarez, 1906.

_____. *Informe que el alcalde de Guayama dirige al pueblo y el Hon. Gobernador de Puerto Rico, en cumplimiento de lo dispuesto por la Ley Municipal (Ejercicio de 1905-1906)*. Guayama, Puerto Rico: Tipografía Álvarez, 1906.

_____. *Informe que el alcalde de Guayama dirige al pueblo de Guayama y al Hon. Gobernador de Puerto Rico en cumplimiento de lo dispuesto por la Ley Municipal, (Ejercicio de 1906- 1907)*. Guayama, Puerto Rico: Tipografía de Álvarez 1907.

_____. *Informe anual que el alcalde de Guayama dirige al pueblo y al Hon. Gobernador de Puerto Rico en cumplimiento de lo dispuesto por la Ley Municipal, (Ejercicio de 1908- 1909)*. Guayama, Puerto Rico: Tipografía Álvarez, 1909.

_____. *Informe anual que el alcalde de Guayama dirige al pueblo y al Hon. Gobernador de Puerto Rico, en cumplimiento de lo dispuesto por la Ley Municipal vigente, (Ejercicio de 1910- 1911)*. Ponce, Puerto Rico: Tipografía Baldorioty, 1911.

_____. *Informe anual al pueblo de Guayama y al Hon. Gobernador de Puerto Rico, (año económico de 1911 á 1912)*. Guayama, Puerto Rico: Tipografía Rodríguez & Co., 1912.

_____. *Informe al pueblo de Guayama y al Hon. Gobernador de Puerto Rico presentado por el alcalde José Muñoz Vázquez, (año económico 1912- 1913)*. Guayama, Puerto Rico: Tipografía Rodríguez & Co., 1913.

_____. *Informe anual al pueblo de Guayama y al Hon. Gobernador de Puerto Rico presentado por el alcalde José Muñoz Vázquez, (año económico 1913- 1914)*. Guayama, Puerto Rico: Tipografía Rodríguez & Co., 1914.

_____. *Informe anual al pueblo de Guayama y al Hon. Gobernador de Puerto Rico rendido por el alcalde Don Genaro Cautiño Insúa en cumplimiento de lo que dispone la sección 29 de la vigente Ley Municipal, (año económico 1914-1915)*. Guayama, Puerto Rico: Tipografía Luis Carminely, 1916.

_____. *Informe anual al pueblo y al Hon. Gobernador de Puerto Rico por el alcalde Don Genaro Cautiño Insúa en cumplimiento de lo que dispone la Sección 29 de la vigente Ley Municipal, (año económico 1916- 1917).* Guayama, Puerto Rico: Tipografía Luis Carminely, 1917.

_____. *Informe anual al pueblo de Guayama y al Hon. Gobernador de Puerto Rico por el alcalde Don Jorge Grau en cumplimiento de lo que dispone la sección 29 de la vigente (año económico 1918- 1919).* Guayama, Puerto Rico: Tipografía Luis Carminely, 1919.

Tribunal Supremo de Puerto Rico. *Decisiones de Puerto Rico.* Tomo XVIII, San Juan, Puerto Rico: Bureau of Printing, Supplies, and Transportation, 1913.

United States Government. *Report on the Census of Porto Rico, 1899.* Washington, D.C.: Government Printing Office, 1900.

_____. *Report on the Census of Porto Rico, 1910.* Washington, D.C.: Government Printing Office, 1910.

_____. *Fourteenth Census of the United States Taken in the Year, 1920 (Population).* Vol. 1. Washington, D.C.: Government Printing Office, 1921.

_____. *Fifteenth Census of the United States, 1930. Outlying Territories and Possessions.* Washington, D.C.: United States Department of Commerce, Bureau of the Census, 1930.

United States War Department. *General Orders and Circular Department of Porto Rico, 1900.* s. l.: s. e., s. f.

_____. *Report of the Brigadier General, George W. Davis on Industrial and Economic Conditions of Porto Rico.* Washington, D.C.: Government Printing Office, 1900.

C. Periódicos

El Águila de Puerto Rico. Años: 1908, 1910, 1912 y 1914.

El Mundo. Años: 1920, 1923, 1924, 1928 y 1930.

La Correspondencia de Puerto Rico. Años: 1898 y 1899.

La Democracia. Años: 1901, 1904, 1906, 1908, 1910, 1912, 1914, 1916 y 1917.

Unión Obrera. Año: 1920.

D. Entrevistas

Entrevista realizada al Sr. Francisco Meléndez Santiago, el 19 de marzo de 1997 y 8 de febrero de 1998. Guayama, Puerto Rico.

Fuentes secundarias

A. Libros

Abbad y Lasierra, Fray Iñigo. *Historia geográfica, civil y natural de la isla de Puerto Rico.* Río Piedras, Puerto Rico: Editorial Edil, 1975.

Arraez y Ferrando, Román. *Historia del ciclón del día de San Ciriaco.* San Juan, Puerto Rico: Imprenta Heraldo Español, 1905.

Arrigoitía, Delma S. *Puerto Rico por encima de todo: Antonio R. Barceló, vida y obra, (1868- 1938).* San Juan, Puerto Rico: Senado de Puerto Rico, 2008.

Baralt, Guillermo A. *Esclavos rebeldes: conspiración y sublevaciones de esclavos en Puerto Rico (1795- 1873).* San Juan, Puerto Rico: Ediciones Huracán, 1981.

Bayrón Toro, Fernando. *Estadísticas de las elecciones municipales de Puerto Rico.* Mayagüez, Puerto Rico: Comisión Estatal de Elecciones, 1992.

_____. *Elecciones y partidos políticos, 1809- 1976.* Mayagüez, Puerto Rico: Editorial Isla, 1977.

Cabrera, Gilberto. *Puerto Rico y su historia íntima.* 2 tomos. San Juan, Puerto Rico: Academia Puertorriqueña de la Historia y Centro de Estudios Avanzados de Puerto Rico y el Caribe, 1997.

Colón Torres, José A. *Climatología de Puerto Rico*. San Juan, Puerto Rico: Editorial de la Universidad de Puerto Rico, 2009.

Coll y Toste, Cayetano. *Reseña del estado social, económico e industrial de la isla de Puerto Rico al tomar posesión de ella los Estados Unidos*. San Juan, Puerto Rico: Imprenta de La Correspondencia, 1899.

_____, ed. *Boletín histórico de Puerto Rico*. San Juan, Puerto Rico: Tipografía Cantero Fernández & Co. 1914. 14 vols.

Cordas, Francisco, ed. *The Puerto Rican Experience*. New York, New York: Arno Press, 1975.

De Córdova, Pedro Tomás. *Memorias geográficas, históricas, económicas y estadística de la isla de Puerto Rico*. 2da. edición facsimilar. San Juan, Puerto Rico: Instituto de Cultura Puertorriqueña, 1968.

Del Valle, José G. *A través de diez años (1897- 1907): Trabajos políticos, económicos, históricos y sociales*. Barcelona, España: Establecimiento Tipográfico de Feliú y Susanna, 1907.

Descartes, Sol Luis. *Puerto Rico: Trasfondo de su economía, (fondo físico, histórico e institucional)*. Hato Rey, Puerto Rico: Inter American University Press, 1973.

Dessús, Luis Felipe. *El álbum de Guayama*. San Juan, Puerto Rico: Tipografía Cantero Fernández & Co., 1918.

Díaz Soler, Luis M. *Historia de la esclavitud negra en Puerto Rico*. San Juan, Puerto Rico: Editorial de la Universidad de Puerto Rico, 1955.

_____. *Puerto Rico, desde sus orígenes hasta el cese de la dominación española*. Río Piedras, Puerto Rico: Editorial de la Universidad de Puerto Rico, 1994.

Ferraras Pagán, J. *Biografías de las riquezas de Puerto Rico. Riqueza azucarera*. 2 tomos. Mayagüez, Puerto Rico: Tipografía de Luis Ferreras, 1903.

Figueroa, Luis A. *Sugar, Slavery, and Freedom in Nineteenth- Century*. North Carolina, United States: The University of North Carolina Press, 2005.

Fuster Morales, C. *Miserias políticas: historia de un alcalde y dos propagandistas*. Caguas, Puerto Rico: Tipografía de La Democracia, 1903.

Gutiérrez del Arroyo, Isabel. *Historiografía puertorriqueña: Desde la Memoria de Melgarejo (1582) hasta el Boletín Histórico de Puerto Rico (1914-1927). Ciclo de conferencias sobre historia de Puerto Rico*. 2da reimpresión. San Juan, Puerto Rico: Instituto de Cultura Puertorriqueña, 1985.

López Yustos, Alfonso. *Historia documental de la educación en Puerto Rico*. San Juan, Puerto Rico: Publicaciones Puertorriqueña, Inc., 1991.

Mejías, Félix. *Más apuntes para la historia económica de Puerto Rico (la tiranía de su pasado)*. Río Piedras, Puerto Rico: Editorial Edil, 1978.

Meléndez Santiago, Francisco. *Guayama: mi vida, mi agradecimiento*. Guayama, Puerto Rico: Impresos González, 1993.

Mellado Parsons, Ramón. *La educación en Puerto Rico*. Hato Rey, Puerto Rico: Ramallo Bros. Printing, Inc., 1976.

Miyares González, Fernando. *Noticias particulares de la Isla y plaza de San Juan Bautista de Puerto Rico*. 2da edición. San Juan, Puerto Rico: Ediciones de la Universidad de Puerto Rico, 1957.

Muñoz Marín, Luis, ed. *Obras completas de Luis Muñoz Rivera, Campañas políticas*. Madrid, España: Ediciones Puerto Rico, 1925. 3 vols.

Negrón Portillo, Mariano. *Las turbas republicanas, 1900-1904*. Río Piedras, Puerto Rico: Ediciones Huracán, 1990.

Pagán, Bolívar. *Historia de los partidos políticos puertorriqueños, 1898-1956*. San Juan, Puerto Rico: Librería Campos, 1959. 2 Tomos.

Picó, Fernando. *Historia General de Puerto Rico*. 3ra edición revisada y aumentada. Río Piedras, Puerto Rico: Ediciones Huracán, 1986.

Pierre Ledrú, André. *Viaje a la isla de Puerto Rico*. Trad. por Julio de Vizcarrondo, 2da edición. San Juan, Puerto Rico: Ediciones del Instituto de Literatura Puertorriqueña y Universidad de Puerto Rico, 1957.

Porrata Doria, Adolfo. *Guayama, sus hombres, sus instituciones.* Madrid, España: Jorge Casas, 1972.

Quintero Rivera, Ángel. *Conflictos de clase y política en Puerto Rico.* Río Piedras, Puerto Rico: Ediciones Huracán, 1976.

Quiñones Calderón, Antonio. *Trayectoria política de Puerto Rico.* San Juan, Puerto Rico: Ediciones Nuevas de Puerto Rico, 1988.

Ramos Mattei, Andrés. ed. *La sociedad del azúcar en Puerto Rico: 1870- 1910.* Río Piedras, Puerto Rico: Universidad de Puerto Rico, 1988.

Rivero Méndez, Ángel, *Crónica de la Guerra Hispanoamericana en Puerto Rico.* Madrid, España: Sucesores de Rivadeneyra, S. A., 1922.

Salivia, Luis A. *Historia de los temporales de Puerto Rico y las Antillas.* 2da edición revisada y aumentada. San Juan, Puerto Rico: Editorial Edil, 1972.

Scarano, Francisco A. *Puerto Rico: cinco siglos de historia.* San Juan, Puerto Rico: McGraw-Hills, 1993.

Secretary of Porto Rico. *Register of Porto Rico for 1903.* San Juan, Puerto Rico: Press of Louis E. Tuzo and Comp., 1903.

Silvestrini, Blanca G. y María Dolores Luque de Sánchez. *Historia de Puerto Rico: trayectoria de un pueblo.* San Juan, Puerto Rico: Cultural Panamericana, 1988.

_____. ed. *Politics, Society, and Culture in the Caribbean. Selected Papers of the XIV Conference of Caribbean Historians.* San Juan, Puerto Rico: Universidad de Puerto Rico y Asociación de Historiadores del Caribe, 1983.

Sued Badillo, Jalil. *Guayama: notas para su historia.* San Juan, Puerto Rico: Oficina de Asuntos Culturales de la Fortaleza, 1983.

Thomas, Hugh. *La trata de esclavos: historia del tráfico de seres humanos de 1440 a 1870.* Barcelona, España: Editorial Planeta, 1998.

Ubeda Delgado, Manuel. *Isla de Puerto Rico: Estudio histórico, geográfico y estadístico de la misma.* San Juan, Puerto Rico: Establecimiento Tipográfico del Boletín, 1878.

B. Revistas

Oquendo Rodríguez, Elí D. "Una mirada al pasado: Guayama durante el siglo XVIII." *Horizontes (Revista de la Universidad Católica de Puerto Rico)*. Núms. 63- 64, (octubre de 1988 y abril de 1989), pp. 97- 103.

Tió, Aurelio. "La fundación de villas y ciudades en Puerto Rico." Boletín de la *Academia de Artes y Ciencias de Puerto Rico*. Vol. V, Núm. 1, (enero marzo de 1969), pp. 125- 149.

C. Disertaciones

Agudo de Picart, Petra. *Las turbas: un caso de violencia política*. Disertación para optar el grado de maestro con especialidad en Historia. Universidad de Puerto Rico, Recinto de Río Piedras, Departamento de Historia, 1986.

Gallart Calzada, Mary Frances. *Mujer, aguja y política en el siglo 20 en Puerto Rico: Obdulia Velázquez de Lorenzi, alcaldesa de Guayama, 1952- 1956*. Disertación para optar el grado de Doctor con especialidad en Historia. Universidad de Puerto Rico, Recinto de Río Piedras, Departamento de Historia, 1992.

Oquendo Rodríguez, Elí D. *Inmigración extranjera y cambio social en Guayama: 1815- 1840*. Disertación para optar el grado de maestro con especialidad en Historia. Universidad de Puerto Rico, Recinto de Río Piedras, Departamento de Historia, 1986.

Printed by CreateSpace
Charleston SC - USA

www.ingramcontent.com/pod-product-compliance
Lightning Source LLC
Chambersburg PA
CBHW051818090426
42736CB00011B/1538